U0607034

国家社科基金高校思政课研究专项重点项目（编号：
21VSZ010）资助

河南省社科基金专项项目"河南资本下乡与乡村振兴的社
会政策研究"（编号：2021ZT004）资助

资本下乡
赋能乡村振兴研究

王肖芳 ◎ 著

ZIBEN XIAXIANG

FUNENG XIANGCUN ZHENXING YANJIU

人民出版社

目　　录

前　　言

实现共同富裕是社会主义的本质要求，是人民群众的共同期盼，推进乡村振兴是实现全体人民共同富裕的必然要求，是解决新时代"三农"问题的关键路径。乡村振兴不仅要巩固脱贫攻坚成果，而且要以更有力的举措、更规范的制度、更灵活的方式，激励多元主体参与。资本下乡推动乡村振兴的过程，实质是资本嵌入乡村社会的过程，是乡村振兴中多种力量相互作用的过程。引导和撬动资本下乡的本意，在于通过资本嵌入乡村社会和经济再生产的各个环节，与多元主体之间协同分工，共同推动乡村振兴战略的实施，而资本下乡目标与乡村振兴其他多元主体的异质性目标之间的差异，使双方协调过程产生高昂的交易成本，阻碍了资本下乡与乡村振兴其他主体互动的效率，使资本下乡无法有效融入乡村振兴战略的实施。因此，在资本下乡群体复杂多样、乡村振兴面临问题千差万别的条件下，资本下乡与乡村振兴的内在联系，需要在理论逻辑和实践操作方面建立符合社会现实需求的分析框架，深入探讨资本下乡赋能乡村振兴的理论逻辑和实践操作，并制定出符合资本下乡赋能乡村振兴逻辑关系的政策方案。

学界有关资本下乡和乡村振兴逻辑关系的探讨，往往将资本下乡群体置于利润最大化主体的位置，以"资本宰治"的思维作为出发点，认为逐利是资本下乡的唯一目标。很显然，该认识忽视了资本下乡的社会目标和公益目标。

本书认为，应将资本下乡放在一个多元目标框架下考察，从赋能理论视角探索两者的关系，系统考量资本下乡所处的特殊社会、市场、制度环境，逐步推动资本下乡功能定位的转变，以资本下乡赋能乡村振兴为切入点，深入研究资本下乡赋能乡村振兴问题具有重要的理论和现实意义。

　　基于此，本书的研究及核心观点主要集中在以下三个方面。一是结合我国的实际情况，深入剖析资本下乡如何通过嵌入乡村产业、社会关系和乡村治理，与农户、农村基层组织、农民合作组织等乡村振兴主体互动形成的赋能关系，探讨赋能过程中遇到的关键问题及其成因，并结合典型案例，从农民收入、生态安全、产业发展、宜居程度和粮食安全等角度，评估资本下乡赋能乡村振兴的效应，剖析赋能效应的影响因素。二是总结赋能的典型经验和典型模式，建构资本下乡赋能乡村振兴的四种方式，分析了每一种方式的内在赋能机制和实施路径，提出了资本下乡赋能乡村振兴的长效共赢机制。三是从社会政策和经济政策提出资本下乡赋能乡村振兴的政策建构，通过政策的创新优化，建构一个多主体参与的资本下乡利益共同体，推动乡村的全面振兴。

　　聚焦"资本下乡与乡村振兴"实为一次理论的"冒险"，过程是跌宕起伏的、曲曲折折的，结果是令人欣慰的、值得庆幸的。从理论逻辑来看，通过研究，本书基本理顺了资本下乡与乡村振兴之间的关系，提升了资本下乡赋能乡村振兴的效果，为建立新型城乡关系提供了新的思路。从实践逻辑来看，本书探索了推动城乡要素和产品合理流动的可行途径，提出了扩大农村产业增值收益和增加居民福利的具体方式，总结了更多优质资本投入乡村振兴的有效措施，并为资本下乡赋能乡村振兴长效机制及社会、经济政策的建构提供了有益的借鉴。

　　理论工作者一个清醒的自觉是，"理论是灰色的，而生活之树常青"。资本下乡对乡村振兴战略的推进，需要与现实生活同频共振。现实生活中，乡村振兴必然是"苟日新、日日新、又日新"，资本下乡的步伐也只有"抽新枝、发新芽、展新颜"，才能够真正做到理论接受实践检验，理论服务实践发展。"路漫漫其修远兮，吾将上下而求索。"

第一章
资本下乡赋能乡村振兴的理论分析

重农固本是安民之基、治国之要。党的十八大以来，中共中央、国务院先后连续出台一系列富民惠农强农政策，为"三农"事业的健康发展打下了坚实基础，也激发了工商资本投资农业农村的积极性。党的十九大作出实施乡村振兴战略的重大决策部署，又为工商资本参与乡村振兴开辟了广阔空间。2018年、2019年中央一号文件和中共中央、国务院印发的《乡村振兴战略规划（2018—2022年)》都明确指出：健全乡村振兴多元投入保障机制，特别是引导和撬动社会资本投向农村，起到缓释城市资本和补充农村资本的功能，是建构新型城乡关系的重要内容，同时，也是平衡城乡资本非平衡发展的一个重要方面。因此，资本下乡和乡村振兴之间的关系探讨，成为学界关注的重点之一。

探索资本下乡对乡村振兴的赋能，有助于了解资本下乡对乡村振兴影响的内在机理，找出影响资本下乡赋能乡村振兴的障碍问题，总结出资本下乡赋能乡村振兴的模式和经验，从而为资本下乡和乡村振兴的政策制定和经验推广提供可靠的依据。

第一节　资本下乡的内涵与意义

一、资本下乡的内涵

资本下乡是指资本在市场导向和国家优惠政策的引导下，向乡村聚集，并将城市先进的管理经验、技术创新、人力资本等代表先进生产力的要素投入到农村发展这个大环境中，实现农业的产业化、规模化、现代化和社会化的现代经营方式，并与农村基层政府、村社组织和农民三方构成有机统一体，有效地配置乡村发展资源实现乡村振兴的过程。

资本下乡主要有四种表现形式：一是工商企业租用农民的承包地或者村集体的集体土地发展现代种养业，主要是进行特色种植、养殖。二是建立农产品加工流通企业，对农产品进行深加工、储存、销售等，对接外部的大市场。三是建立农机合作社、育秧工厂等，为农民提供产前、产中、产后服务。四是开发农村闲置农房和闲置宅基地，建设和经营村庄，发展休闲农业、乡村旅游、健康养生等融合产业。从主要经营的产业类型来看，工商资本并非大规模进入传统种植领域与农民相竞争，而是与农民在合理分工的基础上形成了紧密的合作关系。在国家乡村振兴战略的大背景下，资本下乡对于现实"三农"问题提供了一种较好的解决途径。

二、资本下乡的意义

资本下乡带动资本、技术和人才下乡[①]，推动乡村振兴战略的实施和城乡融合的发展，是解决制约我国经济社会发展"三农"问题的一条有效途径。工商资本下乡不仅能很好地解决城市富余工商资本的出路，而且也是第二、三产业反哺农业的重要举措，因此，资本下乡对乡村振兴具有十分重要的现实意义。本书通过典型案例研究的方法，找出如何更有效地释放资本下乡效应的路径，避免或者降低资本下乡对乡村振兴的负面影响，实现资本下乡与乡村振兴的共赢。

资本下乡是一个经济行为，同时也是一个社会行为，是城市社会资本与乡村社会资本融合的一个有机过程。引导资本下乡参与乡村振兴，关键在于不断实施制度创新，为下乡资本提供制度红利吸引，通过乡村振兴主体与资本主

---

① 罗来军、罗雨泽、罗涛：《中国双向城乡一体化验证性研究——基于北京市怀柔区的调查数据》，《管理世界》2014 年第 11 期。

体的利益联结，建构多元主体利益最大化，克服资本下乡的负外部性，建构共建、共享、共治的机制，确保建立基于信任的利益关系[①]。这种关系的建立，是乡村居民能否持续获得资本下乡收益的关键[②]。

　　资本下乡对于乡村发展的影响有两种结果：乡村振兴与乡村衰落。发生哪一种结果，取决于是否能够探索一条有效的制度调适路径[③]。推动传统农业的改造，解决"三农"问题[④]，通过资本下乡对乡村振兴的赋能机制，形成一条推动乡村振兴的通道，达到推动乡村振兴的目的，避免产生乡村衰落的结果。

（一）以资本下乡推动乡村组织振兴

　　乡村振兴的一个重要方面是组织振兴，农村基层组织在乡村振兴中并没有完全发挥其应有的作用，难以有效地引领分散经营农户实现向现代农业的转型。随着资本下乡的深化，能够带给以家庭单元结构为主的基层组织，形成乡村整个组织体系的再构造效应，重塑并强化农村基层组织运转的效果，为农村基层组织提供外部动能。在基层组织嵌入资本下乡的经营过程中，可以采取多种方式，如通过集体经济组织资本、土地经营权、劳务派遣等方式入股，获得资本下乡公司的股份，从而参与到下乡资本企业的经营中，同样，也可以与基层党组织和下乡资本企业党支部联合，形成"联合党委"的形式，实现基层组织嵌入到下乡资本日常经营中。同样，下乡资本也可以通过建立农民合作社，将农民组织起来，实现农民的再组织化，提高农民自身利益诉求能力、合作能力和监督能力，从而达到农村利益分配能力的均衡。农村集体经济组织也可以通过成立合作社，实现村社联合，通过村社联合体，实现与下乡资本企业的力

　　① 廖彩荣、陈美球、姚树荣：《资本下乡参与乡村振兴：驱动机理、关键路径与风险防控——基于成都福洪实践的个案分析》，《农林经济管理学报》2020年第3期。

　　② 杨洁莹、张京祥：《基于法团主义视角的"资本下乡"利益格局检视与治理策略——江西省婺源县H村的实证研究》，《国际城市规划》2020年第5期。

　　③ 陈航英：《干涸的机井：资本下乡与水资源攫取——以宁夏南部黄高县蔬菜产业为例》，《开放时代》2019年第3期。

　　④ 李家祥：《试论乡村振兴中多主体和谐关系的构建——以资本下乡为视角》，《理论导刊》2020年第9期。

量的平衡,从而实现农村基层组织化水平的提升。资本下乡与农民组织化水平的提升是一个"推—拉"力的共同作用过程,资本下乡推动乡村组织结构的调整,组织振兴吸引更多的资本下乡参与,通过乡村组织的振兴,实现农村组织的建设由失序到有序的转变。

(二)以资本下乡推动乡村人才振兴

资本下乡并不是城市剩余资本的被动转移,而是城市先进生产力与资本的协同下乡,其带来更多的是代表先进生产力的技术、管理和制度经验。资本下乡在提高农民组织水平的同时,提升农民的人力资本水平。一方面,通过城市产业经营过程积累的新知识、新技术和新理念,通过资本下乡的中介效应,传递给对资本下乡有一定认知意识的农民中,从而改变其认知,改变其对市场和风险的看法,推动其主动接受资本融合的过程。另一方面,通过城市产业工人、先进技术人员、管理人员与农民的面对面对接,提高农民"干中学"能力,通过提高学习效率,加速农民人力资本水平的上升,改变传统农民在城乡有效对接中的演进方向,激发和强化乡村振兴的内生动力。

(三)以资本下乡推动乡村产业振兴

一方面,资本下乡通过与乡村原有产业的融合,改造传统的农村产业,实现原有产业的转型升级,从而提升乡村产业的竞争优势,如通过第一、二、三产业融合的方式,建构和优化现有的乡村产业体系,又如通过改造传统的城乡供应链,建构城乡产业有效沟通渠道,又比如,通过城乡产业链的有效对接,实现城乡产业的融合发展。另一方面,通过改造乡村传统产业链,提高其内涵,优化其结构,融入新的增值元素,增加农村产业的附加值,通过产业链的价值重构、品牌建构、质量升级等手段,实现乡村产业链的延长和扩展,提升价值增幅。

(四)以资本下乡推动乡村文化振兴

一方面,资本下乡通过与农业结合,以农旅开发、典型乡村文化工艺品挖掘等方式，充分发掘乡村原有文化资本的商业价值和文化价值，适应现代市场的需求，使得乡村成为留得住乡愁和记忆，留得住乡情，值得观赏和旅游的地方。另一方面，加速城市文化与乡村文化融合，将城市先进文化的代表形式和内涵传递给农村，实现农村文化发展的转型，比如新媒体、新娱乐、新文化融合农村传统文化，从而改造农村的传统文化元素，如在农村建立农业博物馆、传统曲种的挖掘和表演等。

（五）以资本下乡推动乡村生态振兴

资本下乡通过打造农业农村的绿色发展，打造山清水秀的乡村风光，建设生态宜居的农村环境，达到实现乡村生态振兴的目的。首先，实现农村产业绿色化，在产业振兴的同时，打造农村产业的绿色版，充分适应现代城乡对绿色、有机产品的需求，充分改造传统农业；其次，通过资本下乡，打造农村生活的绿色版，通过改造日常生活习惯，比如厨房、庭院、厕所等场所的卫生状况，从而实现清洁乡村；再次，实现城乡之间生态融合，打通城乡关于生态理念、文化、技术和管理等要素流通的渠道，通过技术创新，实现城乡生态资本的互补，完善城乡生态资本的补偿机制。

三、资本下乡的动因与需要处理的关系

（一）资本下乡的动因

从 20 世纪 80 年代开始，城市工商资本已经开始在农村布局，如 20 世纪 90 年代的农业产业化、农业产业结构调整，21 世纪开端的农业产业链建设、农村三产融合等都能看到工商资本的参与，资本下乡的动因主要集中在如表 1-1 所示的几个方面：

表 1-1   资本下乡的动因

项目	推动的原因
金融资本的介入	金融资本的强势介入，大大拓宽了工商企业投资农业的规模和细分领域，加速了资本下乡进度
多资本的联合	大量工商企业借助各路资本，希冀做全和完善产业链，完成大资本布局。在农业领域深耕多年的龙头企业中粮和新希望，专门成立了农业产业基金，与集团联动进行投资。甚至于联想这样传统的 IT 公司，也专门成立了农业投资事业部，进行农业产业的战略性投资。大资本对农业生产经营的相关产业链控制能力越来越强
制度的支持	中央一号文件、产业化政策文件、农业发展的现代化文件、党的十九大报告、各部委的专项文件。稳定土地承包权，推进农户兼业化之下的农村劳动力专业化；进行农产品流通体制改革和农业生产要素市场建设，促进农业商业化；以推进农业结构性战略调整为目标，推进农业产业化
农业发展的需求	现代农业体系需要设备更新，技术升级和规模化经营，也意味着传统的小农耕作方式将被淘汰。将散落在各个农户手中的土地集中起来，进行科学管理和技术培养，是建立这一体系的必要条件
城镇化的需求	大规模的城镇化进程，让中国农村社会经济格局与城市格局发生了深刻变化，越来越多的农村劳动力进入城镇，由农产品生产者变为消费者。需要规模化的现代农业体系来支撑更多元的农产品需求
农民收入增长的驱动	让农业生产自然过渡到产业化发展，即以市场而非以粮食增收为导向进行农业生产经营。同时，农民的土地使用权如何在集中时增值，让农民既有生产收入又有财产性收入，也成为农业政策追求的目标

（二）资本下乡需要处理的关系

资本下乡主要是响应国家乡村振兴战略，推动乡村振兴更快、更好地建设，资本下乡涉及宏观、中观和微观三方面关系的问题。从宏观角度看，资本下乡是在国家的一定政策激励及相关约束下进行的资本行为，是一个资本和国家的关系，资本在响应国家政策号召的同时接受国家的制度约束，这是一个国家与资本的博弈过程，两者在政策调整和适应性行为调整上选择策略，从而满足各自的需求，满足自己的目标效应。从中观角度上，资本下乡是一个通过对乡村产业嵌入的过程，从而嵌入乡村社会、经济和生态行为的过程，是一个资本和村庄的博弈过程，通过各自的行为调整，逐步与村庄就乡村振兴的方方面面达成协议，并有所为和有所不为的过程，通过各自的行为调整，逐步达到各自的目标效应。从微观层面上看，资本下乡是一个资本和农民联结的过程，是资本和农民的博弈，是两者相互合作还是相互排斥的过程，通过两者的适应性行为调整，最终达到两者关系的最优。资本下乡是一个综合微观、中观和宏观层面的问题，任何一个现象都需要三个层面的协作，自上而下的治理，自下而上的调整，最终实现乡村振兴与资本下乡的有效耦合，通过资本下乡建构新型城乡关系。

1. 资本和小规模经营农户之间的关系

资本下乡不是消灭小农，而是改造传统小农，使得农民能够安居乐业，通过资本的嵌入，改造其经营的传统农业，从而走上现代农业的道路；资本下乡，不是与小农的对抗，而是与小农共享乡村振兴的福利，使得乡村振兴能够在资本的驱动下实施得更好。资本下乡，不是驱赶农民进城，而是让想留下来的农民，能够协助资本主体，把农村建设得更具有魅力。

2. 资本和村庄之间的关系

资本参与村庄社会建设，包括社会网络、文化氛围和村庄治理的建设。资本参与村庄的日常治理，包括制度建设、基础设施建设、文化建设等内容，使得乡村振兴更快、更好地实施，而不是消灭村庄，使其变成城市的生产基地。资本参与村庄建设的过程，同时也是乡村振兴的过程。村庄当前仍然是"熟人社会"，频繁的人情往来是连接社会关系的重要手段，社会资本在新人互助，人情往来以及村庄归属上出现明显的下降趋势，其中一个重要的原因是资本下乡所带来的村庄非农化[①]。在"熟人社会"中，资本下乡要正确处理好资本和村庄的关系，如果资本主体本身就是乡村熟人的衍生品，比如外出务工的创业精英，那么嵌入就相对容易，如果是政策引导的外来品，那么嵌入的难度相对较大。

---

① 乐章、向楠：《熟人社会：村庄社会资本水平及其差异》，《农业经济问题》2020 年第 5 期。

3.资本和土地之间的关系

资本下乡，应当投入到农产品深加工、生产原料、产品流通及农村文化消费等行业中去，防范其直接染指农业最根本、最原始的要素——土地。土地大规模的流转一旦由资本主导，大量农民将失去其唯一保障，失地农民和城市贫民窟问题将很快突显，农民的土地承包经营权和农村土地集体所有权制度也将瓦解。现在中央的政策并不鼓励工商企业长时间大面积租赁或经营农民的土地，目的就是防止在农业人口稳定转移之前，形成大规模的土地兼并现象。

4.资本下乡和粮食生产之间的关系

规模经营对于经济作物来讲，有着无可比拟的效率优势，可对粮食作物来说，研究及实践都表明精耕细作的单产往往高于大面积机械作业的产量。同时，粮食作物因其需求稳定、需求弹性低、附加值不高的特点，也势必不受资本青睐。资本掌控下的农业生产，将向经济作物种植倾斜。因资本带动的大量要素流转到经济作物领域，基本粮食供应如何保障可能成为严重的问题。因此，在资本下乡过程中，应加大对资本下乡的非农化和非粮化经营行为的监督力度，规制其经济行为。

第二节　资本下乡和农户的关系

有学者认为，我国小农经营具有"内卷化"程度严重的问题，即在边际生产率为零或者为负的情况下，对土地进行过多的劳动投入，解决的方案是实行规模化经营，按照现代农业经营体系的要求，通过资本的投入，实现生产要素边际收益的增加，因此，在资本和小农之间，是要资本经营还是小农经营，即资本和小规模农户之间的关系问题，存在三方面的观点：资本消灭小农、资本排斥小农和资本改造小农。

一、资本消灭小农理论

小规模农户在经营方式、资本和技术方面不如大资本，最终在与资本的竞争过程中被淘汰。

（一）资本消灭小农理论分析

马克思从土地制度的角度分析认为，小规模所有制按其性质来说，就具有排斥社会劳动生产力发展的因素。劳动的社会形式、资本的社会积聚、大规模的畜牧和技术的不断扩大的应用，高利贷和税收制度必然会促使这种小规模所有制的没落。资本通过土地价格上的控制，使小规模经营农户无法坚持自己的个体经营，如果坚持个体经营，势必丧失房屋和家园，其陈旧的生产方式，无法与采用机器大规模经营相竞争，生产成本的高昂使小规模农户经营无法持续，最终导致小规模农户退出农业生产经营，成为农业大资本的劳动雇佣者，资本最终消灭农户。

（二）资本消灭小农方式

资本消灭小农的方式多种多样，最根本的一条是剥离小农与土地的关系，通过合理的产权方式，从农民手中获得土地，使得土地与农民之间的关系虚置。失去土地的小农只有两条选择，一条是到城市谋取生存机会，成为城镇化中的一员，这取决于城市的吸纳能力，而我国快速城镇化带来的负面影响在一定程度上使这条路不能够有效实行；另一条就是变成资本的产业工人，在农业大资本的产业下从事产业劳动，从而获得谋生的机会，这条路的最基本条件是劳动力的人力资本素质要与农业大规模经营相适应，而就我国目前农户的人力资本水平来看，这条路也很难走通，因此，在我国资本和小农的关系中，资本和小农长期并存，在资本下乡政策的制定过程中，要兼顾我国这个实际国情，偏向任何一方的政策都会带来难以预料的结果，可能造成很难弥补的损失。

二、农户排斥资本理论

资本和土地的结合将导致小农经济的崩溃和衰退，即资本化、市场化将使小农户、小型家庭农场面临消失。从土地制度和小农经营的性质来看，农场的小资本将吞噬小土地经营者和传统的生产方式，同时资本和小农不能共存，小农的自然惯性和未经改良的粗放型耕种方式，使其找不到其他方式在市场上形成核心竞争力。从土地制度考虑，小规模土地所有制的性质决定了其社会劳动生产率、社会劳动形式、社会资本积累等滞后的情况，土地开发的资本支出将促使农业资本、工商资本和小农不能共存，资本排斥小农。

这一理论认为：小规模农业比大规模资本化更有优势。小农管理将保持活力，通过压缩资本化和大规模生产，通过中等规模的家庭农场经营，来适应市场的变化，并通过国家对农业的补贴机制，获得收益，因此，农户不需要更大的资本投入，虽然农业经营存在一定的"内卷化"，但是，随着我国乡村人口持续的外流，导致农村从事农业劳动的人员偏少。现在已经不是大量投入劳动的时代，随着土地确权和流转的逐步实现，土地已经大部分流入具有一定经营能力的规模经营农户手中，其按照农户家庭经营和规模经营融合的方式进行经营，农业经营"内卷化"程度大规模下降，资本下乡，必将大规模流转土地，从事中等规模和适度规模经营的农业大户、家庭农场的生存环境将更加恶劣，因此，这些群体对资本进行排斥。

从小规模农户来讲，留守在农村的一般是老人、妇女和儿童，有的家庭仅仅剩下留守老人，这部分人对乡村具有深厚的感情，非常依赖乡土的社会环境，通过乡土之间的社会交流和感情交流，能够使其得到一定的生活和精神方面的满足。如果村里承包土地的农业大户、家庭农场、农民合作社等本土组织能够提供一些力所能及的劳动机会，这些老人和妇女也能到田地里从事一份随机性的劳动，从而获得一笔额外的收入，同时也满足其对劳动的需求，资本下乡必将通过技术排斥掉这批劳动力。同时，资本下乡通过城市化的方式改变农村生存环境，比如推动村民上楼，集中居住，这些方式都会破坏原住村民日常生活的社会关系和往来，带来适应方面的困难。因此，虽然不从事农业，这些小规模农户也排斥资本破坏其原有的生存环境。

在比较发达的地区，城市和乡村已经逐步融合，城市居民与乡村居民的联系日益紧密，城市居民日益多样化的需求，是靠规模化的生产所不能满足的，而小农的分散化生产，恰好与分散化的异质性需求相适应，并且城市居民能够为自己异质性和个性化的需求提供较高的价格，满足小规模分散农户"内卷化"的投入，这在一定程度上降低了小规模农户分散经营的"内卷化"水平，高的收益水平使小规模农户对资本进行排斥。

三、资本改造小农理论

通过投资资本、技术、人力资源和其他资本，我们可以把"贫穷、高效"的小农经济转化为现代农业。传统农业生产效率低，生产技术缺乏创新，要打破传统农业的低效均衡，就必须依靠外力，引进先进生产要素，改造传统农业。人力资源的转型升级和现代化生产要素的使用，使传统农业经营的农民需要自我改造，提倡农民使用现代农业要素。因此，要加强对农民培训的专门投入，让农民获得新的知识与技能，才能完成农业现代化的最终目标。改革的核心是资本，接着是投资人力资源和改善现代生产要素的使用和管理能力。即通过投入人力、技术、资金资本，可以对相对贫困而有效率的小农经济进行改造，使其转向现代农业。在完全市场竞争的情况下，传统农业是贫穷而有效率的，只要对传统农业追加新的技术、人力、资本，搞规模化经营，使资本投入到服务、加工和流通各环节，既保证了生产环节的规模化，又实现了流通环节的效率提升。

在改造传统小农时，资本下乡治理逻辑实质上是改造小农空间治理的一种逻辑。在企业逐利目标下，借助技术、资本、制度等要素组合，改造小农生产和生活空间，建立工业化的空间治理体系，在农业各个环节对小农逻辑进行资本改造，这种改造面临两种困境，一种是当地农户以陌生人的规则对待资本下乡，另一种是资本下乡与小农经济存在的韧性所带来的企业化空间治理无法衔接小农社会的空间治理，这使得改造小农变成了"脱嵌小农"①。

（一）资本下乡推动小农户发展理论

资本下乡过程中，农户的合作行为对资本下乡的成功，推动乡村振兴战略的实施具有十分重要的作用。但是，在现实过程中，农户参与资本下乡的合作意愿和合作行为两者存在显著的差异，合作意愿高于合作行为，两者之间的合作意愿和合作行为受到不同因素的影响，合作行为受到农户自身特征、工商资本特征和外部环境的影响，合作意愿受到农户人口特征、生产特征和工商资本特征的影响。农户与资本下乡企业的契约模式选择意愿与农户受教育年限、农业基础设施以及工商资本是否提供支持密切相关。

第一，资本和农户的合作关系。资本下乡企业在逐利的动机下，通过农地的规模经营、服务的规模经营，与农户在农地和服务两个方面缔结不同的合约安排，通过合约带动雇佣农户和承包农户，深化了农业的企业内分工与社会分工，通过分工重构生产关系和市场关系，形成新的产业化经营模式：资本下乡组织带动农户经营；这种模式是"分工深化、交易治理和规模报酬递增"的过程②，在资本下乡条件下，农户的福利得到一定改善③，接近福利的中间水平，农户的经济状况、社会保障、生活条件、心理因素均有不同程度的改善。在资本和农户的合作过程中，一个明显的现象就是能够与下乡资本合作的农户往往是人力资本素质较高、拥有一定的经营能力和市场眼光的乡村能人，而不是普通村民，大部分村民不具备与资本合作的条件，因此不能够通过与资本下乡企业合作而获得福利。王艺潼、周应恒、张宇青三人④研究认为：工商资本进入种植环节有直接和间接两种模式，直接模式增加参与农户的工资性收入、财产

---

① 何毅：《资本下乡与经营"脱嵌"》，《南京农业大学学报（社会科学版）》2021年第3期。

② 胡新艳、陈文晖、罗必良：《资本下乡如何能够带动农户经营——基于江西省绿能模式的分析》，《农业经济问题》2021年第1期。

③ 李云新、黄科：《资本下乡过程中农户福利变化测度研究——基于阿玛蒂亚·森的可行能力分析框架》，《当代经济管理》2018年第7期。

④ 王艺潼、周应恒、张宇青：《工商资本进入种植环节促进参与农户增收的机理分析》，《改革与战略》2016年第5期。

性收入和非农收入，间接模式增加参与农户的农业经营收入。

第二，资本和农户的市场连接。资本下乡在提高农村产业发展水平的同时，也会垄断产业中的高附加值环节，进而导致农村产业内部各个环节之间的经济活动溢出熟人社会，从社会交往模式转变为纯粹的市场交易模式①。在市场交易条件下，乡村内部的熟人社会为小农户营造的保护型结构面临瓦解，同时也削弱了小农应付生产和生活的风险能力，其农业收入的稳定性也随之弱化，并导致农村无法正常发挥社会保障功能。

第三，资本和农户的社会连接。在小规模经营农户主导的村庄内，村民依靠生产关系建立社会关系，依靠乡土的社会关系，有效而快速地处理问题，维持乡土社会的稳定和有效，是符合小规模农户风险规避、生存安全的生计模式要求的环境，随着资本下乡，一方面打破了乡村维系关系的生产环境，使得一部分原来能够从事农业劳动的群体被排斥在生产关系之外，而依托生产关系建立的社会关系也发生改变，资本下乡带来的市场意识使村庄原有的人情关系被破坏，靠人情所建立的和睦关系被市场交易和利益关系所替代，一些富有人情味、传统道德的相互帮助，和睦相处，青山绿水的生产和生活环境受到影响，农户原有的生存环境发生了实质性变化。

第四，资本和农户的生计连接。资本下乡对农户生计环境和生计资本既有优化效应，又有冲击效应②，农户生计受到资本下乡规模、嵌入性、地域特征、政策环境、基层政府角色定位等多种因素的影响。要构建资本下乡条件下农户的可持续生计模式，必须增强资本下乡的社会结构嵌入性，实现资本规模结构优化与良性互动，增强资本与农户的利益连接机制，优化政策环境、明晰基层政府角色定位等，通过实现结构与制度的转变，建构农户与资本下乡的新型关系。

在城镇化和城乡要素流动过程中，我国农村居民的主体结构发生了实质性

---

① 望超凡：《村社主导：资本下乡推动农村产业振兴的实践路径》，《西北农林科技大学学报（社会科学版）》2021 年第 3 期。

② 李云新、吕明煜：《资本下乡中农户可持续生计模式构建》，《华中农业大学学报（社会科学版）》2019 年第 2 期。

的变化，一方面，大规模青壮年劳动力流向城镇，成为城镇务工群体，相应留守的是老人群体和儿童群体。随着务工群体城市化融入政策的推动，一部分家庭以迁移的方式逐步将妇女和儿童也带到了城市，农村仅仅剩下老年人，以老年人来与下乡资本合作，这样的合作空间不大，况且，老年人的生计主要靠子女的返乡寄款，而并不是依靠农业经营来获得，因此，在该种情况下，资本下乡对农户的生计影响并不大。另一方面，一些留在村子里经营的、情愿从事农业生产的青壮年，一般依靠亲朋好友所构成的社会关系流转土地，由于是亲戚或者邻里关系，流转土地的双方都比较信任，流转风险较低，所以流转价格较低，群体依靠经济作物和粮食作物的间作或轮作，来提高自己的经济效益，一般夫妻都参加劳动。在资本下乡条件下，在基层政府部门和资本下乡企业合作的压力下，这些青壮年被迫退出适合其需求的规模经营，不得不纳入务工的序列，其生计策略被破坏。

资本下乡对于农村居民生计的影响，还表现在其技术角度上，在土地承租的适度规模的经营农户与农村富余劳动力之间的关系中，双方建立的是一种基于乡村人情关系的利益联系，当农业采摘、下苗和除草、打药的季节，要雇用部分村民进行劳动，双方建立在一种基于乡村声誉和信息充分基础上的一种随机和离散型的雇佣关系，双方都可以按照自己的意愿自愿退出和加入，建立在口头和人情关系上的合约非常柔性和灵活，同时，也就是这种能够随时退出的灵活合约，制约了双方的机会主义行为，因为退出合约是可信的，这种灵活的雇佣方式给留守乡村的适度规模经营农户以效率，并且给予被雇用的老年人以零花钱，带来其生活的改善，这种稳定的机制也建立在乡土关系之上，在现代农村，由于从事农业的劳动力短缺，一般老年人按照社会关系、性格、偏好和代际关系等建立起劳动团体，并依托一个核心人物来找到合适的"劳动任务"并承担下来，然后利用现代通信工具建立联系，因为居住临近也可以到家里喊来完成组团，从而承担并完成任务，工资一般是计件或者按天算，协商起来比较容易。相比较而言，资本下乡的正式市场化行为，对于农村老年人劳动群体来说，其原有的模式不再适应，也排斥了这批人参与劳动市场的权利，从而冲击了这批人的生计模式。

第五，资本与农户的土地连接。农户是否愿意与资本下乡主体建立关系，取决于其是否愿意将自身所拥有的土地资本和劳动力资本与下乡资本合作，即其土地转出给资本下乡企业的意愿。资本下乡过程中，农户的风险认知是影响其将土地转出意愿的决定因素[1]，流转租金高低，是否拖欠流转资金的风险、流转后的再就业和养老保障风险等因素显著抑制农户与资本下乡企业发生土地关系。同时，资本下乡为乡村农业发展提供稀缺资本，克服农业资本投入不足的问题[2]。但是在下乡资本进入农业过程中，无论在土地资本还是劳动力资本谈判过程中，农户和资本的博弈都处于一个不平等的场域，农户的利益保障方面存在风险。只有在农户的自主权和收益权都得到保障的情况下，农户对资本下乡的评价与出租土地的意愿才非常高[3]。

资本下乡与农户接触最为频繁的是处理土地关系，其联结的核心机制也是土地关系的确定，资本下乡投资一般是长期的大规模经营，需要较多的土地投入，从农民手中获取土地是最根本的渠道。为能够获取土地，下乡资本创新了各种实践，比如土地股份入股、土地银行、土地经营权抵押等方式，从农户手里获得土地经营权，从而实现自己的规模经营，一般通过正式合约来实现，合约的柔性和灵活性都下降，并且具有强制执行能力，从这个角度上看，农户基本已经失去了对土地经营权的控制权，其生计灵活程度受到压缩，生计空间更加狭小。

（二）资本阻碍小农户发展理论

一方面，资本下乡将导致集体功能的丧失，资本和国家直接面对个体农民，失去集体的个体农户不具备抵抗强大资本的能力，容易被各个击破，另一

① 石敏、李大胜、吴圣金：《资本下乡中农户的合作行为、合作意愿及契约选择意愿研究》，《贵州财经大学学报》2021年第2期。

② 陈振、郭杰、欧名豪：《资本下乡过程中农户风险认知对土地转出意愿的影响研究——基于安徽省526份农户调研问卷的实证》，《南京农业大学学报（社会科学版）》2018年第2期。

③ 侯江华、郝亚光：《资本下乡：农民需求意愿的假设证伪与模型建构——基于全国214个村3183个农户的实证调查》，《农村经济》2015年第3期。

方面，农业的发展越来越依赖于外部条件，生产条件的社会化和外部化程度越来越高，社会化也使农民面临新的压力，这些压力使农民进入一个更加不确定、风险更大、更不稳定和具有挑战性的社会中，小农容易被各个击破[①]。

随着农户在农村的逐步分化，分析资本下乡对农户的影响需要将农户分成不同的类型，农村现有农户主要有两种类型，一种是纯农业经营农户，也称为适度规模经营农户，其典型特征是夫妻两人，最多加上孩子经营十几亩以上的田地，有的经营超过百亩，靠自己的劳动和随机雇用本地劳动力完成生产，其经营环节仅仅在于种植和部分储存，经营技术含量不高，其投入规模和期望也不高。另外一种类型是将土地流转给本地适度规模经营农户，主要劳动力外出务工，家中仅剩老年人和儿童，有时儿童也随父母在打工地上学，家中仅剩老年人；对于农村适度规模经营农户，由于其掌握了大量的土地，在经营过程中容易与资本下乡企业造成冲突，一般会被资本所吞并，从而丧失从事农业生计的机会。对于老年人家庭，其依托于原有的本地适度规模经营农户的生计随雇主的消失而消失，又不被资本下乡企业所青睐，因此农业生计也被破坏，其单独经营缺乏完成整个种植环节的实力，所以，生计策略被破坏。

（三）资本下乡和小农合作理论

资本下乡能够弥补农村资本缺乏，实现规模经营和农业现代化经营。目前农村缺乏企业家和资金要素，资本下乡可以带来技术、资金和企业家要素，对传统农业改造具有显著效果，并有效地开发农村的资源，在开发资源的基础上，能够还权赋能，可以将资源转化为资本，如果配合一个公开、公正流转的土地市场，就能将资源存量转化为收入的流量。农民通过组织与工商资本和现代市场进行有机衔接，实现对等交易，保护了农民的权益，增强了农民的主体性，推动了乡村的自主发展。

"公司＋基地＋农户"这种方式是以公司或者企业为主导，以农产品的运

---

① 徐勇：《"再识农户"与社会化小农的建构》，《华中师范大学学报（人文社会科学版）》2006 年第 3 期。

销和深加工为主要业务，公司和农户签订农产品收购合同，并且公司为农户提供统一的种植计划、科技培训、生产资金等服务；农户负责生产出符合公司标准的农产品。基地是由与公司签订农产品出售合同的农户以自愿的原则组织起来的，是连接公司和农户的中介，它是公司的代理方，同时也是农民利益的代表。基地一方面降低了公司直接面对松散农户的交易费用，另一方面，作为农户的代表，对于公司的违约行为有很强的制约作用。一是富有弹性的定价机制。这就确保了农民享受农产品增值效益。当农户可以单独出售自己的产品，并且高于下乡资本所提供的渠道价格时，这使资本下乡企业依靠渠道来获得本应是农民的利润的机会空间缩小，同时也保障了农民应得利润，资本下乡对农产品或者劳务销售权利的控制，是资本和农户联结的一个重要方面，当双方在渠道建构上都拥有自由的进入和退出机制时，才能有效避免双方合作过程中的机会主义行为。二是不发生土地使用权的流转。农民仍然是土地的所有者，这也表明其对土地经营权的控制，只要控制经营权，其就有退出和进入资本下乡企业经营的自由，这种退出威胁对于资本下乡企业是可信的，如果资本下乡企业发生侵害农民利益的机会主义行为，则农民就选择退出，并且其带动效应会导致资本下乡经营的不可持续性。因此，资本下乡企业为了避免自由退出，也要求农户进行专有性投资，来避免农户自由退出所带来的沉没成本。

资本下乡直接进入农业的方式主要有两种：一是农村土地租赁进行了大规模的直接管理，并逐步建立一个完整的产业链，农业企业的整合，形成了生产和营销；二是收集和合并或退出破产上市公司，直接形成农业上市公司。间接进入农业的方式具有多样性（表1-2），主要包括："公司（企业）+农户""公司（企业）+基地+农户"的"订单农业"方式，农业企业资本运营的生产方式，即公司自建基地的方式，"龙头企业+家庭农场"方式，"公司+合作社+农户"方式[①]和"资本下乡企业+基层政府+农户"合约方式[②]。

---

①　时雅杰、蒲应燹：《工商资本与农村生产要素结合模式的国际借鉴研究》，《北京农学院学报》2015年第4期。

②　任晓娜、孟庆国：《工商资本进入农村土地市场的机制和问题研究——安徽省大岗村土地流转模式的调查》，《河南大学学报（社会科学版）》2015年第5期。

表 1-2　资本与农户的关系

连接形式	
资本 + 公司 + 农户	资本投资兴建龙头企业，龙头企业与分散农户签订合约形成连接，实现利益共享和风险共担
资本 + 合作社 + 农户	资本所形成的公司，并成立合作社，通过合作社与农户连接起来，实现利益共享和风险共担
资本 + 专业市场 + 农户	资本投资建立批发专业市场，为分散农户提供专业性的商品服务，同时收购高质量农产品
公司 + 基地 + 农户	政府引导建立生产基地，农户集中生产，形成特色农产品聚集，公司为主导形成特色化、链条式、专业化服务
公司 + 大户 + 农户	资本与专业大户合作，扩大生产规模、打造区域影响力，通过专业大户影响分散农户
资本独立运营	大规模租赁土地，投资合适项目，直接创办公司，发展延伸生产、加工、销售一体化产业链，实现资本与农业的直接合作
农户股份制 + 资本	农户以土地或者劳动力股份入股
资本 + 基层政府 + 农户	资本下乡企业与村基层组织建立联系，通过集体动员农户参与资本下乡经营，整合土地和劳动力资源

公司与农民股份合作方式：农民以自己的承包土地为股份入股，成为企业的股东，企业以资本入股，主要负责经营，在公司和农民之间，一般存在一个农民合作社，该合作社由村干部或村中的能人负责经营，对外代表农民利益。这个机制的最大优点是农民有自己的组织——农民合作社，农民入股的是合作社，企业入股的也是合作社，土地归合作社控制，合作社属于企业和村庄共同所有，这样，资本和村民就处于一个利益共同体内，成为风险共担、收益共享的利益共同体。合作社的经营由企业和村庄精英或者村干部共同决策，能够在一定程度上考虑农民的利益，农民一方面可以获得稳定的股份分红，同时也可以选择将土地出租给合作社，获得稳定的地租收益；另一方面，作为合作社的成员，农民可以通过给合作社提供劳动获得收益。合作社部分是基于乡土社会关系成立的，具有信息对称性和累积的认知，能够识别和筛选出合适的劳动力为合作社所用，给合作社提供的劳动有效避免了"偷懒"行为。

在资本下乡推动乡村振兴的过程中，农户参与资本下乡问题成为学者关注的焦点之一。在土地经营权可以流转情况下，什么因素影响农户参与资本下乡，是实现资本下乡与乡村振兴共赢，推动制度改革政策实施的重要依据。根据笔者的实地调查，土地产权认知和非农就业行为对农户参与资本下乡意愿影响较为显著，认为土地承包权属于国家和集体的农户，家庭中有非农经营的农户倾向于参与资本下乡。

乡村振兴与资本下乡都需要重视农民的主体地位，资本下乡作为推动乡村振兴的关键，需要农户参与，农户参与的意愿不仅影响乡村振兴的实施，同时也影响资本下乡的顺利开展。石敏、李大胜、吴圣金[①] 研究认为：实施乡村振兴战略要坚持农民的主体地位，然而，在工商资本参与乡村振兴战略实践中，农民的合作意愿容易被忽视，甚至出现农民利益被侵害的现象。研究表明：第一，资本下乡中农户的合作行为和合作意愿的差异显著，合作意愿高于合作行为。第二，农户的合作行为受自身生产特征、工商资本特征和外部环境的影响。第三，农户的合作意愿受人口特征、生产特征和工商资本特征的影响，外部环境的影响不显著。第四，农户契约模式选择意愿与户主受教育年限、农业设施投资以及工商资本是否提供支持密切相关。陈振、郭杰、欧名豪[②]尝试从农户风险认知的视角，提出合理解释农地资本化流转陷入"低水平困局"问题的理论，其研究结论表明：资本下乡过程中，农户对流转土地风险的认知是影响其流转意愿的决定性因素，流转土地后所造成的租金过低和拖欠的风险、流转后自己再就业和养老保障的问题、土地经营过程中的"非农化"和"非粮化"问题，以及土地被资本下乡企业撂荒的风险等因素造成了农户不愿意将土地流转给资本下乡企业参与资本下乡经营，同时，影响风险认知的间接因素，包括农户的性别、年龄及非农经营收入等因素都间接影响农户参与资本下乡的意愿。因此，要慎重对待农地资本化过程中隐藏的各种风险，加强对其进行识

---

① 石敏、李大胜、吴圣金：《资本下乡中农户的合作行为、合作意愿及契约选择意愿研究》，《贵州财经大学学报》2021 年第 2 期。

② 陈振、郭杰、欧名豪：《资本下乡过程中农户风险认知对土地转出意愿的影响研究——基于安徽省 526 份农户调研问卷的实证》，《南京农业大学学报（社会科学版）》2018 年第 2 期。

别和监督，强化土地租金的管理，建立严格的工商资本介入农业的准入与监管机制，通过对老年人及妇女劳动力提供就业培训，完善农村社会养老保障体系，有效推动农户以土地资本化参与资本下乡的效率。侯江华、郝亚光①研究指出：资本下乡必须以尊重农民意愿为前提。

随着农民获得大量的非农就业岗位，城市打工收入水平显著高于从事农业经营水平，大量的农民选择进入城市寻找非农就业机会，逐渐由最初的农业兼业到当前的完全离农；农民在城市获得更高收入水平对其选择脱离农地，参与资本下乡具有显著性作用②。非农就业水平的提高在一定程度上能够起到加强农户参与资本下乡意愿的作用③。一方面，农户兼业行为一般是非农经营，其对土地的依赖性不强，往往将土地租给其他农业经营主体，在资本下乡的冲击下，往往倾向于将土地出租给资本下乡企业。另一方面，从入股来说，非农就业的收入水平一般较高，其资本积累水平较高，投入资本下乡获得股利就高。

四、资本下乡和农户的土地联结

农村社区对土地产权的吸纳性在土地制度改革过程相对被忽略④，在集体产权安排对村庄外部的资本下乡主体开放后，社区土地产权仍然处于对外闭合状态，社区土地因正式的资源占用渠道对外更加开放，这种集体产权和社区产权的非均衡变迁，不利于产权纠纷的解决。资本下乡要占用土地资源进行经营，土地的实际控制权在谁手中，直接决定了流转的规模和成本，如果属于农户，那么资本就需要与每一个农户谈判实现流转，由于农户的异质性，不可避

---

① 侯江华、郝亚光：《资本下乡：农民需求意愿的假设证伪与模型建构——基于全国214个村3183个农户的实证调查》，《农村经济》2015年第3期。

② 严燕、朱俊如：《社会资本嵌入乡村治理的路径研究》，《人民论坛·学术前沿》2021年第2期。

③ 崔苗：《离农农民土地承包权退出意愿及机制研究》，江西财经大学2016年博士学位论文。

④ 黄增付：《资本下乡中的土地产权开放与闭合》，《华南农业大学学报（社会科学版）》2019年第5期。

免地增加谈判和协商成本，从而带来更大的交易成本，并且流转过程耗费的时间较长，如果土地的实际控制权属于集体，那么与集体的关键人物达成协议就可以完成流转，交易成本较低，在实际的交易过程中，下乡资本与农户之间的交易往往通过村基层组织来实现的，村基层组织作为资本的"代理"来完成土地租赁的任务，这样能够有效地降低交易成本。在资本和土地的关系中，如图1-1所示：

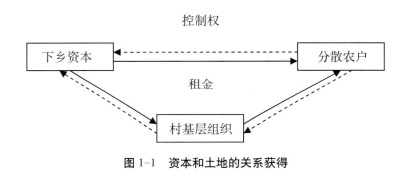

控制权

租金

图 1-1　资本和土地的关系获得

　　一种方式是资本下乡独自和农户打交道获取土地控制权，支付租金，另一种方式是通过村基层组织，实现土地控制权的获得和租金支付。

　　资本下乡通过资本和组织吸纳的方式快速集中土地，实现规模经营[①]。资本下乡重构了乡村土地的利益空间，通过政府获得了大量的土地资源，使依托土地的灵活生产模式和家庭自我循环难以为继，不能适应农民异质性的土地利益诉求，因此，在资本与土地关系的处理过程中，应兼顾资本下乡和农户的不同需求，实行柔性的土地流转制度，保障农民的土地权益。在通过土地有序引导资本下乡过程中，应鼓励引导建立土地股份合作社，协调和整合农业发展项目资金，并与资本下乡企业进行对接，推动资本下乡的路径转变[②]，实现"三农"的同步发展。

　　① 陈柏峰、孙明扬：《资本下乡规模经营中的农民土地权益保障》，《湖北民族学院学报（哲学社会科学版）》2019年第3期。
　　② 杨嬡、陈涛：《生产要素整合视角下资本下乡的路径转变——基于山东东平县土地股份合作社的实证研究》，《中州学刊》2015年第2期。

在宽松的制度环境下，下乡资本面对复杂的乡村社会权力结构时，其流转土地仍然需要采用策略性行为，即通过乡村社会的非正式权威——乡村混混来获得地方社会的保护和支持，并通过乡村基层组织的力量，借助国家法律话语，通过规范的操作性，使土地的流转形式上具有合法性[①]。资本和土地的关系，其实质是土地和农民的关系。如何从农民手中获得土地的经营权，是资本下乡的一个关键，如果与每一个农户进行协商和谈判的话，其交易成本太高，因此，资本下乡需要找一个合理的"代理人"或者"中介"。代理人必须在乡村具备一定的权威和协调能力，能够通过关系和权力的使用，用不高的成本来获得更多的土地使用权，并且还要合理合法。在现实操作过程中，充当代理人的有以下三种：

第一种基层政府组织，村集体经济组织、乡镇政府或者其代理人，其在农村具有一定的权威，并且操作在一定性质上冠以政府或者合法的名头，容易获得村民的信任，获得土地使用权，并通过合理合法的渠道转移给资本下乡企业。这种情况使得村民与资本下乡企业在博弈中处于非对称的地位，非常容易侵害农民的利益，同时，也增加了村级组织的政治风险，降低了基层组织的权威和合法性。在笔者的调研案例中，一个乡镇将土地从农民手中集中起来，以每亩 800 元的价格租赁，并成立土地整理公司进行土地整治，提高土地的级别，将乡镇 5 万多亩土地整理后，以规模出租给外来资本，以每亩 900 元到1000 元的价格出租，价格差额弥补土地整理的支出，由乡镇政府统一与下乡资本签订合同和协议，乡镇政府集中支付给农户土地租金，这种由基层政府主导的土地流转方式使下乡资本与农户彻底割裂开来。

第二种是村里的宗族势力、能人等具有一定非正式权力的隐性权威，其相对更为有效，能够有效地处理资本下乡获取土地的问题，主要是这些隐性权威与村民长期形成的一种基于乡村差序格局的权力结构所导致，普通农民畏惧这些在村内拥有非正式权力的隐性权威。在该方式中，不同权威针对不同的流转

---

① 冯小：《资本下乡的策略选择与资源动用——基于湖北省 S 镇土地流转的个案分析》，《南京农业大学学报（社会科学版）》2014 年第 1 期。

对象有效，因此，资本下乡需要首先与村庄的精英合作，这样才能在土地获得和经营过程中获得保障。

第三种是农民合作社、土地股份合作社等农民组织化平台；这些组织化平台能够有效地将农民土地整合起来，以集体的形式将土地流转给资本下乡企业，并通过集体行动与资本下乡企业进行谈判，争取农民应得的利益。

（一）资本直接租用农村土地

其中一个关键问题是租期的长短问题，因为这关系着农民土地收益的稳定性，对于农民而言，在长租还是短租这个问题上，他们并没有纠结太多。虽然在具体的年限上农民们并没有达成完全的一致：有的认为租期较长比较合适，有的认为租期越短越好，但大部分认为长租与短租相比更有吸引力，甚至可以说，农民是排斥短租的。首先，短租可能带来租金损失。对于农民来说，他们的信息获知渠道较少，租地信息往往来源于村干部通知或口口相传（在大部分没有土地流转服务中心的地方如此）。短租一旦到期，如果租地方没有续约的意思，那么他们将不得不寻找下家，这中间会花费一段时间，会造成一定的租金损失。第二，短租带来的土地破坏一时难以恢复。这在一些个案中已经体现得非常明显。无论是大资本还是种植大户，租入土地后一般都会对土地进行改造。这种改造会改变土地形态，比如挖掉田埂或者改变土质。如果农民一时找不到新的租地对象，那么他们不得不重新耕作。这个时候土质的改变可能会影响到作物的生长。而土地形态的变化则可能使农民被迫放弃种植某种作物，比如水稻这种需要大量用水的作物，可能因为田地关不住水而不再适宜耕作。如果再进行改造至少会再花费一定的人力成本。第三，短租带来的收益不能持续。无论大资本还是小资本，在租种农民的土地之后，往往需要再雇用农民进行工作。对于农民来说，收益实际上就有两部分：租金和务工收入。如果是短租，虽然租金收益可以固定，但是更为重要的务工收入却不能保证持续性。甚至可以说，农民更看重这部分收益，因为它往往高于租金收益。短租相当于削弱了这部分收益的长期可持续性。因而，相对于长租的稳定性，短租虽然灵活，但并不符合农民的长期利益。

（二）资本间接占用土地

资本间接占用土地，其中一个重要的因素是中介组织或者个体的存在，通过中介组织，表面上增加了一个环节，交易成本上升，但是，与异质性的分散小农户谈判，将具有更大的不确定性和更高的交易成本，因此，资本下乡企业一般采取间接占用土地的方式。

间接占用土地也存在一定差异，比如在政府和下乡资本主导的资本下乡过程中，土地流转收益溢出村外，形成下乡资本、政府和农民在利益上的竞争关系，农民不满足于土地流转所带来的一次性补偿，从而通过不同的方式阻挠资本下乡项目的开展[①]。相对不同的是，如果与村内精英发生联系，通过村内精英群体作为代理人来流转土地，并且雇用当地村民作为劳动力进行农业经营，形成由"村社理性"主导的合作生产方式，却能达到良好的治理绩效，由资本下乡主体与村内精英群体合作主导的资本下乡，通过平滑乡村制度变迁，更有利于实现平衡的发展和治理。

农民的利益得不到有效保障，仅仅达到资本主体和政府自身目标的资本下乡所带来的土地流转，往往会导致资本下乡村庄的治理失序[②]，因此，应该搭建土地流转的合作组织，并完善相应的应急、供求、互补和问责机制，从而避免土地流转所带来的治理失序问题。同时，应该通过提高农民组织化程度，通过组织平台来协调资本下乡所带来的土地流转的利益冲突问题，规避和治理土地流转过程中失序问题[③]。

一方面，政府部门要搭建好土地流转平台。土地是资本下乡首要追逐的要素之一，流转土地也是资本下乡企业最为关心的问题，因此，政府部门要搭建好

---

① 陈靖：《村社理性：资本下乡与村庄发展——基于皖北 T 镇两个村庄的对比》，《中国农业大学学报（社会科学版）》2013 年第 3 期。

② 王敏：《资本下乡农户、公司与基层政府关系的再构建》，《商业经济研究》2015 年第 7 期。

③ 李云新、王晓璇：《资本下乡中利益冲突的类型及发生机理研究》，《中州学刊》2015 年第 10 期。

土地流转平台，建立相关的土地流转的规定，保护好资本下乡企业和农户双方的利益。以政府部门为主导，建立土地经营权交易平台。在村民资源的基础上，首先由政府部门和集体将土地收集并进行整理，再由平台出租给下乡资本主体，并对土地的用途、风险防范、抵押担保和违约责任进行明确规定，并设计比较完善的资本进入土地和退出土地的机制，建立好土地交易双方的协商解决机制，引导下乡资本主体、农户、基层政府之间依法解决土地经营权流转的矛盾。

另一方面，建立资本下乡的准入机制。资本下乡的多目标性，其中逐利的动机是根本动机之一，其以利润最大化为目标，因此，在土地交易之前，应该加强对资本下乡企业的审核，其中包括资质、精英项目、信用等，防范其违约风险，并且对资本下乡的领域进行合理引导，积极引导其进入农业发展所短缺的环节，比如农产品加工运销，社会化服务，良种繁育，高标准设施农业、农村"四荒"整治，现代种养业等方面，在生产链条上实现资本下乡企业和农民的合理分工，使其尽量进入农业的前后端产业链，获得更高的附加值，提高农业的抗风险能力。加强对资本下乡项目的运行动态和全过程的监督和服务，监督土地利用、合同履行等内容，在监督的同时，也要建立为资本下乡服务的便捷高效的平台，其中包括科技、信息、金融和风险防范、预警服务，并在土地流转过程中进行租金管理服务，建立租金预付、租金管理服务，建立风险保障基金制度，风险保障金、风险补助金、业主土地流转风险保证金等制度，建议各种风险保证金由资本下乡企业、村集体和基层政府共同保管，共同保护农民承包权的收益，加大对失地农民的扶持力度，解决其土地流转后的就业和收入问题。

五、资本下乡和农户的社会联结

村庄的发展和外来资本的投资具有显著的关系[1]。包括基础投资环境、社

---

[1]　李丁：《资本下乡初期村庄获得发展性投资的影响因素研究——对2000年前后村庄抽样调查数据的再分析》，《中国农业大学学报（社会科学版）》2021年第3期。

会政治资源、自然环境和社会环境等，在政府部门主导的资本下乡阶段，由于对投资环境、行政权力与人情关系的渗透使得农村发展投资效率不高，制约了农村发展项目的可持续发展，扩大了地区内部不同村庄间的分化。

（一）资本下乡对村庄的负面影响

资本利用少数基层政府的政绩冲动，影响村庄的再造和重构[1]。当某些地区农业经营失败时，其造成农村产业空心化、村庄治理失序以及失地农民边缘化，严重危害村庄的可持续发展。第一，资本下乡通过各种手段控制土地、水以及农资渠道等资源，从而挤占小农的利益空间[2]。虽然农户组织起来能够提高自己与下乡资本的对抗能力，但是，农民合作社多数由资本下乡企业主导，小农成为资本下乡企业的生产基地而获得微薄的生产利润。第二，资本下乡导致小农经营体系的瓦解。资本下乡使得基层政府权力虚置，村庄治理能力不足，使得小农得以维系的农村家庭联产承包制的制度基础由于土地使用权的丧失而衰退，进而导致小农经营难以维系，经营效益下降[3]。第三，家庭农场可能成为资本下乡的代理人。当资本下乡遇到困境时，其动用村庄社会资源来化解困境，其主要的方式是农户将土地转包给由村内人建立的"家庭农场"，资本下乡企业将这些家庭农场纳入自己的产业链中，并利用家庭农场主的社会资源，如熟人社会的"人情"和"面子"等资源，解决雇佣劳动、监督以及使用村庄公共资源的问题[4]。第四，资本下乡后推动"农民上楼"和"土地流转"，建构了新的村庄治理结构，使得村庄日益依附资本下乡企业，企业替代村庄成为基层治理的社会基础，企业联合基层政府"经营村庄"对村庄社会产生新的

　① 丁建军、吴学兵、余海鹏：《资本下乡：村庄再造与共同体瓦解——湖北荆门 W 村调查》，《地方财政研究》2021 年第 2 期。
　② 杜园园、苏桂华、李伟锋：《主体化：工商资本下乡后的村庄应对机制——基于广东省珠海市 X 村和 S 村的调查研究》，《云南行政学院学报》2019 年第 6 期。
　③ 安永军：《政权"悬浮"、小农经营体系解体与资本下乡——兼论资本下乡对村庄治理的影响》，《南京农业大学学报（社会科学版）》2018 年第 1 期。
　④ 陈义媛：《资本下乡的社会困境与化解策略——资本对村庄社会资源的动员》，《中国农村经济》2019 年第 8 期。

影响①。

（二）资本下乡对村庄负面影响的治理

以村社理性为主导的发展方式，村社共同利益能够得到最大程度的保护②，首先，在资本下乡过程中，以村社理性为实践原则的发展方式能够推动村社共同体成为应对资本下乡的保护机制，村社共同体能够最大化地保持乡村免受资本的过度攫取，其发展过程最节省交易成本，能够保障社区内发展利益的最大化，发展方式成本也最低。其次，引导资本下乡，关键要让下乡资本立足"农"本③。要有与农业相关的产业支撑，坚持农民的主体地位，让农民有农业相关的产业可以就业，并建立有效的增值途径，建立合理的分配途径，推动资本下乡和农民之间的和谐。再次，建构基于乡村振兴的乡村产业、空间和社会形态的转型，通过土地流转，推动农村内部产业融合和传统农业的转型，实现产业和社会的耦合，推动新型农村社区的建构④。在产业建构过程中，需要将农民有效纳入产业体系中⑤，建构以"农民"为中心的发展思想来推动乡村产业振兴，构建小农户与现代农业项目深度合作与利益共享的联结机制，实现农民与新型农业经营主体之间的有效对接，实现新型农业与乡村社会的可持续发展。

（三）资本下乡参与村庄建设

从宏观层面上看，资本参与村庄建设主要涉及以下几个方面，如图 1-2 所

① 焦长权、周飞舟：《被资本裹挟的"新村再造"》，《中国老区建设》2016 年第 9 期。
② 陈靖：《村社理性：资本下乡与村庄发展——基于皖北 T 镇两个村庄的对比》，《中国农业大学学报（社会科学版）》2013 年第 3 期。
③ 廖彩荣、陈美球、姚树荣：《资本下乡参与乡村振兴：驱动机理、关键路径与风险防控——基于成都福洪实践的个案分析》，《农林经济管理学报》2020 年第 3 期。
④ 郑孝建、李泽新、刘雪丽：《资本介入全过程视角下的土地流转撬动乡村振兴——以遂宁市青龙村为例》，《现代城市研究》2020 年第 3 期。
⑤ 吴晓燕、吴记峰：《参与和共享：以治理创新助推现代生态农业发展——基于广东佛冈华琪生态村项目的分析》，《党政研究》2020 年第 1 期。

示：资本下乡参与村庄建设，关键得建立一整套体系才行，不仅仅是产业和经济联系，更多的是情感联系，是一种乡村的情感嵌入，同时也是一种乡愁的复苏，从而建立一种基于全方位的信任关系。

如案例 11（本书第 61 页）所示：资本下乡主体本身就是乡村的一员，在外创业成功后，返乡来反哺农村发展，振兴乡村经济，无论在产业振兴方面，还是在乡村宜居程度提升方面，资本下乡企业都与村庄、与乡村居民站在同一个角度，形成一个利益共同体，从利益基础上形成一个振兴乡村的团体，共同实现乡村的振兴。

在这里，利益共同体的形成由三种机制：第一种是乡村差序格局所形成的社会资本机制。返乡投资的企业家，本身就是村庄的一员，同时也是乡村社会关系网络中的一员，在乡土社会中，人们最看重的是自己的名声和面子，何况一个企业家，更重视自己在乡亲们心中的位置和形象，因此，其投资不仅站在一个企业家的角度，更站在一个乡村"内部人"的角度，把乡村振兴看作自己的责任，更好地推动乡村的可持续的发展。第二种是乡村社会的重复博弈过程中的惩罚机制。如果返乡投资的企业家没有起到乡村振兴的作用，或者其存在机会主义行为，在以后的其他事务的博弈过程中，乡亲对他的信任度就会下降，可能会在后续的博弈过程中采取不合作的行为，从而使其被乡村社会排斥，很难再融入乡村的社会发展中。第三种机制是政治资本的积累机制。企业家返乡投资，不全部是为了获取利润，还有另外一个目的，那就是积累政治资本。企业家资本下乡，关键在于迎合地方政府乡村振兴的目标，其行为获得政府部门的认可和赞同，是一种关键的政治资本，这种政治资本为企业家获得项目补贴、政策优惠和制度收益的关键要素，通过自己在乡村振兴方面的绩效，从而从其他方面获得更大的收益，这也是对资本下乡企业家的一种软约束。

通过土地股份合作社的多元复合机制[①]，将政府、农户、资本下乡企业、

---

① 郑永君、王美娜、李卓：《复合经纪机制：乡村振兴中基层治理结构的形塑——基于湖北省 B 镇土地股份合作社的运作实践》，《农业经济问题》2021 年第 5 期。

村"两委"联合起来,形成多元合一的利益共同体,进而促进乡村振兴。乡村振兴战略的实施促使资本下乡,因土地股份合作社在组织农户和整合土地中的功能优势,使其成为资本对接农户和市场的桥梁,同时,通过复合经纪机制形塑而形成的多元合一的利益联结共同体是乡村振兴中的基层治理新结构。无论出于生产成本控制或交易成本控制,资本下乡企业都具有将分散农户再组织化的动力,关键在于找到一个合理的中间治理组织或者机构,提高两者连接的有序水平[①],同时,资本下乡推动的农民再组织化能够推动乡村组织结构从单维走向多维,农民认知从封闭走向开放。

一般资本下乡主导的利益共同体的建设是这三种机制共同作用的结果,是一个长期博弈过程中建构的相互信任、相互依靠、相互促进的机制,是一种社会机制与经济机制融合的过程,不仅有社会的联结,更有经济的联结,是一个蕴含在复杂社会关系和经济关系内在作用机制的外在表现。利用共同体的功能是通过各方行为上的耦合,各自在达到自己目标的同时,使整个系统运行稳定,生态环境良好,内部利益和关系的流动处于一种和谐的状态,保障各方形成合力,推动乡村振兴,而不是相互"退出"威胁,造成更大的交易成本。

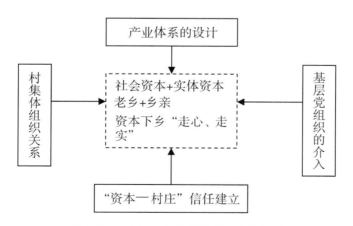

图 1-2　资本下乡与乡村发展的内在机制

---

① 马池春、马华:《企业主导农民再组织化缘起、过程及其效应——一个资本下乡的实践图景》,《当代经济管理》2020 年第 9 期。

如图 1-2 所示，在产业体系选择方面，不仅需要考虑是否适合村庄发展，还需要考虑国家的调控政策，除此之外，资本下乡主要考虑以下几方面的因：首先，资本的收益问题；在笔者访谈过程中，我们发现一个资本下乡企业仅仅与农户签订三年的合同，为什么选择三年的土地租约期限呢，其主要原因是该企业是为了种植酒厂酿酒用的高粱，而高粱是对土地肥力消耗比较大的作物，等到种植三年以后，土地肥力下降，高粱产量就不高了，那么也就没有利润可图了，那时还给农民，等于变相掠夺农民的利益。其次，产业选择还取决于其使用劳动力的技术条件和数量，比如资本下乡投资智慧农业项目的，其对劳动的需求相对较少，技术要求也相对较高，基本上将农户排斥在产业门槛之外了，从而给农民提供的就业机会就有限。再次，产业选择还体现在对村庄生态环境的影响程度上，选择污染隐蔽性的产业，由于产业污染信息的非对称性，资本下乡企业向村庄隐性污染，造成生态环境的破坏，侵害了农民的利益。

在基层党组织介入方面，基层党组织代表村民的利益，就村民共同关心的事情和需求与资本下乡企业进行协商，其主要功能是一方面搜集和整合村民的意愿和需求，另一方面就村民的意愿和需求与资本下乡企业进行谈判，找到双方利益的平衡点。村基层党组织的介入，在一定程度上规范了资本下乡的行为，使其在投资方向、规模和建设周期等方面的决策都要在充分尊重村庄的基础上形成。在村庄主体与资本下乡企业之间的重复博弈过程中，双方就对方行为特征和利益分配方面的信息进行积累，形成一定的认知，在认知的基础上，建立相应的信任关系，并通过信任来降低双方交易的成本，提高双方相互投资的意愿。

1. 资本参与乡村基础设施建设

乡村基础设施投资一直是政府关心的问题，是一个公共设施投资的问题，具有公共物品性质，私人企业一直都不愿意投资，但是资本下乡企业，在自己经营发展需求的基础上，肯投资乡村基础设施，使村民能够享受到其基础设施投资的外部性，也能方便自己经营的产业发展，同时促进了乡村振兴的快速发展。

如案例 11（LSQ），资本下乡企业通过对村庄基础设施的投资，改善乡村人居环境，营造乡村和谐氛围，资本下乡推动基础设施改善，需要的资金有两个方面，一方面是资本下乡企业自己的投资，另一方面是通过资本下乡企业申请的政府补贴资金，这部分资金一部分用于基础设施建设，一部分用于企业的生产经营。资本下乡推动基础设施建设，很多都有乡情在里面，比如农民工返乡，成熟的企业家对家乡具有很深的情怀，甘愿为自己的家乡提供资金进行基础设施维护等，这种情怀同时能够约束资本下乡企业的机会主义行为，如果发生机会主义行为，其在后续的信任博弈中，就会受到村庄社会资本的排斥，从而无法再融入乡村社区的人情社会，因此，资本下乡，最好是老乡资本下乡，这样能够有效地排斥机会主义行为。

从以上的案例中我们也可以看出资本下乡企业往往倾向于投资生产方面的基础设施投资，较少投资于文化和生态方面的基础设施，这也同时表明，生产类基础设施投资，能够保障项目的运行，并且能够及时带来效益，从而推动乡村产业的振兴，而文化基础设施投资见效相对较慢。

表 1-3　资本下乡推动基础设施建设

投资类型	具体内容	对村庄的影响效应
生产基础设施	将土地全部流转过来后，按照现代农业设施标准，实行统一规划经营，统一种植布局，由过去的只种一季小麦改为种植农特产品及景观植物，提升附加值	提高生产的规范化程度，改造传统农业，推动传统农业向现代农业转型
硬件设施投资	建设 60 座温室大棚，交给专门组建的合作社打理	改变生产环境，提高生产的收益率
生活基础设施	村党支部专请南京、上海知名设计院对李寨美丽乡村建设进行总体规划设计；委托国家农业部规划设计院对李寨的现代农业进行高标准规划	优化乡村环境，使得乡村依据程度更加提升，提高乡村吸引力。通过生活设施投资，优化了村居环境
基础设施投资	通过土地整理、新村建设、环境整治、文化传承四大行动，打造田园社区、古寨景区、乡村旅游区等特色园区体系	在美化乡村的同时，提高村民的收益能力，推动乡村产业融合
基础设施投资	投资 560 万元实施天然气进村工程，成为全县第一个实现户户通天然气的村	提高村庄宜居程度，方便村民，改善生态环境

投资类型	具体内容	对村庄的影响效应
生产和生活融合投资	引水、筑桥、修路，为李寨增景、增产、增绿。共投入各类资金5600万元，启动"引沙河水入村工程"，修桥涵、建水站、打机井、治废水	提高生产和生活的便利性，使村庄宜居程度提高
基础设施投资	争取资金3000万元，连接238省道的通村路12公里，改水改渠修筑通往田间地头的生产道路3000米。投资280万元，对村内"皂沟河"进行固坡、护坝、修建农田灌溉设施，对田间、河堤沿岸人行道进行改造，对连接至冯营乡道路沿线进行绿化、亮化。投资300万元，将村内4条主干道及连接坑塘、水沟、废弃地、"窝子林"等的道路全部进行硬化、绿化、美化	提高交通的便利性，改善生产和生活条件，改善村庄的生态环境。在改善村庄基础设施条件时，采用多种形式筹措资金，尤其是道路投资，通过申请国家项目资金，实现项目的顺利实施
文化基础设施	LSQ自筹565万元建设李寨中心敬老院	养成尊老爱幼的习惯
教育投资	投入81万元，完成李寨村小学的扩建改造，将原危房教学楼拆除，新建三层1200平方米高质量教学楼，以及教师宿舍楼、寄宿点、操场等基础设施	改善教育环境，提高村民受教育程度
文化投资	追溯李寨历史印记。建成李寨农耕博物馆，复原千年古寨门、百年古树，再现传统农耕器具、传统制作工艺、历史民间艺术和历史人物事件等	提高村庄文化自信，留住乡愁和记忆
休闲娱乐文化投资	建一批举目可见的文化宣传专场专栏。在村部所在地修建了7400平方米的李寨村中心文化广场，配套建设文化墙和固定文化栏，制作系列社会主义核心价值观路灯广告、二十四孝善绘制图等	提供村民文化生活基础设施，改善文化环境

2. 资本融入村庄建设

资本与村庄之间的关系是嵌入和融合的关系，嵌入不一定能够融合，融合才是发展的过程，而嵌入只是一种形态。一方面，下乡资本需要在村庄中建立自己的产业经营载体，实现村庄的实体嵌入，从而才能拿到进入村庄的入场券。另一方面，村庄有生存环境系统，即村庄中的村民需求、村庄关系网络、文化制度、村庄权力结构构成的复杂系统，内部靠差序格局与权力配置才能够顺利运行，资本进入面临新的环境适应性。

首先，下乡资本所提供的资金、技术、先进管理经验要成为村庄资源（土地和劳动力）的互补品，才能够进行嵌入性互动，从而增加下乡资本与村庄之间的相互依赖程度，才能够逐步建立信任关系，资源之间的相互依赖成为融合的基本动力。互惠所形成的信任机制为融入的主要机制。满足村民的需求，其中包括精英阶层和普通阶层的需求，从而获得合法性和普通村民的认可，资本下乡企业才能从事经营。资本下乡企业还需要将自己的经营管理理念与村庄的正式和非正式制度相融合，使经营管理理念符合正式制度安排，也符合非正式制度要求。借用村庄人情关系网络，将外部资本的良好"公共形象"在村民社交关系网络中传播，从而为自身在村庄中赢得良好的口碑。

其次，社会资本下乡是乡村振兴的新动能①。但是在动能形成过程中，社会资本发挥重要的作用，其能够立足农业的发展定位，推进乡村绿色发展，推动农业高质量发展，强化农民的生活福利的改善，还能够创造良好的营商环境，创新金融产品服务，推动第一、二、三产业融合发展。

再次，资本下乡推动城乡要素的双向流动，能够有效地推动乡村振兴，在外创业有成的企业家下乡，推动家乡建设，有打工能力的农民持续流向城市，获得稳定收入，同时维持城市对人力资本的需求，其返乡寄款能够推动乡村发展，这样实现城乡的双赢②。资本下乡对乡村要素的流失进行经济反哺，推动农业多元化、农民收入增加、农村空间美化，同时，企业家下乡也能引导农业产业化经营、农民技能培训和农村功能改善③。

土地和资本的结合不可避免④，土地作为资本进入农业的媒介，必然会影

①　战振海、姜会明：《社会资本下乡助力乡村振兴的路径研究》，《东北农业科学》2020年第6期。

②　张广辉、陈鑫泓：《乡村振兴视角下城乡要素流动困境与突破》，《经济体制改革》2020年第3期。

③　施德浩、陈浩、于涛：《城市要素下乡与乡村治理变迁——乡村振兴的路径之辩》，《城市规划学刊》2019年第6期。

④　贺莉、付少平：《资本下乡对灾害移民生计的影响——以邛崃市南宝山安置点为个案》，《中国农业大学学报（社会科学版）》2014年第4期。

响村庄居民的生计活动，影响农户的生计资本，因此，应该选择较为合适的模式，来改善农户的生计，实现村庄发展与资本下乡的共赢。这种模式的关键在于资本和农民的利益联结机制，利益联结机制包括利益分配、保障和调节机制①。资本下乡与村集体、农民的利益联结，重点根据当地农民的组织化程度、产业化程度和产权制度的完善程度来决定，建立一个适合当地的利益联结模式。不同的联结模式还受到交易费用的影响②，为避免农户的投机行为，资本下乡企业会通过社会资本来促进两者的交易，同时降低交易费用，采取"公司＋农场"这种形式，能够有效地降低交易的次数和频率，从而降低交易成本，重复的博弈能够有效建立双方的信任关系，从而避免双方的机会主义行为。

六、资本下乡推动乡村振兴需处理的关系

资本下乡要促进乡村振兴的发展，必须处理好四种关系：

（一）资本下乡和村民需求的关系

资本下乡和村民的关系，首先，要满足村民的需求，经济发展程度不同的农村，村民的需求存在差异性，村庄的资源禀赋也存在差异性，因此，资本下乡，首先要满足村民的需求，对于经济欠发达的地区，要针对产业发展状况，发展高附加值、高效的农业，推动农业产业化发展，而对于生态、旅游资源较为丰富，或者文化资源较为丰富的富裕农村，则适应于产业融合，发展农旅融合，强化资源的整合和优化配置。其次，村民的需求也存在异质性，因此，资本下乡企业为满足异质性村民的需求，应该采取多元化策略，通过多种形式的吸纳，逐步满足大部分村民的需求，这样才能在村域范围内开展产业经营。最后，资本下乡要通过与村民的嵌入性互动，逐步了解村民的需求，掌握村民的

---

① 涂圣伟：《工商资本参与乡村振兴的利益联结机制建设研究》，《经济纵横》2019 年第 3 期。

② 石敏、李大胜、谭砚文：《交易费用、组织成本与工商资本进入农业的组织形式选择》，《农村经济》2017 年第 10 期。

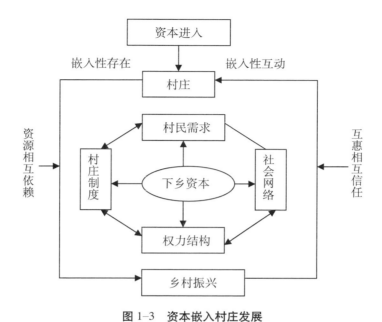

图 1-3　资本嵌入村庄发展

期望，并根据村民的期望调整自己的策略，从而实现嵌入的效果。

（二）资本下乡和村庄制度的关系

资本下乡与村庄制度的关系呈现两种形式，一种是遵守村庄规范，比如乡规民约、村庄自治制度等，这些制度是村庄长期演化形成的行为准则，这种准则是嵌入的资本下乡企业也必须遵守的，这样资本下乡企业才能融入村庄的社会和经济活动中，从而获得村民的认可，从而实现真正的融入，使得企业的行为与村民的愿望、乡村振兴的目标相一致。另一种是逐步改变村庄的制度，随着资本下乡企业的融入，其行为逐步得到村民的认可，在乡村振兴的过程中，还需要进行制度创新和改革，才能获得制度创新效率，从而达到乡村振兴的目的，而资本下乡正好是一种外部冲击，对于村庄制度中不符合时代发展规律的制度进行创新和调整，从而实现制度创新。

（三）资本下乡与村庄权力结构的关系

资本下乡要处理好与乡村权力结构的关系，首先，处理好与农村精英之间的关系，精英处于农村社会资本差序格局的最核心位置，能够获得村民的信任和调动村内的部分资源，是乡村有一定权力的群体，资本下乡推动乡村振兴，农村精英可以成为重要的推动力量，也可能成为最大的障碍，因此，处理好与精英群体的关系，才能够真正调动村内资源，达到乡村振兴的目标。其次，处理好与基层政府干部之间的关系，因为这部分群体拥有一定的政治资源，在项目申请、开展和执行过程中，不可避免地与这些群体打交道，处理好与这些群体的关系，能够降低资本下乡的交易成本，使资本下乡企业能够更好地推动乡村振兴。再次，处理好与农村宗族势力的关系，宗族势力是农村的隐形势力，如果资本下乡不能够和这部分势力处理好关系，其项目的开展就可能会受到宗族势力的阻碍，而这部分隐形势力的影响所造成的危害也较大。

（四）资本下乡与村庄社会网络的关系

资本下乡同时也是一种社会关系网络的嵌入，农村的社会网络是一种差序格局的关系，也是一种圈层结构。首先，与核心圈层的良好关系，决定了能够调动更多的资源和人脉，更能协调资本下乡与村民的关系。其次，加强与普通社会网络之间的关系，因为农村是一种口碑相传的机制，普通社会网络具有更强的信息传递能力，同时也是一种有效的传播企业信息的工具，与核心层的关系是调动资源，与普通层之间的关系主要是传递对企业有利的信息，从而增强企业与村民之间的关系强度。

第三节　资本下乡和乡村产业的关系

一、资本下乡推动产业发展

资本下乡推动乡村产业的振兴已经得到学界的共识，但是，不同的地域，不同的产业，资本下乡推动的效应存在不同，这种异质性部分由产业属性决定，部分由于产业业态的变化而发生改变。如周浪[1]研究了电商资本对农村产业的影响，市场驱动和非政策推动构成了电商资本下乡的内在动力，从事电商运营的农户因掌握以"流量"为核心的稀缺资源而具有市场主体地位和市场能力优势，形成"强农户—弱资本"的市场关系格局，电商资本给乡村带来增权赋能式的社会影响，促进个体、家庭以及村镇向好的方向发展。

通过改造传统农业振兴乡村产业。资本下乡产业经营的实质是对传统农业的改造，在增值和赢利目标指引下，凭借技术、资本、制度等要素的重新整合，改造小农的生产空间，建构一套工业化的产业治理体系，在产业链的各个环节对小农生产经营进行改造[2]。如资本下乡推动乡村绿色发展和第一、二、三产业融合，提升乡村产业发展质量[3]；资本下乡不断弥补产业结构缺陷，延伸农业产业链条，构建新型农业产业体系[4]，实现规模经济，引入新的产业技术[5]。但是，资本下乡同样也带来部分问题，如夏柱智研究认为乡村振兴的主要路径是发展特色产业，推动产业振兴，同时避免政府行政主导的资本下乡对集体、农户进行严苛考核，造成产业发展的"内卷化"。

我们在引导工商资本下乡时，既要发挥工商资本延长产业链、提升价值链、重组供应链的积极作用，又要通过农民再组织化实现政府与市场的有效对接，从而完善利益链。工商资本下乡要大力推进乡村社会和工商资本利益共同体的发展，加快推进农业农村现代化。工商资本下乡通过对农业农村的投资，带动人力、财力、物力以及技术、理念、管理等各类要素进入农业农村，从而推动乡村振兴。在没有农民再组织化时，组织农村各类要素、承担各类涉农政

①　周浪：《另一种"资本下乡"——电商资本嵌入乡村社会的过程与机制》，《中国农村经济》2020 年第 12 期。

②　何毅：《资本下乡与经营"脱嵌"》，《南京农业大学学报（社会科学版）》2021 年第 3 期。

③　战振海、姜会明：《社会资本下乡助力乡村振兴的路径研究》，《东北农业科学》2020 年第 6 期。

④　杨水根：《资本下乡支持农业产业化发展：模式、路径与机制》，《生态经济》2014 年第 11 期。

⑤　王文龙：《范式冲突、农业生产模式转型与资本下乡之争》，《理论导刊》2013 年第 11 期。

策落地都需要工商资本。工商资本因其组织化程度较高，因而在推动土地规划整治和产业发展、促进土地流转和规模化经营、降低农业交易成本和推动技术应用、促进就业创业和农民增收、激发农村资源资产要素活力等多个方面都具有重要作用。

二、资本下乡推进城乡产业融合发展

乡村振兴战略大背景下，只有促进城乡要素的双向流动，推动第一、二、三产业融合和城乡融合，才能实现产村融合。乡村振兴的发展离不开产业和城乡的融合，必须从城乡互动的角度来探讨解决思路，无法将城乡割裂来寻找问题的答案，需要促进城乡要素双向的有效流动，从城乡两端同时发力，建立以相对比较优势为基础的互补关系，从而满足城乡居民对美好生活的需要。从需求角度，城市人口所需要的食品、原材料和生态资源都来自农村地区，农村人口需要的教育、医疗、技术、文化等各类服务的供给主要集中在城市，需要农村的富余劳动力来补充；乡村农业经营相对落后，需要资本来改造传统农业，需要资本下乡来补充传统农业改造，因此，需要资本下乡建立城乡要素流动的通道，推动产品和服务的相互供给，从而实现城乡融合发展，解决两者割裂的状态。

三、资本下乡推进产业振兴

乡村产业空间包括种植业、养殖业、农村服务业等，传统的生产方式效率相对低下，需要资本下乡来对农业生产方式和手段进行创新，利用包括测土配方施肥、农业物联网、无人机、大数据、无土栽培、互联网等技术手段，推动传统农业的转型升级。

第一，资本下乡投资乡村的产业一定要有回报。乡村产业的报酬低，资本、人、土地就不往农村去配置。要解决乡村产业的回报问题，最为关键的问题在哪儿？就是提高乡村产业复杂度。比如说现在的农业，这些农产品的报酬就是几百元钱，如果整个农村产业复杂度提高，科技含量提高，要素组合和配置效率提高，那回报率就会上升，乡村的产业跟城市的产业就一样具有竞争力了，资本就愿意到乡村投资。

第二，资本下乡投资要与乡村产业建立优势互补关系。针对农业现代化体系建设中的短板问题，不适合农民投资和村集体经济投资的环节，符合国家政策要求的其他投资，是需要政府部门投资的，因此，资本下乡产业投资，一方面要向符合农村全产业链建构的方向发展，通过对农业产业链或产业融合的产业链不完善的环节进行补链，同时也对农业产业链增值高的环节进行延链，通过补链和延链，使农村产业结构中的链条都十分完善，更具有竞争力和优势。另一方面，就农村丰富的资源通过产业融合进行开发，如产业化服务、农旅融合、旅游和休闲产业开发等，这些行业主要是以提高原有产业的效率、开发资源优势、提高产业竞争优势等为目标，使农村产业体系更加完善和具有竞争力。

第四节　资本下乡和基层政府的关系

一、资本下乡与基层政府的关系

（一）资本下乡的效率和项目可持续性

基层政府的主体是乡镇政府与村级基层组织，这两级组织是直接影响资本下乡的关键部门，与这两个组织的关系，将直接影响资本下乡项目的开展与运营效率，学者十分关注这两个组织对资本下乡的适应性反应及所带来的效率。

第一，资本对利润最大化目标的追求利用少数基层政府的政绩要求[1]，造

---

①　丁建军、吴学兵、余海鹏：《资本下乡：村庄再造与共同体瓦解——湖北荆门 W 村调查》，《地方财政研究》2021 年第 2 期。

成村庄重构，其行为偏离了乡村振兴的目标，造成产业的空心村，村庄治理失效，失地农民被边缘化，对村庄的可持续发展造成极大的损害。这需要基层政府部门加强对资本下乡的引导和监管，资本下乡的企业应该在尊重市场规律的基础上，致力于自身经营能力与竞争优势的提升，推进农村产业转型升级，而不是靠"套利"来获取利润。

第二，推动资本下乡从事农业生产经营是我国实施乡村振兴战略的一条有效途径[①]。在资本下乡过程中，下乡资本、农民和农村基层政府之间形成了多主体的复杂关系，这种关系的和谐要按照"亲、清"原则建构，并且按照清晰和清廉的原则建构基层政府和资本下乡企业的关系。作为引领资本下乡的基层村干部来说，其发挥着重要的作用[②]，对于乡村干部的角色定位，相关研究认为，村干部在上级领导与村民之间保持某种程度的平衡，同时也是资本下乡企业、上级政府和村民之间一种润滑以及和谐的力量，如果这种角色无法实施，具有一定资源的村领导会投入部分资本来实现这种平衡，从而实现上级政府、下乡资本与农民的利益平衡。

第三，基层政府在资本下乡过程中的一些策略使用不当，会影响村庄和农民的收益水平，从而造成利益配置的不均衡[③]。基层政府在优惠政策资源配置过程中过分重视"抓大扶强"，下乡资本主体"强势分利"的经济逻辑，产生了对普通小农户的排斥性，而资源禀赋相对较弱的普通农户则遵守"小农理性"的生计原则，造成普通农户与工商资本的利益联结机制失衡。

第四，村内不良的政治生态可能会影响资本下乡经营项目的可持续性。下乡资本与基层政府之间的互动，在一定程度上依靠返乡创业精英的调节作用。返乡精英的调节作用主要在于其示范和模范带动作用，给普通农民带来一些示

---

① 李家祥：《试论乡村振兴中多主体和谐关系的构建——以资本下乡为视角》，《理论导刊》2020 年第 9 期。

② 吴晓燕、朱浩阳：《补偿型经纪：村干部在乡村振兴战略中角色定位——基于苏北 B 村资本下乡过程的分析》，《河南师范大学学报（哲学社会科学版）》2020 年第 3 期。

③ 杨磊：《工商资本下乡的多维效应及其发生根源探析——基于湖北省 Y 县的经验调查》，《华中农业大学学报（社会科学版）》2019 年第 6 期。

范经验与技术，从而推动资本下乡项目在乡村的推广，但是，这些过程受到政治生态和宗族势力的影响，一些既得利益群体会干扰资本下乡和返乡创业精英的行为，从而影响项目的可持续经营。返乡创业精英对于培育农村经济发展新动能和推动实施乡村振兴战略发挥着至关重要的作用[①]。

（二）资本下乡项目的选择和发展

随着乡村治理弱化，集体经济能力退化，拥有深厚社会基础的资本比较容易嵌入到乡村治理结构中，形成资本对乡村社会的控制，使农民面临多重风险，不利于资本下乡于村庄的可持续发展[②]。在基层政府推动资本下乡过程中，出现水资源的攫取现象，这种现象的原因主要是基层政府与下乡资本合谋，通过引导农户行为，三方相互作用的合理机制实现，导致村庄生态环境和社会文化环境遭到破坏，进而不是促进乡村振兴，而是导致乡村不可避免的衰落。因此，基层政府、上级政府在引进资本下乡项目时，应充分考虑"为谁发展"和"怎样发展"的问题，探索一种能够推动乡村振兴的发展路径[③]。

在国家鼓励和资本逐利双重推动的资本下乡过程中，基层政府所行使的公共权力与资本下乡企业所具有的资本在乡村场域中交织运行。由于基层政府以政治逻辑代替政府逻辑，加上乡村社会松散和规则不清晰，诱导资本下乡企业与基层政府两者的行为失序，导致基层政府的角色定位不清晰，治理的合法性削弱，当企业与村民冲突增多时，乡村产生两极分化，村基层组织的治理功能失衡。这时，政府部门和基层政府应加大对违规流转土地的企业的惩罚力度，从而减少投机行为[④]。

① 李群峰、侯宏伟：《返乡创业精英如何引领乡村振兴：缘起、机理分析与隐忧》，《世界农业》2019 年第 8 期。

② 陈晓燕、董江爱：《资本下乡中农民权益保障机制研究——基于一个典型案例的调查与思考》，《农业经济问题》2019 年第 5 期。

③ 陈航英：《干涸的机井：资本下乡与水资源攫取——以宁夏南部黄高县蔬菜产业为例》，《开放时代》2019 年第 3 期。

④ 王天琪、黄应绘：《农村社会资本测度指标体系的构建及其应用——基于西部地区农村社会资本调查》，《调研世界》2015 年第 1 期。

（三）主体之间利益和风险的分配

基层政府推动资本下乡背后的逻辑是基层政府和下乡资本结成"权力—资本"的"利益共同体"，共同应对乡村分散孤立的农户①。村级组织成为资本下乡企业管理分散农户的代理人，一方面，基层政府组织与资本下乡企业形成利益共同体，共同获得涉农项目的政府补贴款和土地的增值收益，其自主利益独立于公众利益之上。资本下乡和村基层组织的利益联结，在一定程度上违背农民的公共利益，不能代表民意，治理资源利用、治理方式、参与方式和公共性都被削弱。基层政府与下乡资本的利益联结，使得农民利益严重受损②，其治理的有效手段就是在土地流转、生产经营和收益分配环节建立清晰的分配规则，界定新增利益的明晰产权规则，压缩策略性分配的行为空间，减少基层政府对资本下乡的过度干预。重构激励体系以瓦解谋利联盟，提高农民组织化程度以改变博弈势力结构，构建制度化维权机制以实现动态治理。其中需要通过建构土地产权制度和土地制度改革、政府功能的发挥来实现利益均衡，构建农户、资本下乡企业和基层政府三者的新型关系③。搭建基于基层政府的企业—农户的中介桥梁，实现农户、基层政府和资本下乡企业三者之间的和谐。

二、资本下乡与基层政府的脱离

在资本下乡过程中，必须协调好资本下乡企业与农民两方的关系，促进农民增收和农村经济发展，实现共赢。首先，必须建立严格的土地审批制度和监督管理制度，杜绝非法开发商进入农村，侵害农民土地权益；加强对开发商的

---

① 张良：《"资本下乡"背景下的乡村治理公共性建构》，《中国农村观察》2016年第3期。
② 李云新、王晓璇：《资本下乡中利益冲突的类型及发生机理研究》，《中州学刊》2015年第10期。
③ 王敏：《资本下乡农户、公司与基层政府关系的再构建》，《商业经济研究》2015年第7期。

宣传、教育，坚持经济效益和社会效益相统一的原则，对其进行正确引导，与乡村社会、农民建立相对公平、和谐的社会关系。其次，针对农民短期、有限的趋利行为，基层政府要进行正确的引导，建立保障农民权益的制度保障，杜绝农民非理性行为的发生。最后，基层政府可建立公平、公正的沟通平台，为开发商和农民进行话语、信息互动提供正式渠道；选举"为民请愿"、代表农民权益的乡村代言人，为保障农民权益与开发商进行谈判；明确村党组织、村民委员会的职能，并建立农民自治小组，培养农民维权组织，以提高农民行为的成功率。通过以上措施，协调好开发商和农民两方的关系，促进农民经济收入的增加、农村经济的发展以及农村社会的稳定。这也是扭转地方政府所面临的信任危机的根本方法。

第五节　资本下乡和村民的关系

一、资本下乡与社会资本理论

社会资本网络建立在社会网络基础上，社会网络是资源获取的主要途径，因此，社会资本的积累和维护，往往是为了获得更多资源而进行。社会资本有多种功能，一种是有利于提高效率，促进目标的实现，获得更多的成功。其中主要原因是社会资本为个人提供行动的便利，拥有丰富社会资本的个体，能够通过更为广泛的社会网络来获取信息，尤其在信息复杂且干扰因素较多的当代，行动者对于所有的信息不可能完全掌握或者信息的搜集成本较高，而具有较强社会网络关系的行动主体，通过社会关系网络获取关键信息，从而为正确行动提供便利。由于社会网络的影响，经济资源和社会资源在非均衡的社会网络中分布并不是均匀的，解决的办法就是扩大网络连接从而形成更大的社会网络，能够动员更多的社会资源和经济资源，从而增大社会资本的受益面。资本下乡后使农村拥有更多的社会资本，从而动员更多的社会资源，使农业的效率得以提高。

（一）社会网络中的强关系有利于工具性表达行为

社会关系网络中的关系可以分为强关系和弱关系。强关系网络就是由亲属或者亲密的朋友形成的关系网络，包括关系投资的时间、情感的紧密性、熟识程度和信任程度，相互交互服务。花在关系上的时间越多，情感越紧密，相互间的信任和服务越多，这种关系就越强，反之则越弱。

强关系往往发生在同质性较强的人之间，通过强关系建立的关系网络，成员彼此具有相似的社会经济背景，网络所蕴含的信息和有形资源异质性不强，相对不能提供更多的信息和资本资源，对追求功利性目的的行动者没有太多的实际意义，对于工具性行为目的的达到没有太多的帮助。但是，这种强关系网络能够提供给行动者以更多的认同、信任、情感和社会支持，有利于达到增强相互间的信任、情感依赖等表达行为的目的。

资本下乡需要嵌入的是一个具有强关系网络的农村社会，这种强关系更多的表达相互关心和相互信赖，其情感、信任和资源共享的生活方式较强，相互支持、信任和资源共享强度大。这种关系网络更容易形成舆论和舆情，在资本下乡过程中，如果资本下乡企业损害其中一个成员的利益，那么这个社会网络就会表达为同情、认可、支持、理解、信任和传达，从而相互传播信息，很快在村内形成一种共识，那就使资本下乡企业的负面消息传递非常迅速，从而造成企业在村域范围内的不好形象。

（二）社会网络的弱关系有利于信息和资源的获得

弱关系连接不同关系网络的个体，是不同关系网络之间的联系纽带，由于不同的关系网络具有异质性的信息和资源，因此，这种桥梁作用能够传递异质性的信息和资源，如果一个个体想获取自己所处网络以外的信息资源，必须到其他关系网络中寻找，那么就要寻找一个桥，而弱关系就是这个桥。如果没有桥，则两个关系网络就处于独立状态，由于这个桥是不同网络中的某个节点之间建立的联系而形成的，这种桥就是关系节的弱关系。弱关系的价值就在于成为不同社会网络之间交换信息和资源的桥，能够带来异质性的信息和资源，提高资源的决策价值。社会网络的异质性越大，网络成员的社会地位越高，个体的弱关系信息就越丰富，个体所拥有的信息资源就越多。

资本下乡在一定程度上重构了农村的社会网络，对乡村社会网络的影响程度取决于其嵌入的模式，仅仅以租入土地进入乡村，资本下乡于村庄内部社会网络的关系仅仅局限于租金的支付过程。如果雇用农户进入项目经营的话，还会产生生产过程中的管理和监督关系，相比仅仅支付租金要强。如果实施"公司＋农户"的模式，那么公司与乡村社会网络关系就更强。如果资本下乡企业给村庄修建基础设施、公共设施等公共品的话，那么社会网络关系就更强。

如果图1-3所示，资本下乡企业与乡村社会网络之间由于关键人物形成了弱连接，这种弱连接如果转变为强连接，那么，资本下乡也就真正融入乡村建设过程中，也不会出现相互的机会主义行为。这种转换行为一般会发生在返乡创业农民工、成功企业家返乡参与家乡建设的项目中。如果是陌生资本进入，需要外来资本与乡村社会的长期互动和建构过程[1]。从资本下乡负责人的角度，具有获得家乡社会认可、回报家乡的情怀的企业家，更能持续向农业投资[2]。

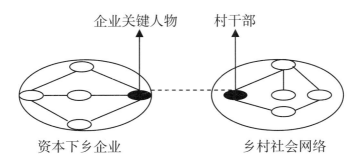

图1-3 资本下乡企业与乡村社会网络的弱连接

① 徐宗阳：《资本下乡的社会基础——基于华北地区一个公司型农场的经验研究》，《社会学研究》2016年第5期。

② 肖焰、谢雅鸿：《基于负责人角度的工商资本持续投资农业意愿研究》，《地方治理研究》2021年第2期。

二、资本下乡与村民的合作

（一）资本下乡的社会责任

工商资本下乡后，由于嵌入不足，导致工商资本主体与乡村社会发展脱节，出现嵌入性失衡。一方面遭受到村民的排斥及反抗，产生各种矛盾，另一方面也给工商资本在乡村的经营增加了额外成本，在经营管理过程中产生一系列困境，未真正在农村社会产生经济效益和社会效益。嵌入性发展提供了一种外部资本的发展战略选择，工商资本主体只有真正嵌入村庄社会，承担村庄发展的责任，与村庄各主体发展良好的关系，才能减少在村庄的经营发展障碍，为发展奠定基础。实现嵌入性发展，从微观层面出发，要转变传统的对农村社会及村民们的认知，融入村庄社会。从宏观角度及中观角度来看，也需要地方政府按照国家政策要求进行适时引导，不能一味追求政绩而去强制推行；也需要工商资本主体在经营过程中注意区域发展及产业特点的影响，制定适合的发展规划等，实现工商资本主体与村庄社会、市场、国家发展需要的较好契合。

（二）资本下乡企业与村民之间的冲突

工商资本主体与村民们之间由于认知不足、互相损害利益等原因，长期积累了很多矛盾，给双方都造成一定的利益损害，同时也形成资本经营困境。相对而言，村民作为村庄的主体，在资本下乡初始阶段，其根本上是排斥和对抗的，如何使资本下乡融合到村民的生产和生活中，从外嵌实现内生整合，资本下乡企业需要建立"入乡随俗"的治理机制，通过与村民不同层次的主体进行社会资本的培养，利用社会资本的强弱关系来解决资本下乡与村民的冲突，建立与不同社会层次的村民之间的和谐关系。

（三）资本下乡与村民的合作

资本下乡通过与村民的合作，可以快速在农村社会建立并积累一定的社会资本，有利于经营管理的顺利进行，与村民实现双赢。资本下乡与村民的合作，需要基层组织的桥梁作用，通过基层组织的"桥"的作用，使双方建立关系，产生社会资本并发挥作用。资本下乡与村民的合作，也要依靠地方政府部门的协调作用。由政府部门出面来协调资本与村民之间的问题，在村民看来，是为自己争取应得利益的一部分，提高了自己在谈判中的地位，更增加了其对政府部门的信任。此外，资本与村民合作过程中，村干部和村庄精英群体也发挥着重要作用，在两者冲突解决过程中，起到润滑剂和"桥"的作用，是资本与普通村民关系建立的关键。

第二章
资本下乡赋能乡村振兴的影响评估

　　资本下乡对一部分乡村的发展起了积极的作用：基层政府通过优惠政策与财政支持促进区域内农业发展，通过调整农业产业结构、促进土地流转、发放农业生产补贴、开展农地整治等一系列手段改善村庄内生产生活条件，响应乡村振兴战略。工商资本有被改善的村庄条件与理想的政策环境作为基础，对农业收益有着较为乐观的预期，通过带给村庄资金、技术、管理经验，使自己的资本与村庄的土地和劳动力相结合，挖掘农地潜力，调整种植结构，引导生产与市场需求相适应的产品，实现产业结构升级，创造农业新业态，吸引农户参与，在让自己获利的同时还给农民增加了收入。因此，资本下乡具有增长、分化、排斥和断裂等多维效应[①]，为正确认识资本下乡对乡村振兴的影响，需要结合典型案例进行评估。

第一节　资本下乡对乡村发展的影响

一、资本下乡赋能乡村发展的理论分析

　　资本下乡对乡村振兴具有十分重要的意义，是驱动乡村振兴的重要力量，本书通过典型案例研究的方法，找出资本下乡对乡村振兴影响的具体效应、存

---

　　① 杨磊：《工商资本下乡的多维效应及其发生根源探析——基于湖北省 Y 县的经验调查》，《华中农业大学学报（社会科学版）》2019 年第 6 期。

在的关键问题、更有效释放资本下乡效应的方法，避免或者降低资本下乡对乡村振兴的负面影响，实现资本下乡与乡村振兴的共赢。资本下乡是一个经济行为，同时也是一个社会行为，是城市社会资本与乡村社会资本融合的一个有机过程，需要社会政策的调节，本书从社会政策的角度，建构实现资本下乡与乡村振兴和谐发展的社会政策结构。

引导资本下乡参与乡村振兴，关键在于不断地实施制度创新，为下乡资本提供制度红利吸引，通过乡村振兴主体与资本主体的利益联结，建构多元主体利益最大化，克服资本下乡的负外部性，建构共建、共享、共治的机制，确保建立基于信任的利益关系。资本下乡不可避免地带来乡村社会各方面的变迁，变迁的方向取决于政府、资本和本地农户三方面相互租用的合理机制，当然，这种社会变迁会有两种结果：乡村振兴和衰落，因此，社会政策制定者应在考虑"为谁发展"和"怎样发展"两个问题的基础上，探索一条有效的制度调适路径。

（一）资本下乡降低乡村"内卷"水平

资本下乡通过实现农业经营的现代化来推动我国乡村振兴战略的实施，是解决制约我国经济社会发展"三农"问题的一条有效途径。首先，结合我国的国情，通过资本投入，解决"内卷化"的问题。就我国国情来看，随着劳动力由乡村向城市转移，农村的"内卷化"程度已经有所下降，在《长江三角洲小农家庭与乡村发展》中，黄宗智把"内卷化"的概念用于中国经济发展与社会变迁的研究，把在有限土地上投入大量的劳动力来获得总量增长的方式，即边际效益递减的方式来获得没有发展的增长，称之为"内卷化"。而当前的状况与以往的"内卷化"不同，以往的内卷是因为人口增长，但是城乡流动的约束使大量的劳动力留在农村从而导致内卷，改革开放后，制度安排使城乡劳动力流动，推动城市工业化从而带来大量的人口红利，实现经济的增长，当人口红利消失后，环境退化、增长放缓，然而，农业在技术上和属性上的转型为农村经济带来新的机遇，农业技术创新可以修复环境，农业的环境功能可以推动经济增长和激发创新，从而形成创新驱动的内生增长模式。

　　传统农业的模式是靠大量的化肥、农药和大规模的单一种植的机械化、自动化和规模化农业模式，带来了农业的产量增加，同时导致了环境的污染和退化，如生态环境的破坏、土壤退化、有机质的降低、水体的污染、农业温室气体的排放和空气污染，如果将总产量的增长和环境退化按照价值来核算，我们的农业投入也存在边际价值递减，而没带来总价值的增长，这种总价值不变甚至随着投入而衰减的现象我们称之为新的"内卷化"。

　　改变这种新"内卷化"的模式，是指改变传统农业的不可持续性以及环境方面的负的外部性，诸如生态农业、生物农业、循环农业、有机农业、自然农业、森林农业和再生农业都是解决这种"内卷化"的有益尝试。随着微生物技术、分子生物技术、生态技术、信息技术、复杂系统技术的发展，可持续发展的技术可以提高生产率，比如微生物技术在土壤改良方面，解决了土壤肥力退化、有机质降低、土壤微生物退化等问题。利用微生物技术可以高效率地进行秸秆还田，提升土壤有机质，同时恢复土壤健康的微生物种群，这样不仅恢复了土壤的肥力，同时也增加了土壤的碳固持，减少了温室气体的排放。除了在土壤改良领域，在厌氧／好氧发酵方面，微生物技术的发展也大大提升了农业及生活有机废弃物循环的效率，把工业化思维中的垃圾变成后工业时代农业的能源和肥料。生物技术，比如生物固氮；生态技术，比如更多地利用生物天敌进行虫害管理，对待杂草不是用除草剂除光而是综合管理；同时还有现代的信息技术和人工智能技术可以更精准地施肥用药，减少不可持续资源的浪费。整体而言，技术进步可以提高投入的边际价值，从而推动总价值的提升。

　　从功能角度来看，农业作为人与自然连接最为紧密的行业，应具备多种功能，不只是提供农产品和工业原料，还应具备社会、经济和生态方面的功能，如为社会提供健康的环境和事务，传承文化、稳定社会的社会功能，塑造好的环境产生正的外部性的经济赋能，提供土壤、水、气候、生物多样性，修复环境的功能。此外，我国在农产品产量方面的短缺已经不是重要的问题，农业的社会、经济和生态功能，食品质量的提升等方面则是我国短缺的重要方面，总产量的提升不再是重要目标，关键在于质量的提升，农业以总价值的提升为关键。

从经济增长函数看，经济增长的决定因素是资本、技术与制度，相对而言，制度变迁和技术创新的调整更为容易，因此，为适应农业总价值持续增加的要求，我国实行了农业供给侧结构性改革和乡村振兴战略，其目标是通过技术创新的内生增长，推动农业边际价值的增加，从而提高投入的边际价值生产率，在此基础上，提高农业总的生产价值，而不是利润。这就提出了一个问题，如何推动创新来提升边际价值，重点在农业的环境功能上，比如，如果一个乡村拥有了健康的土壤、优质的水、生物多样性和自然优美的景观，其也是提供总价值的资源之一，通过以优化环境开发为基础的产业，比如乡村旅游、养老、健康医疗、自然教育等产业，这些产业可以通过优美的环境来创造新的竞争优势，激发行业内部业态创新，还比如，优美的环境可以提供低廉的生活成本、舒缓的生活节奏和廉价新鲜的食材，吸引更多的城市居民休闲和养生，适合远程办公的行业到乡村来办公，除带来健康的生活外，可以激发企业和个人的创意，绿水青山就是金山银山，好的环境不仅本身就是资产，同时可以为更多的行业和社会赋能，激发创新，形成创新驱动的内生增长模式，这就需要资本下乡的参与，仅仅依靠乡村资本无法完成。

综上所述，农业的"内卷化"已经发生了很大变化，不是以单一产品产量为依据的边际生产率下降的"内卷化"，而是产品总量供给过剩，高质量农产品服务和农业功能挖掘不足所导致的"内卷化"，在产量投资方面内卷，而是质量提升和功能提升方面不足所带来的内卷，在不以农产品生产总量来衡量的产出指导下，而以农业的总价值为指导下，符合消费者需求的高质量产品和服务为价值的产出导向下，农业以提供多功能、高质量产品和服务的前提下，依靠资本下乡来实现对农业"内卷化"的改善。

（二）资本下乡优化乡村基层组织结构

资本下乡与农村基层组织、农民合作社和农村集体经济组织、扶贫组织等合作，共同改造传统农村，实现乡村的振兴，改变了传统农村的组织结构。首先，资本下乡为更好地获得经济利益，必须与乡村的经济组织协调好关系，因为这些经济组织先于资本下乡企业获得乡村资本优势，尤其是土地和社会关系，为更好地在乡村站稳脚跟，获得资本优势，资本下乡必须与农村经济组织建立良好的关系。其次，资本下乡要想获得政治优势，必须获得基层组织的支持，因此，需要与基层组织建立良好的关系，参与到基层治理中去。最后，资本下乡要与农村扶贫组织、非政府组织建立关系，因为这些组织能够通过各种手段干预到资本下乡的经营中，必须协调好与他们的关系。

资本下乡不仅要和这些乡村组织处理好关系，更要推动这些组织的发展，建立适合乡村振兴的组织结构，同时优化农村组织的结构，资本下乡赋能乡村振兴，从逻辑上是首先赋能主体振兴，而乡村建设主体最重要的一方面是乡村组织。首先，针对不同乡村建设不同方面的需求，对接不同类型的组织，如在产业赋能方面，需要对接村基层组织，村委和村党委，就土地流转，产业基础设施和相应公共服务建设与之达成协议；还包括经济组织——农民合作社，因为农民合作社具有双重功能——经济功能和社会功能，其发展能够更好地解决分散小农户与资本下乡企业对接的交易成本问题。其次，给予不同的组织以区别对接，在赋能乡村组织的建设过程中，需要根据组织的功能和需求，建构一个区别对待的方式，实现组织之间的分工，并强化其专业。再次，整合组织资源，推动资本下乡的赋能效果。根据不同组织的功能和乡村振兴的要求，整合组织资源，针对性解决乡村振兴的关键问题。

（三）资本下乡提升乡村治理水平

下乡资本通过嵌入到乡村治理中，充分发挥其在乡村振兴中的关键作用。如引领资本下乡的村干部在乡村振兴中发挥重要的作用。村干部在上级政府部门和村民福利之间保持某种程度的平衡，在两者利益无法兼顾的情况下，村干部更倾向服从上级利益，保全自己的利益，出现村干部利用自己所拥有的资源，向村集体进行一定的输入，平衡地方政府、下乡资本和村民之间的利益，从而改变乡村治理的初衷。下乡资本、农民和农村基层政府之间构成复杂的多主体关系网络，只有建构和谐的社会关系，才能确保多主体朝着共同的目标，推动乡村振兴的发展。不同主体之间的关系遵循不同的原则，下乡资本与农村基层政府之间的和谐关系遵循"亲、清"原则，下乡资本与农民之间遵循命运共同体理念，确保三者之间的和谐关系，并建构能够保证多主体和谐共处的制度和体制机制，才能确保三者相互之间的和谐相处和良性互动，推动农村经济社会的健康发展和新型城乡关系的构建。

（四）资本下乡推动乡村文明建设

资本下乡所带来的城市现代文明，在一定程度上改变了乡村文明的发展方向，使乡村文明逐步与现代文明接轨，其中包括现代传播技术、现代文化发展的方向以及城市文明与乡村文明的交流和融合，使得乡村更具备现代气息，同时也具备一些传统的乡愁和乡情存在，保障乡风文明，实现城市文明与乡村文明的碰撞，使得乡风文明更具现代化。

第一，资本下乡通过与乡村基层组织的合作，加强农村思想道德建设，比如投资一些教育基础设施，对乡规民约进行完善，通过宣传提高村民对乡风文明、家风和民风的认知。第二，资本下乡结合农旅产业融合，挖掘和开发农村优秀的农耕文化遗产、探索蕴含其中的思想、人文精神、道德约束，并将这些具体化，传递和提高村民对农耕文化的认知。第三，结合产业融合和发展方向，规划和保护农村的文物古迹，包括传统村落、民族村寨、特色建筑、灌溉工程等农业遗迹，为当代人了解农耕文明具体化和形象化。第四，资本下乡加强对农村公共文化的投资，投资于文化基础设施、"三农"为主题的文化作品，挖掘和培育乡土文化人才，引导城市文化人才下乡等措施，支持乡村公共文化建设。第五，通过资本下乡，建立乡村文明建设的有效激励体系，比如破除陋习，建立新的生活风尚，抵制迷信活动。

（五）资本下乡改善村民的生计空间

资本下乡使得乡村居民的生计水平得到改善，其通过改善乡村居民的生计资本水平，从而改变其生计策略，改善其生计结果，使得更多的乡村居民从外出打工就业转向回乡就业，保障乡村振兴的人力资本水平，同时也改变了改革开放后我国乡村居民收入的典型方式。资本下乡对小农生计空间的改善，主要是改善农户的生计资本和策略。一方面，利用资本下乡的人力资本资源优势，借助和结合外部教育资本，对农户进行培训，提高其嵌入现代农业体系的能力和效率，提高其参与度和适应度，从而建立基于现代农业体系的生计体系。另一方面，建构农户参与现代农业生产体系实践的机制，在一定程度上，激励农户参与资本下乡经营，并在实践中不断优化农户的生计策略。

二、研究案例的选择

（一）案例的基本情况

2020 年 9—10 月两个月时间内，笔者一共考察了洛阳市新安县、沈丘县范围内等 15 个案例，除去 4 个信息不完全的案例，一共得到 11 个典型案例，其基本情况如下：

案例 1（CJG）：资本下乡带动沟域经济发展

磁涧镇位于新安县东部，距县城 15 公里，紧邻市区，交通区位优势明显，素有"新安东大门"之称。磁涧镇自然条件优越，北临涧河、南依磁河，区位优势明显，为沟域经济的发展提供了优越的条件。磁涧镇地貌为"两岭夹一川"。近年来，磁涧镇充分挖掘两岭之间沟域潜力，按照"因地制宜、规模发展、突出特色、增收增效"产业发展思路，精心打造特色产业。在北岭以大粒樱桃为主导，发展樱桃种植 26000 余亩，打造万亩樱桃产业基地；在南岭以小杂果种植为抓手，发展核桃、花椒、果桃等种植 25000 余亩。通过产业结构调整，已累计发展特色经济作物 5 万余亩，产业调整面积占总耕地面积的 65％以上，农业产业发展势头强劲。

磁涧镇出台一系列关于农业产业结构调整、土地流转、招商引资等优惠政策措施，鼓励和引导在外人士返乡创业，先后引进了河南天兴农业科技开发有限公司、洛阳树鑫农业科技有限公司等，建立天兴、树鑫、兰丰、绿尔等六大生态园。

案例 2（LXK），男，1965 年 8 月出生。1984 年磁涧镇高中毕业后，自己投资开办了一个木器加工厂。1996 年至 2003 年，LXK 任新安县建设公司项目经理。2003 年至 2009 年，担任洛阳市洛西建筑有限公司项目经理，同期创建了洛阳市居豪装饰材料有限公司。2009 年至今，任洛阳市一家房地产有限公司的副总经理。2013 年 8 月，为改变家乡面貌、支援家乡建设，为乡村振兴贡献力量，LXK 放弃了城市的生活，回到了家乡礼河村，先后投资 5000 万元，流转土地 2800 亩，建起了以种植大粒樱桃为主导产业，第一、二、三产业相融合的综合性园区。

截至目前，园区已全部进行了平整、治理、改良，水、电、路设施完备，发展大粒樱桃种植 1200 亩、软籽石榴种植 600 亩、优质葡萄种植 200 亩、草莓杂果种植 200 亩、花卉苗木种植 200 亩，建立葡萄、石榴、樱桃、杂果四个采摘园，樱桃、石榴、葡萄均已获无公害认证。园区建设坚持在城乡互动发展中实现生产集约化、农田景观化、园区公园化、农居宾馆化，坚持农旅结合、以农促旅、旅游富民的发展思路和理念，将其打造成集生态农业、观光农业、乡村旅游、休闲度假、体育健身、颐老养老、民俗文化、农家餐饮民俗及农副产品深加工于一体的田园综合体。规划占地 5000 亩，已流转土地 3000 亩，融"种养加游购娱"为一体的特色农业产业园，该生态园以大粒樱桃、软籽石榴、葡萄种植为主导，聚焦林下养殖、餐饮、运动健身、颐养、农业观光、农产品加工、冷链物流七大产业，打造第一、二、三产业融合发展的综合性园区。

案例 3（ZDY）：返乡创业

ZDY，男，1991 年生，洛阳一家建筑安装有限公司董事长，村庄位于洛阳市新安县磁涧镇南部，与宜阳县相临，全村共有 207 户，1090 人，耕地面积 1500 余亩。交通便利，磁石路穿境而过，农产品以玉米、小麦等传统作物为主，经济作物以西瓜为主。

ZDY 四处谋职务工，在外闯荡，2017 年在积攒了一定的人脉与资金后，得到消息，洛阳市要建"博物馆之都"，鼓励民营博物馆的建立。巧的是，ZDY 爷爷辈就有收集酒瓶酒器的爱好，到父辈更是继承此爱好，年幼时 ZDY 还感慨家里都没地方放这些酒瓶子了。于是 ZDY 借此机会积极响应号召以家中藏品为基础筹备成立自己的民营博物馆，在老家石人洼村以自家老宅为中心，同时从村民手中租下一片无法耕种的小河沟，把博物馆建立在自己老家的土地上。功夫不负有心人，他终于建成洛阳华夏酒文化博物馆。

案例 4（ROY）：河南 ROY 农业开发有限公司林下经济发展概况

河南 ROY 农业开发有限公司成立于 2014 年 7 月，注册资本 3000 万元，是集林产品、中药材种植与销售、技术研发与推广于一体的生态农业企业。在河南洛阳、三门峡及河北承德流转土地 2.4 万亩，种植核桃、油用牡丹、元宝枫树，为河南省林业重点龙头企业。公司以木本油料作物种植为目标方向，通过两年时间对种植品种考察、市场分析，最终确定以种植核桃、油用牡丹、元宝枫为主营业务，并发展苗木培育和农业技术研发与推广服务，先后在新安县磁涧镇、五头镇开展种植业务，截至目前已发展自己的种植基地 2.4 万亩，其中以辽核、香玲、中林为主的核桃基地达到 2 万亩，元宝枫基地 2900 亩，牡丹苗繁育基地 80 亩，套种油用牡丹 1.6 万亩。

案例 5（ZJL）：洛阳市 YF 农业开发有限公司

公司总经理 ZJL 是一位诚实守信、吃苦耐劳的农民企业家，从 2003 年在深圳批发水果做起，不断发展壮大，经过几年的打拼和艰苦努力取得了丰硕成果。2015 年后为了实现自己的愿望，为家乡人民谋福祉，把目标定在农村这块热土上，边经营果品公司边学习探索实践生态、绿色、环保行业，敏锐地把目光投向了矮化大樱桃的种植研发，引进了国内领先的德国吉塞拉矮化大樱桃砧木。2016 年成立了新安县 WZ 种植专业合作社，种植优质矮化大樱桃 300 余亩。在此基础上又与山东农业大学毕业生培训基地合作，组建了 500 平方米无菌脱毒组培育苗车间，并聘请知名专家对该公司樱桃栽培和新品种引进做技术指导。

案例 6（ZSD）：新安县 ZC 种植专业合作社

ZSD，男，1974 年生，新安县五头镇马头村人，擅长现代智慧农业、电子商务推广营销。ZSD 凭着以诚为本、宽以待人的经营理念，积累了一定的人脉和资金。ZSD 内心深处最美的地方最美的风景就是自己的家乡——马头村。所以 ZSD 于 2009 年开始返乡创业，带领家乡群众发展特色农业，种植软籽石榴、大粒樱桃、花椒等特色经济作物，并成立 ZC 种植专业合作社，2014 年注册卓成、拙诚、卓成玛瑙红等三个商标为马头村特色种植进行了知识产权保护。

案例 7（ZSM）：ZSM 种植专业合作社简介

洛阳市 ZSM 种植专业合作社位于新安县城东约 3 公里，距洛阳市 10 公里的游沟村 310 国道南，是在洛新优质种苗基地的基础上由自然人 ZSM 和新安县磁涧镇合伙人于 2012 年共同出资组建的集脱毒红薯种苗繁育、种植、深加工、技术推广等于一体的综合性农民专业合作社，主营红薯脱毒育苗研发、种植及深加工，采用公司加农户及电商销售模式，销售范围全国各地，实现产、供、销一条龙服务，推进了合作社的健康持续发展。合作社下设科技开发有限公司、薯业协会，与中国农大、河南农大、河南科技大学、河南省农科院等建立联系，经营规模和科研实力不断提升，现承租土地 1000 余亩，用于农林种植，自建有红薯深加工厂和科研机构，安置劳动就业人数 120—200 人，其中残疾人 53 人，成为省内脱毒红薯产业技术的重要基地之一。

案例 8（SJZ）：SJL 返乡"农旅融合"创业

SJZ 是土生土长的新安人，从小在黄河边的仓头镇长大。2003 年之后，退伍回家的 SJZ 选择"下海"经商，从事工程机械、汽车运输行业。2016 年初，SJZ 选择在神仙湾重新创业，想带领黄河滩区的乡亲们富起来。经过 4 年多的建设，形成"旅游带动农业，农业反哺旅游"的"农旅融合"方式。

案例 9（HUY）：洛阳 HY 生态科技园

地处洛阳市新安县石井镇拴马村，在黄河小浪底大坝上游 20 公里处，位于黄河中游。华洋海事中心于 2003 年在洛阳进行交通扶贫的同时，投资建设集保护"母亲河"、保护环境和扶贫于一体的项目，2015 年 3 月 6 日，被评为新安县第一批爱国主义教育基地，2018 年 8 月被评为洛阳市爱国主义教育示范基地，2019 年被评为交通运输部水运科学研究院爱国主义教育基地和河南省地方海事局爱国主义教育基地。

案例 10（SXW）：大河风云农旅融合扶贫示范园

黄河神仙湾·大河风云农旅融合扶贫示范园位于洛阳市新安县石井镇东，园区由洛阳兰林农业科技有限公司进行开发建设，拟投资 5.8 亿元，规划总面积 4000 余亩，是洛阳市沟域经济示范区重点龙头企业、新安县重点农旅融合项目和石井镇重大招商引资项目，同时还是新安县大力实施"旅游＋扶贫"战略、夯实扶贫产业支撑、强化项目示范带动而打造的重点农旅扶贫产业基地之一。其中，一期大河风云黄河神仙湾·大河风云农旅融合扶贫示范园于2021年"五一"正式开园迎宾，后期项目正在加紧招商与建设中，到2025年全面建成。

案例 11（LSQ）：民营企业家返乡创业扶贫之情怀与路径

河南沈丘县李寨村，地处河南、安徽两省交界，地处偏远，交通闭塞，曾是典型的国家级贫困村，然而，就是这个昔日贫穷偏远的豫东平原村庄，在短短8年间，不仅实现了整村脱贫摘帽，而且跻身"中国农村改革典型"行列，闯出了一条脱贫致富奔小康的发展之路。李寨的嬗变，源自于一位从本村走出去的民营企业董事长LSQ，得益于他带领的村党支部。

案例的基本情况如表2-1所示。

表2-1　资本下乡赋能乡村振兴的案例基本情况

代码	业务	基本情况
案例1（CJG）	农旅融合	打造特色产业，在北岭以大粒樱桃为主导，发展樱桃种植26000余亩，打造万亩樱桃产业基地；在南岭以小杂果种植为抓手，发展核桃、花椒、果桃等种植25000余亩。已累计发展特色经济作物5万余亩，产业调整面积占总耕地面积的65%以上，农业产业发展势头强劲，依托基地发展旅游
案例2（LXK）	产业融合	返回家乡礼河村，先后投资5000万元，流转土地2800亩，建起了以种植大粒樱桃为主导产业，第一、二、三产相融合的综合性园区
案例3（ZDY）	产业融合	2019年ZDY以洛阳华夏酒文化博物馆为基础，谋划了洛阳凤泉生态谷项目，依托凤凰山文化底蕴和文化遗迹，以石人洼为中心，兴建高效农业和文化旅游相结合的乡村振兴示范工程
案例4（ROY）	产业融合	集林产品、中药材种植与销售、技术研发与推广于一体的生态农业企业。在河南洛阳、三门峡及河北承德流转土地2.4万亩，种植核桃、油用牡丹、元宝枫树，为河南省林业重点龙头企业
案例5（ZJL）	种植	2019年在孟津县建立第二个樱桃高标准示范园（300余亩）。2020年公司配合镇政府在易发公司成立了樱桃党支部及樱桃合作联社

续表

代码	业务	基本情况
案例6 (ZSD)	种植	于2009年开始返乡创业，带领家乡群众发展特色农业，种植软籽石榴、大粒樱桃、花椒等特色经济作物，并成立新安县ZC种植专业合作社
案例7 (ZSM)	产业融合	集脱毒红薯种苗繁育、种植、深加工、技术推广等于一体的综合性农民专业合作社
案例8 (SJZ)	产业融合	园区、古法榨油、古法染布、石磨豆浆、非遗桑蚕丝织等一系列传统民俗活动让人目不暇接。现在，这里已是当地最火爆的研学旅行基地
案例9 (HUY)	产业融合	集保护"母亲河"、保护环境和扶贫于一体的项目，是习近平生态文明思想的践行者，是黄河流域生态保护和高质量发展的先行者
案例10 (SXW)	产业融合	探索"农旅"融合发展、实施乡村振兴战略、践行绿色发展理念、发展乡村旅游、夯实脱贫攻坚产业支撑的一个重大示范项目，是黄河神仙湾沟域经济示范区的重点重要项目，是乡土人才回乡创业的典型代表
案例11 (LSQ)	产业融合	将全村的土地、集体资产、基础设施、劳力资源等，进行统一规划、分类编排，成立四大经营实体，实行承包经营，全部进入市场运营

三、评估方法

本部分采用案例分析法来评估资本下乡所带来的影响。我们使用多案例研究的方法，评估资本下乡给乡村带来的影响。按照乡村振兴的目标，我们将资本对乡村振兴的影响分为产业、收入水平、生态、文化和基层治理五个方面。我们针对每一个案例，深入分析其内部所蕴含的对农户收入水平、乡村产业振兴、生态环境要素、文化和基层治理方面的影响，通过对案例相关人员的访谈，深入探究资本下乡对乡村全面振兴影响的内在机理。

首先，针对每一个案例，深入访谈资本下乡的企业家，对资本下乡的过程进行详细描述，找到资本下乡影响乡村发展的内在机理，从而识别出资本下乡与乡村振兴的内在关联。其次，针对村民进行访谈，收集资本下乡企业对村民收入水平、生态环境和村级治理等乡村振兴要素的影响，并识别出其内在机理。再次，对村级基层组织进行访谈，并验证资本下乡过程中企业家的描述对乡村治理的影响及内在机制。最后，总结研究案例，进行典型案例总结描述，并针对不同的案例进行对比分析，提炼案例中的共性部分和差异部分，从而便于我们对比发现问题。

第二节　资本下乡对农民收入的影响

一、资本下乡赋能农民收入的理论分析

资本下乡对农民收入的影响主要有以下几个方面：首先，资本下乡带来规模经济效益与交易成本效应对农民增收的影响。资本下乡以规模化、机械化的方式进入农业领域，推动农业生产效率的提升，使得规模经济提升和交易成本下降，这两种效应推动农民增收。其次，资本下乡直接增加农户收入。一是资本流转农户的农地，包括资本与农户之间直接的流转，也包括农户农地入股合作社或村集体再统一流转给资本的情形。这种情形下，资本与农户之间形成了以农地为纽带的利益关系，农户获得农地租金或分红收益。二是资本与农户之间形成劳动力雇佣关系，包括资本雇用与其有农地流转关系的农户，也包括雇用与其没有农地流转关系的农户，这部分农户获得了务工性收入。三是资本与农户之间形成产品契约关系，即农户为资本提供契约规定的农产品，农户获得生产经营收入。四是资本与农户之间的利益联结，资本下乡从事农业生产经营所产生的溢出效应影响到农户，对农户的收益产生了客观的影响。

（一）资本下乡对农户直接收益的影响

资本下乡对农户直接收益的影响路径主要有（如图 2-1 所示）：1. 与农户形成直接的农地流转关系，给农户带来直接的土地租金收入或分红收益，以及转移性收入。2. 与农户之间形成劳动雇佣关系，给农户带来直接的工资性收入。3. 与农户之间形成农业生产合约，农户获得农业产业链、价值链延伸的农业经营性增值收益。资本下乡流转农户的土地，农户从农地流转中可以获得租

金或分红收益，土地租金收入或分红收益是农户最直接的收益方式，也是从资本方获取收益的最稳定方式，当然只有与下乡资本有农地流转关系的农户才能够获得这部分的直接收益。农地流转给资本的租金水平，既反映绝对地租的基本要求，也反映级差地租的特征，还与土地供求关系有关。因此，在流转过程中，自愿流转土地的农户大部分都是种植低价值经济作物或者粮食作物，而大多数种植高价值经济作物的农户不愿意流转。这种现象产生的原因是相对于低价值作物的土地收益，在不计算自身劳动力成本时收益也就比土地流转租金略高或者相当，出租可以快速获取接近最大值的收益，解放自身劳动力，从而从事其他工作获取固定收入，提高总收入水平，因此他们对土地流转的意愿较为强烈，只要租金水平接近粮食亩均收益他们就会选择流转。而高价值经济作物的亩均收益较高，地租水平几乎不能达到同等水平，出租会使他们农业收入大幅减少，因此他们大多不愿意流转。分红收益主要是以农地入股的方式参与资本经营的农户的获益方式。

农地流转农户所获得的转移性收入主要以补偿款为主，即转让土地后土地上的附着物所产生的一次性收入，因为资本的逐利性，因此补偿款通常会低于土地附着物的实际价值，土地附着物较多的农户能获得更多补偿款，当年的总收益就会显著提高。严格来说补偿款不能算作农户的收益，这是一种弥补，双方是并不平等的，只有当补偿款高于土地附着物的实际价值时才可能成为农户的实际收益。固定工资收入是农户到资本投资的农业基地或企业务工所获得的直接收益。获得工资性收入的农户既可以是农地流转给资本后的流转户，也可以是农地没有流转给资本的农户。另一种获得工资性收入和经营性收入的情形是，农户流转土地后自身劳动力从农业中解放出来，他们可以选择外出务工，也可以选择经商，这些行业的平均收入水平高于农业生产收入水平，因此他们的机会成本降低，总收益提高。

农业生产收益对农地全部流转给资本的农户而言是为零的，但对于与资本之间形成农业生产合约的农户来说，农户可以获得较为稳定的销售渠道和价格，能够一定程度获得农业产业链、价值链延伸的农业经营性增值收益。即使对于没有与资本形成联结关系的农户而言，他们在资本下乡的过程中学习了更多的技术经验和管理理念，获取了更多的市场信息，他们通过扩大规模和提升品质也可能增加农业生产收益。

资本下乡可以通过成立合作社，让农户以土地或者资本（资金、机械和相应的基础设施）入股，合作社与资本下乡企业签订一定的合约，为资本下乡企业提供一定的产品或者劳务，从而获得一定的收益，这些收益的一部分会通过股份收益的形式，直接转移给农户，从而形成农户的直接收益。还有一种形式是农户直接入股资本下乡企业，形成一定的股份，这部分股份根据资本下乡企业的经营状况，按照股份的比例给农户发放股金，从而直接增加农户的收益。总之，资本下乡通过各种途径，让异质性的农户都能参与到资本下乡的过程中，从而通过参与资本下乡经营，获得比资本下乡以前更多的收益，同时也达到了资本下乡推动农民收入增加的效果，从而推动乡村振兴。

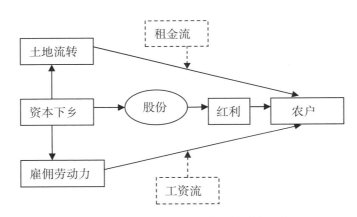

图2-1　资本下乡对农户直接收益的影响

（二）资本下乡对农户间接收益的影响

资本下乡对农户间接收益的影响主要是由资本下乡所带来的各类溢出效应所产生。资本下乡带来的生态农业的溢出效应和正外部效应会提高农户的间接收入，农业品牌企业的创办、品牌效应的产生以及生态项目和农业综合体项目的大规模开发，会给农村带来巨大的信息流、人流、物流，创造更多的就业岗位，相关的配套设施和产业会不断完善和发展，会让交通更加便利，环境更加优美，教育和医疗资源增加，随着多业态产业的发展，农村经济结构由单一向多元化转变，村集体要把住发展的机遇，敢打敢拼，不断学习和创新，紧随时代前进的方向。

资本下乡从事农业产业的开发，农业生产的产前、产中、产后都会受到影响，随着农业产业链条的完善，外来人口大幅增加，经济活动更加频繁，会给农户带来更多额外的经济效益，产生更多间接收入。根据规模经济理论，资本下乡投资农业，扩大农业经营规模会降低运费、采购费用等相关经营费用。农户在资本下乡所带来的农业新产业、新业态发展的过程中通过不断学习、更新信息，可以获取投资规模效应和多业态集聚效应所产生的外部性收益。资本下乡可以给农村带来更多的市场信息和潜在客户资源，随着经济发展和知名度提升形成一个良性循环发展，能够增加农户长期收入。农村可以发展乡村旅游，开发田园景观，挖掘村庄的历史文化底蕴，开发文创产品，获得更多村财收入用来再开发再投资，利用合理的分配制度享受发展红利。农户自身可以搞副业来创收，扩宽自己的收入渠道，未流转土地的农户除务农外，抓住资本投资项目的空缺，做补充经营以此来获取产业升级效应和品牌效应产生的外部收益。

流转户可以通过外出务工也可以到下乡涉农企业再就业，可以在务工的同时观摩种养技术，学习管理方法，获取更多免费技能培训，在实践中成长，在学习中获益，打破传统观念的束缚，提升自己的眼界和格局，增加自身的人力资本价值，也增强了个人就业能力，以此获取知识溢出效应收益。资本下乡可以改善农户的收益水平，相比于对农户直接收益的影响，资本下乡对农户间接收益的影响更大。当然，农户能否从资本下乡中获得收益的改善取决于农户参与的意愿、农户个人及家庭的禀赋条件和相关部门的政策。

（三）资本下乡对农户直接和间接融合收益的影响

资本下乡对农户收益影响的一个重要路径是，资本下乡为当地农户提供了更多的务工就业机会，进而增加了农户的工资性收入。一方面，农地流转给下乡资本的农户可以进入到资本所投资的基地或农业企业务工，在获得农地流转收益的同时获得工资性收入；另一方面，农地未流转给资本的农户也可以进入到资本投资的基地或农业企业务工，获得工资性收入。资本下乡对农户工资性收益影响的另一个路径是，资本下乡流转农户农地后解放了农户家庭从事农业生产的劳动力，使得农户家庭劳动力能够从事非农就业或务工，增加农户家庭工资性收入。从调研来看，在农户家庭农地流转给资本之前，农户家庭主要收入来源是务农、务工、个体经营；而在农地流转给资本之后，家庭劳动力从农业生产经营中解放出来，务工收入成为家庭最主要的收入来源，其次是个体经营收入，而务农收入的重要性则大幅下降。

在土地租金和工资直接收益的基础上，农户可以独自经营，并依托资本下乡所建构的产业平台，依托资本下乡所建构的销售渠道和地域品牌，靠着地理临近性的优势，获得技术和销售的优势，从而提高自己的收益。比如，资本下乡企业建构一个集香菇生产、销售、研发、文化教育于一体的生态园区，周边农户可以个人入股的方式参与，也可以将自己独立生产的香菇，拉到生态园区销售，因为生态园区聚集了大量的收购者，周边农户同样获得价格和需求方面的信息，所以能够借助生态园区，将自己的产品以和生态园区入股农户一样的售价来获得收益。这个资本下乡经营的园区，就起到对周边农户直接收益和间接收益融合的效果。

二、典型案例分析

通过对典型资本下乡案例分析，我们得出如表 2-2 所示的结果。在资本下乡对农户收入影响层面，按照上面的理论分析，主要有以下三个渠道：1.产业带动农户经营增收。主要是采用"公司＋农户"或者"公司＋合作社＋农户"的方式，农户参与到资本下乡企业的经营方式中，分散生产并将产品统一销售给资本下乡企业，或者通过资本下乡企业的销售渠道来销售，当然这种方式的价格要高于市场价格，与农户自身单独面对市场的价格相比较高，从而使农户增收。2.农业带动农户资本增收。农户将土地或者自身的劳动力出租给资本下乡企业，获得土地租金和工资性收入，同时能够在家照顾孩子和老人，实现照顾家庭基础上的工资收入。3.一些孤寡老人的受捐赠收入；资本下乡企业对村域范围内的孤寡老人进行一些捐赠，这些捐赠在一定程度上提高了无收入来源村民的收入。

表 2-2　资本下乡对农户收入的影响

代码	影响类型	影响效果
案例 1（CJG）	直接 + 间接	截至目前，各生态园累计完成土地流转 15000 余亩，发展种植大粒樱桃、软籽石榴、薄壳核桃等 13000 余亩，带动周边发展农家乐 20 家，直接解决群众就业 1000 余人。通过流转土地、发展特色产业、域内务工、代种代养、技术培训等多种形式，带动贫困户增收。全县 12 个沟域经济示范带（区）共带动 2545 户贫困户增收致富，户年均增收 6000 元以上
案例 2（LXK）	土地流转 + 就业	一是通过土地流转带动 131 户贫困户每户年收益 2300 元，二是通过安排就业带动 46 户贫困户年收入 15000 元，三是通过金融贷款带动 100 户贫困户年收益 4000 元
案例 3（ZDY）	加盟收入	采取"公司主导 + 村集体参与 + 群众加盟"的方式，以建设乡村振兴示范基地、发展文旅产业为重点，着力打造高效种植业、文化旅游业和农产品深加工产业，建设三季花鲜艳、四季果飘香、田园风光宜人、人文景观迷人的休闲度假胜地，实现企业发展，促进村集体壮大，带动群众增收
案例 4（ROY）	土地流转 + 经营收入	一、从缺乏青壮年劳动力的农户手中流转土地，每年支付给农户地租，并且解决当地农村富余劳动力的就业问题，返聘留守在家、年龄 50—70 岁的农户到公司基地劳作，支付劳务工资，增加农户收入，仅 2018 年、2019 年支付地租 1396.45 万元，支付劳务工资 432 万元。二、采用"公司 + 基地 + 农户"的方式，以公司为龙头，基地为依托，在当地与 570 个农户建立起了利益联结关系，充分利用了公司在核桃苗木种植方面的资源、市场、技术等优势，带动基地群众进行名优核桃、油牡丹种植基地的建设，壮大当地核桃和油牡丹产业，促进农民增收和农业增效
案例 5（ZJL）	直接带动农户经营改善	成立合作社，股份制入股，农户通过参与合作社，从而直接获得股金收入，直接影响农户的收益水平

代码	影响类型	影响效果
案例 6（ZSD）	直接带动农户经营改善	带领家乡群众发展特色农业，种植软籽石榴、大粒樱桃、花椒等特色经济作物，并成立新安县 ZC 种植专业合作社。2014 年注册卓成、拙诚、卓成玛瑙红等三个商标为马头村特色种植进行了知识产权保护。让农户使用企业品牌，获得更多的价格收入和市场份额
案例 7（ZSM）	服务提供和品牌共享	本地区每年推广种植面积已达 10000 多亩，带动 6000 多农户增加了经济效益 2500 多万元
案例 8（SJZ）	间接效益	形成"旅游带动农业，农业反哺旅游"的"农旅融合"模式
案例 9（HUY）	扶贫目标	有针对性地吸纳贫困户村民到园区工作，进行技能培训，并安排他们从事草莓大棚、蔬菜种植、果树管理以及宾馆客房、餐厅服务和卫生管理等工作，从而使他们有了稳定的收入，家庭脱离了贫困
案例 10（SXW）	瞄准贫困人口	一是贫困户通过入股到神仙湾方式与其合作，发展到户增收种植项目，带动贫困户 90 户 220 人；二是通过流转贫困户土地等形式，带动贫困户 33 户 78 人；三是直接吸纳贫困户务工 16 人，每人每年平均增收 6000 元
案例 11（LSQ）	租金＋合作社分红	土地流转费：周边邻村 300—500 元 / 亩，李寨一开始就定价 1000 元 / 亩，另加年底分红：一般农户按每亩 10%—20% 比例分红，贫困户以扶贫权益＋土地入股，年底每亩固定分红 2500 元。扶持 145 户建档立卡贫困户参与土地流转和劳动投入，他们或个人经营大棚或在别人承包的大棚里打工，月务工收入不低于 2000 元，确保贫困户"两份稳定收益"：土地分红＋打工收入，实现当年脱贫

三、研究结论

（一）资本下乡对农户直接收入的影响

根据表 2-2 所示，我们可以看出，资本下乡可以通过多种形式，直接影响农户的收入水平，最常见的方式有以下几种。第一，流转农户土地，支付高于市场价格的租金，使农户获得稳定的租金流，从而提高收入水平。第二，通过被公司雇用参与到公司的经营过程中，通过提供劳动获得收入，从而提高收入水平。第三，通过直接参股到资本下乡企业，获得股金收入。第四，通过合作社与资本下乡企业合作，获得收入。

（二）资本下乡对农户间接收入的影响

首先，通过技术培训、新型技术推广、品牌共享等，提高农户产品的质量和市场价格优势，从而间接提高农户的发展能力，通过发展能力来提高收入水平。其次，通过延伸产业链条、引入新型产业、促进产业升级、推动产业融合等形式，改善传统农业，农户通过参与新型产业，从而提高自己的收入。再次，通过公司盈利的再分配机制，比如以慈善捐款、改善农业基础设施、改善农业生产环境、提高土地质量和优化产业结构、推动产业聚集等，间接提高农户参与高质量产业形式来使农户获得更高的收入。

（三）资本下乡推动农户增收方式的创新

如何推动资本下乡更有效带动农户增收，需要创新当前的方式，主要从以下几方面入手：

首先，要建构农民收入水平的组织路径。在农户与资本下乡企业对接的过程中，虽然能够通过资本下乡企业的销售渠道，降低小农户与大市场之间的不对称关系，但是，资本下乡企业与一个个规模较小的农户对接，还要监督其生产流程、质量控制以及产品等级的鉴别，资本下乡企业的交易成本并没有降低多少，为了降低与小规模农户单个谈判、议价、监督和信息搜集的成本，资本下乡企业倾向于与农户的再组织机构——农民合作社对接，这样可以通过合作社农户之间的相互监督，降低资本下乡企业监督的成本，并通过合作社内部权威的控制，达到产品控制的目的，从而为资本下乡企业提供更为合格的成本，降低资本下乡企业和农户双方的交易成本。

其次，针对异质性的村民，提供多种就业渠道。资本下乡企业要克服仅仅与能够生产企业适销对路的农户合作，更多地应该嵌入乡村的异质性社会结构中，针对不同类型的村民，尽可能地提供多种就业渠道，比如：针对贫困农户，可以采用提供基础设施、生产设备和原材料资金的方式，使得贫困农户仅仅提供劳动力就能够获得持续的现金流。针对具有一定金融资本和固定资产的农户，可以通过入股的方式，将农户的资本吸纳入企业的经营过程中，不仅让这些农户能够获得出售劳动力的收入，还能够获得资产性收入。针对具有一定的管理经验和技术的群体，可以雇用其作为资本下乡企业管理人员，真正参与到企业的日常管理中，从而获得较高的管理人员收入。

再次，打造持续稳定的收入流。资本下乡企业投入的项目，一定要具有持续性，从而使农户获得稳定的现金流。一方面，这就要求企业在项目投入时，做好项目的评估和预测，而不仅仅为了好看和获取政府补贴资金，要真正地依托市场，打造实体经营，靠产品质量和市场优势来获取市场利润，而不是靠"套利"和"投机"来获得收益。另一方面，企业要在自己的优势领域投资相关农业项目，而不仅仅是通过创造概念和名词来包装，通过依托当地的特色产品、特色产业和特色资源优势，创造性地立足于市场，通过市场竞争来获得持续的竞争优势，并不断地对产品进行创新，获取持续稳定的竞争优势。

第三节　资本下乡对乡村生态安全的影响

在资本下乡的过程中，部分商业资本借助"现代技术"和"生态农业"等模糊词语来掩盖其对环境的负面影响，构建正面话语权[1]。地方政府出于对经济发展的考虑和政绩考核的要求从而使环境保护表面化，农民存在利益表达渠道不畅、应付能力不足的问题，从而导致各自策略差异性，村庄的分化又导致农民作为环境利益相关者的地位不断弱化，最终导致农村环境危机的解决陷入困局。资本下乡企业通过对资源的使用策略，挤压农户的资源可用空间，改变资源控制权，威胁当地的生态安全，以损害村民的利益和社区发展为代价来提

---

[1]　李俏、金星：《资本下乡与环境危机：农民应对行为策略及其困境——基于湖南汨罗市 S 村的实地调查》，《现代经济探讨》2018 年第 2 期。

高自己的收益①。此外，资本下乡通过诱发更多的化肥和农药使用，加剧农业生态环境的恶化，资本下乡形成农村环境的"假改善"的现象，导致环境保护行为成效甚微②。

一、资本下乡赋能乡村生态环境的理论分析

（一）资本下乡对乡村生态环境的直接影响

首先，在鼓励资本下乡的过程中，不可避免地发生资本控制资源的行为，比如，投资人与地方政府签订的合约，就把山区的整个山头和包含其中的流域、森林、草地给承包了，甚至包括山地、溪流在内的整座山都包走了，自然资源本来是农村社区共有的，投资人承包后，通过资源的过度开发，或者资源的扭曲使用，使得生态环境受到破坏，相应的污染具有外部性，成本需要村民共同承担，资源配置的扭曲造成农村生态环境的污染。其次，资本下乡的项目选择具有一定隐蔽性污染，比如，一些养殖项目、农产品加工项目和特殊经济作物种植项目，其本身具有一定的污染性，因为冠以"生态"或者"有机"的名称被掩盖了，其实质造成了乡村环境的污染。再次，资本下乡引进的一些产业，可能影响农村环境，比如开发旅游项目，所带来的一些生活垃圾、游客的一些不良行为和开发过程中对原有生态环境的破坏，在一定程度上直接影响农村的生态环境。

（二）资本下乡对乡村生态环境的间接影响

首先，资本下乡企业通过基础设施投资，间接影响农村生态环境，比如基础设施投资硬化路面、河沟和渠道，这些措施有可能影响农村的生物多样性，

---

① 李华、汪淳玉、叶敬忠：《资本下乡与隐蔽的水权流动——以广西大规模甘蔗种植为例》，《开放时代》2018 年第 4 期。

② 闵继胜：《资本积累、技术变革与农业生态危机——基于生态学马克思主义的视角》，《当代经济研究》2017 年第 6 期。

加快水土流失，降低水土涵养能力，从而间接影响农村的生态环境。其次，资本下乡带来一些高效的资源攫取技术，间接影响农村的资源环境。比如投入更为先进的水资源获得技术，能够在一定的时间内，大量地提取地下水，从而加快资源的消耗速度，使得资源过度使用，从而间接影响农村的生态环境。再次，资本下乡企业将一些具有污染的产业链环节放到农村经营，从而间接影响农村生态环节，比如养殖垃圾作为有机肥，新型农药的使用，特色养殖项目和种植项目对水源、土壤和生物多样化的破坏等。

（三）资本下乡降低了乡村生物多样性

单个农户在生产决策过程中，往往具有异质性，不同的农户种植不同的作物，在一定的地域范围内，不同种作物彼此共存，丰富了地域生物的多样性，使得田野更具特色和颜色，但是，资本下乡后，通过土地流转将土地聚集起来，形成一定的规模，在规模经营的土地上，种植单一作物，使得作物的多样性受到破坏，作物相对单一，生物多样性在不同程度上受到影响，此外单一作物的大规模种植，增加了灾害性生物病虫害的发生概率，从而影响生态环境，使不同生物繁衍生息的环境受到破坏。

（四）资本下乡赋能乡村生态振兴

资本下乡赋能乡村生态振兴，关键在于资本下乡如何加强农村环境问题的治理，通过资本下乡，增加农业生态产品和服务的供给，打造人与自然和谐的共生格局。一方面，通过资本下乡的资本和技术的投入，加强对农业面源污染的防治，通过资本和技术投入，降低化肥和农药的施用，实现清洁化生产，并将农业废弃物循环利用，创新产业发展模式的生态化，推广有机肥施用、养殖畜禽粪污集中处理、农作物秸秆综合利用、废弃农膜回收、病虫害绿色防治等技术。通过其对灌溉基础设施和耕地的整治，节约水资源施用，修复耕地。另一方面，资本下乡企业结合自己的优势，增加生态产品和服务的供给；运用技术和管理的手段，将乡村生态优势转化为生态经济优势，提供更多更好的绿色生态产品和服务，促进生态与经济的良性循环，如结合生态资源优势开发生态旅游、游憩休闲、健康养生、生态教育等产业，提供相应的服务，打造特色生态旅游的产业链。

二、典型案例分析

资本下乡在一定程度上能够显著影响农村的生态环境（表 2-3），在改造生态环境、提高森林覆盖率、优化人居环境等方面发挥重要的作用。首先，通过绿色种植和经济林建设，改善乡村种植环境，提高乡村林业的生态化，从而提高生态的经济效益。其次，通过建立基于乡村产业的循环经济，通过循环经济模式降低产业对乡村生态环境的污染。再次，通过建立生态示范园、田园综合体等集中生产的方式，通过聚集生产主体而有效地控制污染，降低产业发展过程中对生态环境的破坏。

表 2-3　资本下乡对生态环境的影响

代码	影响类型	影响效果
案例 1（CJG）	直接影响	改善生态环境。积极发展经济林、生态林，利用荒山、荒沟、荒坡，实施沿黄绿化、村庄绿化、矿山绿化、廊道绿化等，新发展高效生态林面积 9.6 万亩，改善了生态环境，提升了生态效益
案例 2（LXK）	无直接影响	无
案例 3（ZDY）	直接影响	发展循环经济
案例 4（ROY）		公司流转土地大部分为坡地，由于缺乏管理，大部分撂荒，发展核桃、油用牡丹产业，不但使经济林面积增加，提高了当地的森林覆盖率，还增强了森林调节气候、保持水土、涵盖水源及绿化美化能力，促进当地生态文明建设和旅游业的发展及生态系统的良性循环。成片核桃林的培育，吸收和降低周围的各类噪声，为基地周围群众提高生活质量创造了条件
案例 5（ZJL）	无直接影响	无
案例 6（ZSD）	无直接影响	无
案例 7（ZSM）	无直接影响	无

代码	影响类型	影响效果
案例 8（SJZ）	无直接影响	无
案例 9（HUY）	直接影响	面对极其恶劣的土质条件，十几年如一日，充分发扬愚公移山的精神，艰苦奋斗，科学发展，通过适地适种、换土种植、循环发展，持续不断地进行绿化和美化，种植了油松、雪松、玉兰、银杏、桂花等生态树种以及杏、李、核桃和柿子等经济树种，荒山造林平均成活率超过 90%，有的树种造林成活率甚至达到 100%，创造了荒山绿化的奇迹，形成了生态林和经济林有机结合的体系
案例 10（SXW）	无直接影响	无
案例 11（LSQ）	直接影响	通过土地整理、新村建设、环境整治、文化传承四大行动，打造田园社区、古寨景区、乡村旅游区等特色园区体系，村庄林木覆盖率达到 70%，同时，通过一揽子方案解决垃圾处理、污水排放等环境治理问题

（一）资本下乡对生态环境积极影响的渠道

首先，资本下乡通过产业项目直接影响农村的生态环境；比如，通过绿色创业等形式，推动农村生态产业的发展，实现产业生态化和生态产业化过程，从而改善农村生态环境。其次，通过打造生态产业，增加农村的绿色，提高森林覆盖率和植被的覆盖率，并通过相应的种植结构的优化，提升农村的绿色水平。再次，通过提高绿色技术的使用，减少产业发展对乡村的污染，如采用绿色生产技术，减少化肥和农药的使用，使用生物防止技术等，与传统农业相比，提高农业的生态水平。

（二）资本下乡对生态环境负面影响的渠道

首先，过度地进行资源开发。由于资本投入到农业领域，改善了农业生产的技术条件，比如采用大型的灌溉设备，打更深的机井，能够使用效率更高的提取地下水的设备，从而过度地采用地下水资源，使得水资源浪费现象严重；还比如，采用大型的机械设备，使用大量生化能源，造成更多的碳排放，从而污染了生态环境。其次，个别资本下乡为了获取高的收益来补偿土地租金的支出，往往会投资于高价值的经济作物，同样，高价值的经济作物会消耗更多的能源，投入更多的农药和化肥，并且对土壤的肥力造成不可逆的影响，进而影响农村的生态环境。再次，资本下乡企业通过建立生态园或者农旅项目，改变了农村原有的生态基础，使得原有的自然有效的生态系统受到破坏，原有的生态平衡被打破，从而影响农村的生态环境。

三、资本下乡对乡村生态环境影响的治理对策

（一）建立有效的监督和治理机制

首先，通过农村基层政府组织成立专门的环境监督委员会或者其他机构，通过定期或者不定期的检查，避免资本下乡企业不合理的污染排放行为或者其他环境污染行为，就环境污染情况向上级政府部门汇报，并与资本下乡企业进行沟通和协商，协同上级政府部门进行有效解决。其次，建立村民自治的环境监督组织，通过自治组织来独立监督资本下乡企业的环境污染行为和资源浪费行为，并与上级政府部门进行沟通，共同治理。最后，抽取部分地租，聘请专业的环境监测和评估机构，对资本下乡企业的环境污染行为进行监测和评估，并依据评估报告采取有效行动。

（二）提高村民的生态意识

村民是资本下乡企业生态环境损害的最直接利益相关者，同时也是最能够监督和治理的主体，但是往往由于资本下乡企业和村民关于生态环境污染信息的非对称性，导致村民不能够有效监督资本下乡企业的环境污染行为，需要普及生态与环保知识，让村民自主行动起来，有序地监督资本下乡企业的环境污染行为。在普及的过程中，需要针对资本下乡项目的详细的并且能够被村民理解的信息进行宣传，让村民知道相关信息，拥有更多的知情权，并在发现异常情况时，能够及时反映给上级部门和资本下乡企业，从而有效地治理环境污染。此外，基层政府部门有承担有关生态信息的宣传义务，并聘请相关的技术

人员对资本下乡企业的环境问题进行审计，定时将审计信息公开给全体村民，使得村民能够理解和掌握资本下乡企业的环境行为和问题。

（三）建构村民有效表达渠道和机制

村民在环境问题方面，往往存在利益表达不畅的问题。要建构村民有效的环境保护表达渠道和机制，首先，通过现代网络技术或者自媒体技术，真实反映资本下乡企业环境行为，并通过互联网和自媒体形成舆情，引起相关部门的注意，提高相关部门对资本下乡环境污染行为的关注程度，进而有效地解决。其次，通过农民合作社的生产标准、生产行为和与环境相关行为进行数据搜集，并委托相关的机构进行监测，有效地通过村民的组织平台来表达环境利益。再次，政府环保部门建立与资本下乡村庄的稳定联系。针对资本下乡企业，基层政府部门虽然是直接的监督者，上级政府的环保部门同时也应该介入，其介入的手段除技术外，还应该建构一个有效的信息传递机制，比如，在流域水平上建立稳定的信息搜集和观测站。

第四节　资本下乡对乡村产业发展的影响

一、资本下乡赋能乡村产业发展的理论分析

资本下乡要创造一个各要素自由流动与聚集的环境，解决乡村发展过程中的资本短缺问题，在资本下乡的带动下，产业、人才、技术等要素能向乡村自由流动，并实现优化配置，从而带动产业的发展，实现乡村振兴的内在动力形成。因此，资本下乡要根据乡村的资源禀赋，因地制宜地确定产业发展方向和运营模式，打造具有地方特色的优势产业。在产业打造过程中，应首先解决产业项目发展的土地问题，同时，利用集体建设用地、闲置土地等完善基础性产业发展，完善配套设施，提升公共服务水平，搭建合作平台，把地方富有特色的乡土文化与乡村产业发展融合起来，通过产业发展使乡村更能"记得住乡

愁"，并使其成为乡村产业发展的核心竞争力。

(一) 资本下乡的"产业链赋能"模式

如图 2-2 所示，产业链赋能模式是指资本下乡对乡村产业链条的纵向延伸影响，达到振兴乡村产业的目的。按照产业演化的一般规律，传统的乡村种植业的发展是受到分工的限制的，由于分工水平较低，种植过程包含了所有产业链过程，产业链较短，中间环节较少，这样造成两种结果：一是由于产业链环节少，内部没有更多的交易，交易频率较低，价值增值也较低。二是产业链横向拓展比较困难，由于产业链环节较少，有某一环节横向拓展的概率就较小。这种情况使得产业链所能带来的利润较少，对村民的影响也十分有限。当然，随着技术的进步，产业链分工的可能性大大增强，比如，随着收割机的出现，农作物的收割环节分离出来；无人机喷药施肥，使得喷药施肥环节从田间管理环节分离出来。如果农业生产过程中一些环节可以实现外包或者社会化服务，农民家庭农场的规模就可能扩大。农村产业链的延伸和拓展，增加乡村中间品的交易环节，提高交易频率，单依靠村民的力量很难完成这个任务，资本下乡能够实现产业链赋能乡村产业振兴。

一是促进农业产业分工的深化。产业分工受制于两个条件，一是技术，通过技术使得生产迂回环节增加，技术越复杂，参与的主体和环节就越多，分工就越细。二是市场，产业链环节独立出来，需要足够的市场利润空间，就农业而言，将除草、施肥、配药和收割环节从农户经营中分离出来，由单独的主体完成，首先需要相应的技术，比如联合收割机，能提供喷药、施肥的无人机，这些都需要操作技术和维修技术，对人力资本的需求更高，同时，也更具有效率。这些技术和设备往往需要较大的资金投入，要弥补这些资金投入的成本，需要较大的业务量来实现，资本下乡企业能够一方面满足大规模的投资的要求；另一方面，通过大规模的土地流转，能够在业务上满足投资的要求，从而使产业链上经营环节增加，提高增加值。此外，这些服务外包可以独立于资本下乡企业，让独立的第三方经营，同时，也可以由资本下乡企业购买，租给村民或第三方。资本下乡除了将种植环节分解成不同的环节和业务外包，同时可以增加产业链环节，比如，通过使用电子商务平台，开发销售电商平台，培训使用电商平台的人才，配合农村电商发展的物流分拣、配送、运输等服务环节，都可以成为工商资本下乡充分施展能力的领域，这都需要资本下乡的技术和资本的嵌入。

首先，产业链向生产端延伸，在农业种植阶段的前端，是农资供应环节。为了有效地推动生产和改善产品品质，资本下乡企业往往将产业链环节向前端延伸，控制农资的生产和供应，从而达到有效控制生产环节，控制质量，达到市场需求，获取更高的增值。向生产前端延伸还包括对土壤的改良、休耕以及相应的土地整理措施，还包括相应的技术创新等方面，这些措施主要为农业产品的质量控制服务，避免在市场购买质量不均等的农资造成农产品质量的差异，从而影响其市场竞争力问题的发生。此外，稳定的原材料供给，能够在一定程度上保障资本下乡企业的持续生产，保障其对市场的供应，从而占有稳定的市场份额或者扩大市场份额。产业链纵向延伸还可以通过农产品加工行业的嵌入，从而增加农产品的附加值，使得农产品价值链得到创新，其价值总值得到提升。当然，加工环节的嵌入需要大量的资本投入，只有资本下乡才能结合地方的特色农产品，创新加工技术，从而提高农产品价值增值。

其次，产业链向消费端延长。农产品种植阶段仅仅获得生产利润，这也是造成小农户长期以来收益较少的主要原因。生产端应该获得的利润，被流通环节获得和压榨，从而降低了自己的收益，优质不优价。资本下乡过程中，通过资本投入，让参与资本下乡的农户直接参与到流通环节，并根据农户的产品质量，获得公平的市场价格，从而分享到流入流通渠道的利润。对于资本下乡企业来说，将利润分配给小规模农户，不是损失自己的利润，而是建构优质城乡农产品供应链的必要经济激励，高的价格激励农户按照优质农产品的要求来生产，以期望通过资本下乡企业的独特销售渠道，来获得更高的销售价格。对于基层政府部门来讲，农户参与和资本下乡企业竞争优势的获得，必须建立一个利益共同体，而这个利益共同体的根本任务就是将农村的优质产品销售给城市市场，单靠农户个体的力量或者合作的力量远远达不到这个效果，因此，需要资本的介入，资本下乡企业的介入刚好符合基层政府的需求。延伸产业链还可以促进农产品加工深化发展，如笔者在调研过程中发现一个食品工业化企业，将小麦加工成馅饼、烩面、饺子等，通过将小麦种植延伸到深加工环节，尤其在新冠肺炎疫情防控期间，丰富了城乡居民消费的选择；还比如，我们见到一些辣椒种植基地将辣椒加工成辣椒酱，配合其他原材料，形成独特的食品，远销国内外。这些是单个的农户无法实现的，都需要拥有技术和资本的下乡企业来完成。在技术支持下，衍生出的产业链环节，使资本下乡不仅可以获得规模经济，还能获得范围经济和创新经济，提高农村经济的规模和效益。

农村一般从事种植和简单加工的场所，其产业链条短且碎片化，不能够有效形成产业增值，其中一个最大的原因是资本短缺。资本下乡弥补了产业链延长的资本短缺问题，从而创造了产业链链条延长的机会，并且，产业链条的延长能够给资本下乡企业带来更大的增值，这也是资本下乡企业能够积极推动传统农业产业链链条延伸的原因。除了农业生产环节，多数工商资本还投资农业加工、仓储、流通等产前和产后领域，有效增加了农业附加值，促进农业产业链的培育和延长，拓宽农产品的销售渠道，为农业发展打开更大的市场。

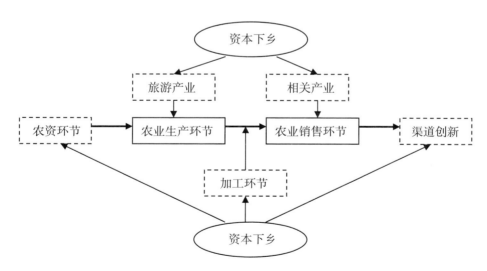

图 2-2　资本下乡推动产业链延伸机制

再次，产业链同一环节的横向拓展，即在同一个环节，增加主体和业务的个数，从而使产业链横向拓展。比如在水果大樱桃的种植环节，在不同的时间段，拥有不同的观赏价值，能够与旅游和休闲产业结合起来，从而形成农旅结合项目，一方面提高种植环节的经济收益，另一方面还带来农业产业链与旅游产业链之间不同环节的融合，使得双方价值链环节增值幅度提升。还比如，在采摘环节，让游客采摘，将采摘和销售环节融合起来，一方面获得价值增值，另一方面降低采摘和销售的交易成本。

产业链赋能模式具有一定的环境适应性，一般而言，无论产业链的延伸还是横向拓展，都需要一定的条件，首先，产业链延长的条件是在产业分工和演化过程中形成的，而产业分工需要动力基础，农业产业分工的动力基础是市场需求和技术推动，市场需求来源于消费者对产品更为细致和个性化的追求，这种需求反作用于供给侧，推动供给侧结构性改革，在供给侧结构性改革的基础上，产业主体调整自己的行为，推动产业分工。这里面一个重要的机制是，市场的需求能够有效地传导到生产端，这需要一个更为有效的信息传递和整合过程，单个资本下乡企业很难满足，需要政府部门对市场信息的整合和提供，通过政府部门信息的提供，使企业掌握分工的方向和分工的程度。另一个驱动力是技术驱动力，现代技术在农业中的应用，推动了产业的革新，这个过程是一个技术供给和技术需求的对接问题，其实，技术需求者并不清楚自己的具体需求情况，而是根据技术供给者的技术特征，调整和具体化自己的需求，并在实践中逐步完善，从而使技术应用更加成熟，并形成有效的分工，这要求技术需求和供给者能够有效地沟通，其中包括双方的对接、信息的沟通和交流，因此，在技术应用方面，需要政府提供一个有效的信息对接平台。

产业链赋能还需要一个组织的保障。如果产业链纵向延伸和横向拓展，并没有对资本下乡村庄和村民产生影响，那么这个产业链赋能只能在效率上获得提升，并没有真正助力乡村振兴。组织上的保障就是不仅推进产业链的纵向延伸和横向拓展，还提高村民对产业链分工的参与程度，比如，在高技术应用过程中，在一定程度上降低了对普通劳动力的应用，减少了村民的就业机会，这样就需要在产业链分工上，还要注重对农村劳动力就业的影响，在资本集约化分工的同时，兼顾就业的实现，这就需要在产业链延伸和横向拓展过程中，留有劳动密集型的环节，能够在一定程度上促进就业。

(二) 资本下乡的"产业融合赋能"模式

资本下乡使新的资本融入乡村发展过程，推动乡村的产业转型升级，其中一个非常重要的方面就是推动乡村的产业融合，比如农旅融合、生态农业、有机农业、循环农业、田园综合体、生态园等，从而推动乡村产业的发展更符合经济发展的需求（图 2-3）。

首先，提高农业与加工业之间的融合。农产品加工是增加附加值的关键措施，种植业和加工业的融合需要较大的资本投入，并且需要生产、采摘、储藏和加工等环节在技术、流程和制度方面做到有效的配合，从而提高农产品的加工质量。农产品种植业、养殖业和加工业的融合，关键在于是否具有持续性，而加工业的持续性在于农产品是否能够持续供应，这就需要在种植方面存在一定的规模，因此，加工业需要一定规模上的种植业才能满足嵌入的条件，因此，资本下乡只有获得一定的种植或者养殖规模时，才能与加工业融合形成可持续的发展模式。

其次，加强农业与服务业之间的融合。农业与服务业的融合，关键在于具有较大的市场规模，比如在地理区位上，具有与较大市场和服务的受众群体，比如紧邻城市消费群体，能够在空间内一小时使消费群体到达服务地点，因此，农业与服务业的融合对产业及地理位置需求较强。同时也较难满足。另外，农业和服务业的融合需要较大的基础设施投资，因此，也需要较大的资本投入，对下乡资本企业的投资具有较高的要求，投资周期也较长，只有真正投到乡村振兴过程中，才能投资于农业与服务业的融合。最后，加强农业与服务业的融合，需要较高的人力资本投入，需要对从业人员进行更大的投入，使其能够胜任农业与服务业融合的需要。

再次，加强农村第一、二、三产业的交互融合。产业之间交互融合，最好通过资本下乡形成一定地区特色产业的聚集，在产业聚集的基础上，建立区域产业的竞争优势，从而实现乡村的真正振兴。一方面，产业链的纵向延伸和横向拓展，使得产业由线性向网状过渡，通过参与主体规模的增加和产业关联的增加，从而提高规模经济和范围经济。另一方面，不同产业的产业链的融合交

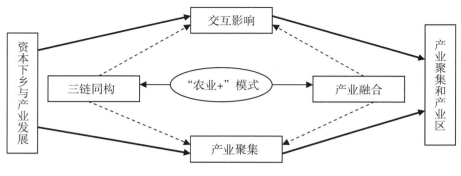

图2-3　资本下乡与产业发展的综合效应

织，共同形成产业网络，在网络的基础上，形成产业集群，推动区域产业竞争优势的提升，从而实现乡村真正的振兴。

　　资本下乡推动乡村振兴，赋能乡村振兴的关键在于可持续性。可持续性的根源首先在于盈利的规模和可持续性，盈利的规模主要取决于生产的规模和销售的规模，生产的规模取决于资本下乡能够获得足够的土地，通过土地和自身的资本投入，来实现规模经营，通过规模经营为农产品加工提供更多的原材料，实现资本下乡项目的可持续性。其次，要有盈利的可持续性，就是在市场竞争过程中，要能够弥补成本，获得持续盈利的能力，这就需要建构一个稳定的市场销售渠道，比如与零售商（超市）或者固定大规模消费单位建立稳定的联系，从而实现销售的持续性和稳定的利润来源。再次，需要政府部门扶持的可持续性，政府在税收、金融支持、用地和技术研发方面的扶持，对于资本下乡产业项目的可持续性具有十分重要的意义，如果没有政府的持续补贴，很难使项目持续下去。

　　农业的"内卷化"实质已经发生改变，在总量上的边际投入的产出下降，而在农业总价值上，如果通过产业融合，提供更多的服务和产品供给，则投入资本获得的总价值上升，有效降低了农业的内卷化，因此，产业融合是解决农业"内卷化"的一个重要渠道：首先，实现产业链、价值链和利益链的有机融合，资本下乡企业在"三链同构"基础上，开发农业的多种功能，并通过多种形式将农户纳入产业链经营体系，让农民合理分享全产业链增值收益；其次，通过资本下乡，解决农产品产后销售的突出问题，如产后分级、包装、营销、建设现代化农产品冷链仓储物流体系，打造农产品销售的公共平台，健全农产品产销衔接机制，比如建立基于互联网的新型农业产业模式，建立平台经济，解决农产品销售问题；再次，通过资本下乡所建构的产业融合，充分发挥农业的多种功能，创新产品和服务，如建立休闲观光园区、森林人家、康养基地、乡村民宿、特色小镇，利用闲置农房发展民宿、养老等项目，发展平台经济、共享经济、创意农业、特色文化产业等，通过产品和服务的多样化投入，提高农业投入的边际产出。

（三）产业链赋能和产业融合赋能对增值的影响

依照专业分工理论，产业链条的延长和横向拓展，在一定基础上形成产业网络，改造传统的线性产业链条，从而提升产业整体的附加值。如图2-4所示：原有的线性链条的增值环节只有1、2和3单元，通过产业链的纵向延长从3扩展到4，横向延长从2扩展到4，这样造成了增值单元3—12，增值单元的增加形成产业链整合提升价值链的效果。

资本下乡推动产业链的延伸和产业融合的扩展，创造出能够满足消费者需求的多元产品和多样化的产品，满足消费者多样化需求和对农业功能化需求，在满足消费者需求的基础上，给农业主体带来更多的价值增值，而不是对单一农业产品的过度投入产生"内卷化"，这种产业链延伸和产业融合需要在技术和制度方面不断创新，需要将资本投入到技术创新和制度实践中，并在资本下乡参与农村产业实践过程中，不断产生新的技术和组织模式，供给更多的特色和个性化农产品和劳务，从而实现资本下乡推动乡村振兴。

产业链纵向延伸和横向融合的专业分工，虽然造成了价值的增值，但是，随着产业经营主体的增加，不同主体之间的交易成本也随之增加，这样，当增值收益与交易成本的增加相等时，分工也就达到了均衡，实现了产业链分工的最优化。

资本下乡能够推动产业链的纵向分工和横向分工的深化，从而做大做强农业，利用超额的价值增值，来实现乡村的振兴。产业链的纵向和横向分

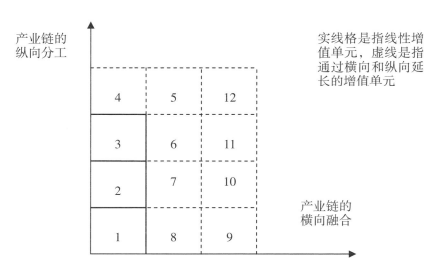

图 2-4　资本下乡推动产业链分工与融合推动价值增值

工，是推动乡村产业振兴、赋能乡村产业发展的重要举措，重点从以下几方面开展工作：首先，强化分工的动力机制。一方面，资本下乡使得农村产业分工具有一定的动力，资本能够购买土地、设备和技术，这些条件推动了资本下乡企业内部的分工，向高附加值的产业链环节跃迁。另一方面，资本下乡企业的投资，吸引相关的投资者向产业链配套的行业投资，在客观上推动了产业链的分工。其次，建构合理的产业链利润分配机制。资本下乡企业无疑在产业链上具有垄断地位，但是，为了资本下乡项目的可持续性，必须保证其他参与者不退出才行，而其他参与者不退出的原因在于能够获得持续的利润，因此，资本下乡企业在保障自己利润的同时，也要注重利润的分配均衡性。再次，要保障持续的资本和技术的投入。资本下乡被作为产业链分工的重要平台，其预期的发展目标是利用资本来提高农业生产科技化和农地集约利用水平，针对产业形态的要求，对产业发展精准定位，改进经营体系，促进产业业态具备良好的发展环境；利用产业的不断发展与丰富，促进农村劳动力在产业间的转移，带动乡村发展；丰富农民日常生活，提升村庄治理水平。

（四）资本下乡赋能乡村振兴的附带效应

1. 资本下乡的产业带动效应

首先，发展绿色农业，营造生态农村，达到响应乡村振兴战略的要求。资本下乡将利用工商资本对利润和市场信息的敏感性、充足的资金与管理经验，帮助村庄立足自身优势找准发展重点，淘汰落后的产业，推动农产品生产的地域布局，并形成有比较优势的农业产业，加快区域种植结构的调整和农业产业化的发展。其次，资本下乡通过直接向农村投入资金，可以在短时间内缓解农业投资不足的困境；通过土地流转，实现农业集约化和规模化经营；引入大型机械、优良的品种、高效生物化学农药、先进的管理经验，优化农业产业结构，促进农业现代化。再次，资本下乡在整个过程中还将产生"知识溢出效应"，工商资本在进入乡村后将引入科技人才和管理人才，促进农业生产知识、管理理念和市场信息进入农村，为农业发展培育高水平人才，提高了农业生产者的素质，有助于农业的可持续发展。

2. 资本下乡的基础设施建设效应

工商资本受利益驱动，必然会通过土地整合实现规模化经营，通过规模生产的途径，获得社会平均利润，甚至超额利润。为了生产的便利，会辅助村庄进行水利、道路的建设，改善农业的生产条件。原先地块间的田埂、堤埂得到充分的开发，抛荒、弃耕的土地也被重新利用起来，增加了土地的有效利用率。同时进行的还有农用地的整治，农田灌溉设施的完善，中低产田改造，这些措施提高了耕地质量，改善了农业的生产条件。资本下乡还促使村庄自发行动起来配合政府针对无序化、分散化的农村宅基地利用进行整理，推进"空心村整治"，促进了农村建设用地集约高效利用，生活、生产和生态环境得以优化。非耕地设施农业的兴起也提高了土地利用效率，缓解了经济作物与大宗粮食作物争夺耕地问题。

3. 资本下乡的资源转换效应

资本下乡帮助乡村将农地资源转变为资产，资本农地作为乡村的重要资源，在大部分地区其功能往往仅表现为为农业生产提供空间载体。同时，由于农业效益相对较低，导致农村劳动力外流，也使得农地利用效率偏低，农地的价值没能被很好地开发出来。土地一旦进入市场，就能发挥其杠杆效应，成为融资手段，具有增值性、返还性、流动性、风险性和社会性等资本的特点，具备资本属性。资本下乡让农户通过土地经营权入股组建合作组织与企业合作，在帮助企业实现规模经营的同时，还可以获得分红，有效地将自己手中的土地资源盘活，成为资本、资产，为农户收入来源多元化发挥重要作用。

二、资本下乡赋能乡村产业发展的主要做法

（一）依据区域特色，打造现代农业产业体系

首先，政府部门出台一系列的有关农业产业结构调整、土地流转、招商引资等资本下乡的政策措施，鼓励和吸引在外创业成功人士返乡，加入乡村振兴的力量中。其次，根据下乡资本的特征，打造特色产业体系，并建立生态园区等政府主导的特色集群，培育龙头企业，发展高产、高效、优质、生态特色产业，并打造绿色品牌，全力推动农业规模化、标准化和专业化发展。再次，依托农业产业，融合第二、三产业，建立农旅基地，打造区域经济品牌。赋能乡村振兴的途径：首先，将农业产业体系规划与乡村振兴规划主动融合，使资本下乡与乡村振兴结合更加紧密，赋能机制更强。其次，通过体现乡愁，促进自然景观与乡土文化的有机融合，使得乡村保持其原汁原味。再次，推动第一、二、三产业的融合发展，走综合营销之路。

（二）依据地方特色，打造特色产业集群

以资本下乡企业为主导，建立田园综合体，依托田园综合体发展综合产业园区，如案例 2，园区建设坚持在城乡互动发展中实现生产集约化、农田景观化、园区公园化、农居宾馆化，坚持农旅结合、以农促旅、旅游富民的发展思路和理念，将其打造成集生态农业、观光农业、乡村旅游、休闲度假、体育健

身、颐老养老、民俗文化、农家餐饮民俗及农副产品深加工于一体的田园综合体。赋能乡村振兴的机制：首先，对产业经营需要的从业人员进行技术培训，组织技术观摩，编著技术指导手册和相关书籍，培育职业农民，通过引进新品种、新技术，改良传统产品。其次，组建行业协会，通过行业协会开展论坛、学术会议、发布交流会等手段，打造国内知名品牌。再次，引进先进技术，打造智慧农业。通过绿色生产技术，实施水肥一体化，数字化、自动化、精准化智能管理，智能温室设施大棚的示范应用。

（三）依托特色资源，打造产业融合典范

首先，依托地方特色文化遗迹、文化积淀、位置和交通便利性，打造农业和文旅产业。其次，采取"公司主导＋村集体参与＋群众加盟"的方式，以建设乡村振兴示范基地、发展文旅产业为重点，着力打造高效种植业、文化旅游业和农产品深加工产业，建设三季花鲜艳、四季果飘香、田园风光宜人、人文景观迷人的休闲度假胜地，实现企业发展，促进村集体壮大，带动群众增收。再次，紧紧围绕"产业振兴、文化振兴、生态振兴"来筹划产业体系建设。赋能资本下乡的机制：依托资源优势，打造适合乡村资源特色的产业体系，带动农民、村集体共同参与，通过打造产业融合综合体实现乡村的产业振兴。

（四）依托农民合作社，打造新型产业组织形式

首先，资本下乡主体与农村精英共同成立集农资供应、种植、深加工、技术推广于一体的综合性农民合作社。其次，合作社下设科技公司、行业协会，并与科研机构和高校建立稳定的联系，自己建有研发机构，通过联合和自我开发，建立技术优势。再次，针对某一类产品，如红薯，建立产业顶尖的产业基地，为广大农民种植红薯提高效益奠定了坚实的基础。合作社对社员所种植的红薯实行产品回收，使他们无后顾之忧。同时每年都不断地吸收广大农民加入协会，为促进产业更新换代、农业产业链条的延伸、农业产业结构调整起到了积极的作用。

赋能乡村产业振兴的机制。依托综合性的农民合作社平台，为乡村某一产业的振兴提供技术服务，并依托技术优势来实现产业竞争优势；乡村竞争优势的打造，不仅仅是靠资本的投入，更主要是技术的投入，通过现代农业技术来改造传统农业，建立完善技术网络，通过农民合作社这个平台，提高村民高新技术的可获得性，从而提高其技术水平，并且通过建立职业农民的培训机制，按照产品和行业，对乡村居民进行针对性的技术培训，使其能够接受现代农业技术的冲击，能够相互学习、相互交流，推动技术的进一步扩展。这种通过技术赋能的机制，能有效地提高村民的劳动能力和技术素质。

另一方面，在技术选择过程中，资本下乡组建的合作社平台除根据市场需求外，还要充分考虑农民的需求，比如生态环境的安全、生产环境的安全以及产品的安全等要素，尽可能地采用绿色技术，采用能够使资本下乡企业与村民共赢的技术。技术网络的建立，不仅仅在于建立与高校、科研机构和政府部门的联系，更需要在实践过程中发现技术和创新技术，针对农民的实践，及时建立自己的科研探索机构，发现并找到适合农民操作的技术，并将这些技术通过一定的渠道有效地推广，从而实现技术的扩散和溢出效应。这种技术赋能机制的关键在于资本下乡企业在某一农业经营范围内拥有长期的积累，并且形成自己的技术体系，技术的研发和探索具有持续性，在市场上得到充分的认可才能做到，因此，对资本下乡的要求更高。

三、资本下乡赋能乡村产业发展的效果

如图 2-5 所示：首先，资本下乡在产业选择方面，要符合三种选择机制，首先是村民的需求意愿。在村域范围内开展产业经营，生产过程不可避免地受到村民的影响，如果村民不愿意资本下乡企业在本地开展一种产业经营，那么就会采取抵制或者破坏行为，使得资本下乡企业增加有关安保和协商谈判的交易成本，同时，企业也将很难从村民手中获取土地和劳动力资本，因此，资本在产业项目选择过程中，尽量聆听村民对产业发展项目的看法和意愿，避免不必要的成本支出。其次，政府的需求意愿。政府引进资本下乡，

主要目的之一也是为了提高政府经营的绩效，使地方得到进一步发展，因此，资本下乡企业在项目选择过程中，同时也专注于政府的需求意愿，针对政府在规划或者发展目标的产业和项目中选择，从而在自身发展过程中，保障政府能够稳定获益，并且提供支出。再次，最重要的一条是市场需求状况。产业项目选择需要针对市场需求，只有针对消费者需求，能够将产品销售出去的产业经营，才能获得持续性，才能真正赋能乡村振兴。市场需求的识别需要充分的调研，并且结合企业以前的竞争优势，建构既适合市场需求，又有广阔和规模前景的产业，并且有利于企业竞争优势的发挥。资本下乡推动乡村振兴还需要结合农村实际产业状况采取产业结构调整、产业链优化和产业绿色化等方面的措施。

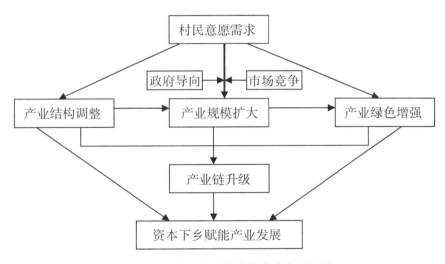

图 2-5　资本下乡赋能乡村产业发展机制

（一）通过产业结构调整优化了农村产业体系

1.产业结构得到持续调整。资本下乡的主要目的之一是推动乡村产业的高质量发展，因此，需要对原有产业结构持续优化调整，根据村域范围内的资源禀赋、群众的意愿、市场的需求，因地制宜发展特色产业，在调整过程中，应坚持第一产业打基础、第二产业延链条、第三产业增活力，把特色种养、精深加工、乡村旅游等结合起来，推动产业融合发展。其次，在特色种养上，大力发展优质林果、杂粮、瓜菜、草畜、中药材、花卉苗木六大特色产业和绿色农业。在精深加工上，要围绕村域特色种养业，以食品加工为主，加快形成多层次、多品种、差异化的农产品精深加工业。在乡村旅游上，要充分发掘村域内的旅游资源，大力发展乡村采摘游、生态游、文化游、休闲游，实现从"卖产品"向"卖风景""卖文化""卖健康""卖体验"转变，让好风景变成好光景。在产业融合上，要围绕延伸链条促融合，以主导产业为中心，带动关联产业发展，拉长产业链条，最大限度挖掘和释放全产业链价值；要抓好立体布局促融合，充分利用沟域地形地貌，着力打造特色村镇文旅业、半坡林果业、山顶生态林的全景化立体式沟域经济带，大力发展林下种养、林下产品经营加工等，变发展传统农业耕地不足、收益不好的劣势为不同产业立体布局、融合发展的优势。

（二）通过土地流转持续推进了规模经营

既充分考虑村域的多样性、差异化，做到"一村一产业、一域一特色"，又因地制宜加强区域协同、多沟联动，推动村域产业形态由"小特产"升级为"大产业"、空间布局由"零星分散"转型为"集群发展"、主体关系由"同质竞争"转变为"合作共赢"。要扎实推进农村土地制度、集体产权制度改革，坚持宜大则大、宜小则小，积极稳妥推进农村土地流转，以土地集中集约促适度规模经营。要加快培育壮大家庭农场、农民合作社、农业产业化龙头企业、农业产业化联合体等新型农业经营主体，发展壮大村级集体经济，以组织化程度提高促适度规模经营。

（三）通过产业链延伸和拓展提高了产业附加值

三要持续加强产销对接。健全农村市场体系，不断拓展村域内农产品"送出去"消费、"请进来"消费、"带着走"消费的有效方式和渠道，确保既卖得出又价格高。发挥新型农业经营主体的作用，大力发展订单农业，打造从田间到市场、到餐桌的完整供应链。加大"三品一标"农产品培育力度，抓好农产品区域公用品牌、企业品牌、产品品牌培育，着力发展一批高品质、好口碑、有乡愁的"土字号""绿字号"。要聚焦农产品产地"最先一公里"和城市配送"最后一公里"，加快完善农产品仓储物流，尽快补上农产品冷链物流等短板，大力发展农村电商等新型流通方式，用好直播带货等新型销售渠道，更好地让"供"与"销"串起来、快起来。要切实完善利益联结。围绕让农民分享全产业链增值收益，把以农业农村资源为依托的第二、三产业尽量留在农村，把农业产业链的增值收益、就业岗位尽量留给农民。

（四）通过产业生态化推动生态环境保护

如表 2-4 所示，资本下乡推进产业生态化，牢固树立绿水青山就是金山银山的理念，结合推进黄河流域生态保护和高质量发展，把村域经济和村域生态统筹起来，严守村域生态保护红线。要做好"绿"的文章。始终把绿色作为沟域经济的底色，结合推进国土绿化提速提质行动，抓好天然林公益林保护、退耕还林、山区营林和经济林建设等工作，多造林、护好林。要做好"水"的文章。要抓好河道治理、污水处理等，减少水土流失和面源污染，打造良好水生态。在水资源丰富的地方，要着力兴水活水，真正实现由水而美、依水而兴，让沟域经济更具灵气；在水资源不足的地方，大力推广节水技术，推动用水方式由粗放向集约转变。要做好"产"的文章。坚持用绿色理念引领沟域产业发展，大力发展循环经济、绿色经济。突出有机和生态元素，养殖要全面逐步实现绿色循环发展，农产品精深加工、乡村旅游要最大限度减少对沟域生态环境的影响，着力推动沟域内生产、生活、生态协调发展。

表 2-4　资本下乡对产业发展的影响

代码	影响类型	影响效果
案例 1（CJG）	产业融合	1.农业产业园规划和村乡村振兴规划主动融合，一体化发展。2.业态丰富。3.塑造乡愁，保持好自然景观和乡土文化有机结合。4.第一、二、三产业融合发展。5.强化市场营销，走共同富裕之路

代码	影响类型	影响效果
案例 2（LXK）	产业融合	融"种养加游购娱"为一体的特色农业产业园，该生态园以大粒樱桃、软籽石榴、葡萄种植为主导，聚焦林下养殖、餐饮、运动健身、颐养、农业观光、农产品加工、冷链物流七大产业，打造第一、二、三产业融合发展的综合性园区
案例 3（ZDY）	产业融合 + 农户组织化	洛阳凤泉生态谷建设项目，采取"公司主导 + 村集体参与 + 群众加盟"的方式，以建设乡村振兴示范基地、发展文旅产业为重点，着力打造高效种植业、文化旅游业和农产品深加工产业，建设三季花鲜艳、四季果飘香、田园风光宜人、人文景观迷人的休闲度假胜地，实现企业发展，促进村集体壮大，带动群众增收
案例 4（ROY）	产业链提升	将核桃标准化生产贯穿产前、产中、产后全过程
案例 5（ZJL）	农民组织化	成立了"新安县旺众种植专业合作社"，组建了 500 平方米无菌脱毒组培育苗车间。2019 年在孟津县建立第二个樱桃高标准示范园（300 余亩）。2020 年公司配合镇政府在易发公司成立了樱桃党支部及樱桃合作联社
案例 6（ZSD）	设施农业	2019 年带领马头群众发展村集体经济，成立"洛阳一村农业科技有限公司"，建设设施栽培樱桃大棚 10000 平方米
案例 7（ZSM）	产业链模式	实现产、供、销一条龙服务，推进了合作社的健康持续发展，对促进农业产业链条的延伸、促进农业产业结构调整起到了积极的作用
案例 8（SJZ）	产业融合	形成"旅游带动农业，农业反哺旅游"的"农旅融合"模式
案例 9（HUY）		建设了宾馆、餐厅、会议室和活动室等，开展会议、培训和休闲等业务，农旅融合
案例 10（SXW）	产业融合	以古都洛阳和黄河文化为内涵，集特色水果产业种植、生态观光体验、文化休闲、户外游乐、养生度假、科普教育、影视基地于一体的综合休闲农业旅游度假区
案例 11（LSQ）	产业融合	统一运营，形成种、养、加一条龙，产、供、销一体化的完整高效农业、循环农业

四、资本下乡赋能乡村产业发展有待完善的问题

(一) 政府部门对资本下乡赋能乡村振兴的扶持力度有待加强

首先,在资金方面,资本下乡企业融资相对困难,主要是因为农业经营的弱势地位,其投资大、见效慢、经济利润较低等原因,金融机构很难给资本下乡企业投资的农业项目融资,同时,金融机构同时也知道资本下乡通过农业项目"套利"的机会主义行为,为避免损失,一般很难给资本下乡企业贷款,只有政府担保或者其他保险机制下,金融机构才会给资本下乡企业贷款,这在一定程度上影响了资本下乡赋能乡村产业振兴的机制。其次,资本下乡涉及的规模用地、个别地区建设用地审批比较慢,并且批复困难,在一定程度上制约了资本下乡赋能乡村产业振兴的速度。再次,一些政府部门在协调资本下乡企业与村民矛盾和冲突时,相应的投入时间和关注度不够,使得有些问题和矛盾得不到有效的协调,从而影响了产业项目发展的速度。

(二) 产业发展的技术、基础设施和人力资本条件有待加强

首先,在产业发展关键技术方面,许多技术处于探索阶段,个别资本下乡企业和政府为了新的概念或者吸引眼球等目的,提前应用于生产实践中,而这种技术还不是十分成熟,导致市场销售不是十分稳定,不能形成稳定的销售渠道,从而规模相对较小,整体实力不强,缺乏高新龙头企业带动。其次,基础设施条件相对较弱。尤其是经济作物,对基础设施要求较高,并且容易受到自然条件的影响,比如自然灾害、气候变化等方面,制约了资本下乡产业的发展。再次,农业技术及管理人才欠缺。设施果蔬、樱桃、软籽石榴、葡萄等高效农业发展对优质品种的选择、选址、树型培养、水肥管理、疏花疏果、绿色防控及农产品营销、农业项目管理等等要求极高,目前这些方面专业技术、市场营销及农业企业管理、电子商务等人才缺乏。

(三) 产业发展劳动力供给不足

在农村，年轻人外出打工就业，留守在家的人员年龄偏大，一般都是 50 岁到 70 岁左右，出工效率较低，青壮年劳动力普遍短缺，比如除草任务，每天雇用工人只能提供 80 元每天，而年轻人多不能够接受这种工资水平，只能是年长者被雇用。另一方面，年龄较大的劳动力的劳动效率相对低下，不能够满足高附加值经济作物的操作要求，从而导致种植减产或者产品质量不够，同时，老年人的学习能力相对下降，较难掌握新的操作技术或者种植技术，因此，也很难提高劳动力的技能水平。

(四) 产业发展的项目可持续性不强

在产业选择过程中，其实质是一个实验的过程，实验过程中不可避免失败的可能，一旦失败，就造成项目的可持续性中断，导致资本下乡的沉淀成本。一方面，产业项目可能是在投入、名称和运作过程中十分"高大上"，但是，其获得利润的可能性较小，不能弥补前期的高投入水平，造成不能够收回成本。另一方面，项目运作的周期较长，比如果树，至少需要 3—5 年的持续投资，这么长的周期，一旦遇到资金链断裂，会直接导致项目失败。

第五节　资本下乡对乡村宜居程度的影响

一、资本下乡赋能乡村宜居的理论分析

资本下乡嵌入到乡村中，不可避免地会影响农村的经济、社会和生态环境，从而影响农村乡村宜居程度，主要通过以下三个渠道实现（图 2-6）：资本下乡通过流转土地，进行规划土地的生产，并将农村人居环境集中整治，提高宜居程度，即资本下乡主要通过对农村生产空间、生活空间和生态空间的整治，从而实现宜居水平的提升。

农村生态宜居主要影响因素是村民的环境行为和资本企业的行为，是经济系统和生态系统融合的产物，需要乡村生产、生活和生态的协同和联动，资本下乡企业通过影响村民的行为，如生产行为和环境行为，从而影响乡村的生态宜居程度。

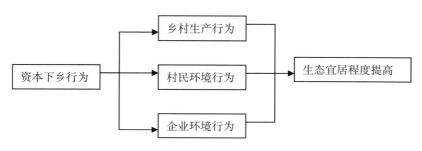

图 2-6 资本下乡对乡村宜居程度的影响

（一）影响乡村生产行为提高生态宜居程度

首先，资本下乡企业通过资本投入，进行技术、制度和组织等创新，全方位提高全要素生产率，逐步由增加资源要素驱动农业发展转向依靠技术、制度、组织和生态的全要素驱动农业发展。其次，通过农业生产绿色化，实现：1.用绿肥或者有机肥替代化肥，推广绿色防控。2.构建种养加融合的农业生产体系，解决规模化畜禽养殖污染问题。如资本下乡企业建立生态养殖园区，并在园区内建立一个有机肥厂，将畜禽的排泄物提供给有机肥厂，为周边农田提供有机肥，并在园区建立屠宰场，除加工主产品外，将加工余料提供给养殖场，完成清洁生产。再次，发展生态农业、生态旅游、生态康养等绿色产业，以产业生态化和生态产业化的方式提升乡村生态宜居水平。

（二）影响村民环境行为提高生态宜居程度

首先，通过资本下乡企业教育、培训和交流，增强乡村居民的绿色发展理念，引导村民主动参与生态建设和环境保护，自觉约束自己的行为，将生活垃圾投放到指定地点，清除庭院旁边的垃圾等。其次，通过提供乡村垃圾处理设备，对村旁、庭院旁、路旁、流域、沟域进行绿化，建设绿色通道、水廊、基地、村庄，形成点、线、面结合的绿色设施。再次，通过资本下乡企业的环境治理行为，进一步影响村民的环境行为，比如依托资本下乡企业做好村庄的生态宜居规划等。比如将村庄规划不同的片区，推动产业向园区的聚集，居住向社区聚集和休闲聚集等，将农民生活行为由无序转变为有序。

（三）通过企业行为提高生态宜居程度

首先，对资本下乡村庄进行整体规划，建立人与自然和谐共生的山水林田湖草沙生命共同体，做好生态用地的空间布局，按照一定的资源特征，由企业主导建立生态体系，形成成片连网、互联互通的绿色空间。并由企业主导建立农村生活垃圾，户用厕所无害化改造和粪污资源化利用基本完成，生活污水治理率明显提高。其次，建立企业主导的乡村生态宜居信息系统；建立村社的农民参与监测，方能使生态系统服务由一个抽象的科学理念转化为具体的生活常识。村社农民参与监测，包括粮食产量质量监测、水量水质监测、土壤监测、面源污染监测等，确定生态补偿标准才会有坚实的数据基础，村社农民参与监测，能够最大限度地降低监测成本。

（四）资本下乡企业—村民—基层政府的多元生态保护制度

补偿主体包括政府、企业、环保组织、国际机构等，政府补偿又包括上下级政府的纵向生态补偿和同级政府的横向生态补偿。同级政府的横向生态补偿实际上是生态受益地区向生态保护地区"购买"生态系统服务，具有市场交易性质。生态补偿制度使生态建设较快进入实施阶段。生态受益者和生态建设者形成双方认同的生态补偿方案需要很长的时间，政府实施生态补偿制度可加快生态建设进程。生态服务补偿不宜扭曲为生产损失赔偿。生态补偿是对无法市场化的生态建设活动付费，而不是对生态建设造成的生产损失付费，否则就成为生产赔偿了。以激励建设者最大限度地优化生态保障体系，最大限度地降低生态保障体系建设成本，追求生态保障体系建设成本和生态服务增加值边际平衡。

二、典型案例分析

（一）资本下乡对乡村宜居程度的影响渠道

资本下乡对乡村宜居程度的影响主要通过以下几个渠道（表2-5）：首先，通过基础设施投资来实现。乡村宜居程度的一个重要影响因素就是基础设施老化和落后状况，尤其是道路、水、电和燃气等设施相对较为落后，使得居住的便利性不强，还比如，相对缺乏垃圾收集和存放场地、公共厕所和排污等设施相对落后，从而导致村落的宜居性较差，资本下乡后，通过改善基础设施条件，主要是投资于设施的更新和升级，从而使基础设施相对满足农户的需求，从而改善村的宜居程度。其次，通过乡村美化行为提高乡村的宜居性。主要有两方面的原因，一方面是基层政府的推动和资本下乡企业的配合，基层政府考核的一个重要标准是乡村的漂亮程度，基层政府缺乏资金，只有求助于资本下乡企业来投资，对于资本下乡企业，不可避免地有求于基层政府，比如在流转土地时遇到与村民矛盾冲突时，资本下乡企业需要基层政府的协调，这样，作为回报，就会满足美化乡村的需要。再次，通过产业美化乡村，比如资本下乡企业要发展农旅产业，需要将农村社区与旅游项目结合起来，能够满足游客对美景的需求，这样，资本下乡企业就会投资于乡村风景的美化，使这种投资在推进产业发展的同时，能够提升乡村的宜居程度。

表2-5　资本下乡对村庄宜居程度的影响

代码	影响类型	影响效果
案例1（CJG）	通过系统优化来提升乡村的宜居程度	五头镇马头村被认定为全国"一村一品"示范村，仓头孙都、北冶甘泉2个村入围中国传统古村落；以"十村示范、百村整治"工程为抓手，强力推进厕所革命、污水治理、垃圾分类、五美庭院创建等，使人居环境得到改善
案例2（LXK）	基础设施投资	进行土地平整、治理、改良，完善水、电、路等基础设施配套

代码	影响类型	影响效果
案例3（ZDY）	基础设施投资	截至目前，园区已全部进行了平整、治理、改良，水、电、路设施完备，促进了石人洼村及周边农业生态环境改善
案例4（ROY）	通过产业和乡村美化行为	增强了森林调节气候、保持水土，涵盖水源及绿化美化能力，促进当地生态文明建设和旅游业的发展及生态系统的良性循环。成片核桃林的培育，吸收和降低周围的各类噪声，为基地周围群众提高生活质量创造了条件
案例5（ZJL）	无	无
案例6（ZSD）	无	无
案例7（ZSM）	无	无
案例8（SJZ）	通过产业	2000多亩荒山头已变成了大果园
案例9（HUY）	通过产业美化乡村	植树造林，保持水土，防治污染。一座原本几乎没有一棵树、沉睡千年、地质条件恶劣的荒山披上了绿色新装，一个四季常绿、四季有花、四季有果的"世外桃源"展现在母亲河畔
案例10（SXW）	基础设施+产业投资	硬化道路10公里，建设旅游公厕1座、观景阁1个
案例11（LSQ）	基础设施投资	引水、筑桥、修路，为李寨增景、增产、增绿。铺设饮水管道1.4万米，实现全村户户通自来水；投资560万元实施天然气进村工程，实现户户通天然气，建设敬老院和小学

笔者在考察资本下乡对农村宜居程度的影响时，具体考察了案例11（LSQ）的案例，LSQ资本下乡的乡村同时也是自己的家乡，因此，其在宜居程度上具有深切感受并且有激励改善自己家乡的面貌，使家乡更加宜居。

（二）典型个案

案例11（LSQ）的具体做法：企业主导一体化调整乡村居住方式

资本下乡推动乡村更加美丽、村民更加幸福和村庄的更加宜居，美丽乡村建设取得实效。李寨村通过实施户户通自来水、天然气，实现河道美化、村道硬化、村庄绿化，被列入全国美丽乡村建设试点村、全国改善人居环境示范村、河南省水美村、河南省传统古村落等。绿色李寨加速呈现，村里房前屋后、道路两边、田间地头，石榴、大枣等果树飘香，林木、花草争奇斗艳，整个李寨恰似一个"大果园""大花园"，村庄林木覆盖率达到70%。同时，通过一揽子方案解决垃圾处理、污水排放等环境治理问题，一个水系清澈、村景美丽、田园风光的李寨新村展现在人们眼前。

彻底甩掉重点贫困村的帽子后，如今的李寨，环境优美洁净，村民安居乐业，一派祥和气氛。土地全部流转的村民，有的选择在家门口的基地或村办工厂上班，有的选择外出打工，一亩地三份收益，家庭总收入是过去的5—7倍，实现了人人有事干，"乐业"全覆盖，许多有劳动能力的村民已由"农民变工人"，有地无业的老、弱劳动力也由"村民变股民"。随着村里公共设施全面改善，村民病有所医，老有所养，弱有所扶，幼有所育，学有所教，住有所居。昔日破垮阴暗、濒临撤并的村小学，经过标准化整体改建，已成为全县最好的中心"完小"，无论在村就业或在外打工的年轻父母，终能放心让孩子在这里读书。"完小"旁边的幼儿园，让许多远离父母的留守儿童有了安全托管的家。农村进入老龄化社会后，李寨村60岁以上的老人占总人口的12.5%。如今走进李寨敬老院，敬老院旁边是标准化村卫生室和村部办公楼，经过系列温馨孝善的制度安排，老人们不再担心吃饭、重病等生活起居问题，他们都能集中供养，安享晚年。2018年李寨村民平均寿命达到87岁，高于全国75岁的平均值，成为当地闻名的长寿村。

三、资本下乡赋能乡村宜居的政策建议

（一）建立宜居建设的方向和目标

根据乡村振兴的目标，结合资本下乡企业的实际情况和乡村资源禀赋情况，从而制定乡村宜居程度的实施措施，提高生态宜居目标。首先，按照乡村振兴的发展目标，结合地方的自然气候特征、资源特征、社会经济条件和村民的需求，建立一个符合多元需求的生态宜居村庄，实现乡村的全面振兴。其

次，结合基层政府的需求，融合乡村居民的生活特征和资源优势，按照生态宜居标准和乡村振兴目标，建立一个融合多种需求和资源优势的魅力乡村建设机制。再次，在生态宜居程度提升方面，要关注自然生态环境与村民的和谐程度。与村民生产和生活相关的种植业、园艺业、林业、水面、山地等农业资源本身就是自然生态环境的重要组成部分，在提高宜居程度的建设过程中，应该保护这些自然的部分，同时还需要具有村民文化原生态的部分，使得乡村更具有生活气息。

（二）探寻宜居改造方式

乡村振兴的主体是村民，在乡村居住的也是村民，宜居程度的高低，不是取决于一系列的指标，而是居住在乡村的村民的感觉，现代化或者产业化都不可取，需要针对村民的实际需求，但是，村民的需求意愿具有异质性，如何协调异质性的居民对乡村生态宜居程度提升措施，是资本下乡企业与基层政府部门需要重视的问题。一方面，在改造村庄时，要对村民的需求意愿进行充分的调研，了解其中异质性需求，并判断异质性需求中的差异及形成差异的问题，可以协商的空间等内容，为以后的协商解决问题。另一方面，针对村民异质性的需求意愿，并结合资本下乡企业的实力和需求，加上基层政府的目标，共同提升乡村宜居程度。

（三）打造"生产—生活—生态"宜居空间

资本下乡不可避免地影响到乡村居民的生产、生活和生态空间，在宜居程度提高方面，需要提升生产、生活和生态空间的耦合程度，首先，协调生产和生活空间的耦合程度。农民的生产和生活空间处于一个圈层结构，居住空间为核心，围绕核心层的空间圈层分布，因此，如何协调生产空间和生活空间，需要就村庄的生产结构进行调整，让更接近于生活的产业临近村庄，让对村庄居民生活有负面影响的产业远离村庄，从而围绕生活空间打造美化生活空间，服务生活空间的生产空间。其次，协调生产与生态空间。农村生产空间除了生产功能，还有部分生态涵养功能，同时，不合理的生产空间分布，会影响农村的生态环境建设，比如养殖、地膜、农药以及噪声等因素，会严重影响农村居民的生活质量，因此，需要建立和谐的生产与生态空间关系。生产和生态关系的建立，主要在于生产空间的废弃物、外部性和生产过程的遗留避免给生活空间造成负面影响，还在于生活空间的垃圾、废弃物和活动避免给生产空间造成负面的影响，尽可能地形成两者之间的相互优化、相互提升水平的耦合过程。再次，生产空间和生态空间之间的耦合。生产空间的生产活动，尤其是农业生产后形成的废弃物，比如农药残留、农药袋、废弃的农药瓶、地膜残留等废弃物，对农村生态空间造成了一定程度的影响，避免生产空间对生态空间的污染，在资本下乡过程中，尽量采用绿色生产技术，约束农业生产从业人员及时回收生产过程中所造成的废弃物残留，建立有效的循环生产技术和空间。

第三章
资本下乡赋能乡村振兴的推进路径

第一节　资本下乡赋能乡村产业振兴的路径

资本下乡的兴起与"农业产业化经营"理论与实践密切相关，理论的核心内容是：以市场为导向，家庭承包经营为基础，龙头企业及各种中介组织为依托，以经济效益为中心，立足于当地资源优势，确立农业主导产业和产品，将农业各环节联结起来，实现一体化经营，把分散的农户整合为社会化、专业化大生产，形成有机结合、相互促进、风险共担、利益共享的农业企业化经营机制，实现资源优化配置和农产品多次增值增效，倡导在保护农民利益的前提下，允许工商企业参与农业产业链整合，延长农业产业链，让分散的农户组织起来，与产业链和龙头企业对接，增强农业从业者参与市场交易和专业化分工能力，降低交易成本；让更多增值环节的经济附加值留在农业产业内部，而非直接流向城市工商产业，从而增加农业部门和农村经济的价值总量。

一、资本下乡产业政策的演化路径

（一）从鼓励到约束，从软约束到强约束

如表3-1所示，有关资本下乡的文件，经历了从鼓励到约束、从软约束到强约束的过程。国家政策的演化，同时也反映出资本下乡行为的演化过程，首先，早期资本下乡行为的主要目的是"圈地运动"，是一个打着国家鼓励到农

村发展种养业的旗号，来获取农村土地资本的一个过程，因此，国家严格资本下乡的用地标准，建立农业用地风险保障金制度，严禁擅自改变农业用途。其次，在保护农业用地的基础上，加强了对资本下乡行为的监督；完善资本下乡的农地租赁准则，对资本下乡企业行为进行监管和风险防范。再次，使资本下乡制度规范从不完善走向经验化、制度化，从仅仅规范土地行为到全面规范。

表 3-1　资本下乡制度演化过程

文件名称	重要内容
2013 年中央一号文件	城市工商资本到农村发展适合企业化经营的种养业
2014 年中央一号文件	号召探索建立工商企业流转农业用地风险保障金制度，严禁农用地非农化
2015 年中央一号文件	指出要尽快制定工商资本租赁农地的准入和监管办法，严禁擅自改变农业用途
2016 年中央一号文件	进一步提出完善工商资本租赁农地准入、监管和风险防范机制，并将经验制度化
2017 年中央一号文件	提出研究制定引导和规范工商资本投资农业农村的具体意见，工商资本下乡由此进入制度完善化阶段
2018 年中央一号文件	主要鼓励企业发展现代规模化种养业、农产品加工业、乡村旅游业、现代农业服务业，引导城市工商资本投资农村电子商务，兴建农村基础设施
2019 年中央一号文件	强调要强化企业技术创新主体地位，培育农业科技创新型企业与社会化服务组织。资本下乡得以稳步发展说明了政府和工商资本对资本下乡有着乐观的预期，相关研究也证实了资本下乡对农业、农村发展产生着重要的经济影响、生态影响、社会影响以及综合影响
2020 年中央一号文件	引导和鼓励工商资本下乡，切实保护好企业家合法权益。制定农业及相关产业统计分类并加强统计核算，全面准确反映农业生产、加工、物流、营销、服务等全产业链价值
2021 年中央一号文件	组织开展"万企兴万村"行动。稳步推进反映全产业链价值的农业及相关产业统计核算

注：笔者根据相关资料整理。

（二）从赋能产业振兴到赋能全面振兴

政策的制定者也看到，农村之所以没有振兴，关键在于资本的缺乏，农业相应的资本积累不足，导致乡村发展速度远远落后于城市发展，在乡村振兴过程中，鼓励资本下乡，是弥补乡村振兴资本缺乏，提高发展速度的重要手段，但是，资本逐利本性使其并不能全面振兴乡村。为达到资本下乡推动乡村全面振兴的目标，首先，鼓励资本下乡企业发展现代规模化种养业、农产品加工业、乡村旅游业和服务业、农村电子商务和基础设施建设，到强化技术创新，培育新型农业经营主体，强调对乡村经济、社会、生态的综合影响。其次，从农业的某一环节到生产、加工、物流、营销服务全产业链的影响；与土地相关的规模经营种植环节，到种植、加工和营销全产业链的角度，有效推动传统农业向现代农业转型，提升农业的全产业链价值。再次，从鼓励工商资本下乡到"万企兴万村"，全面推动资本下乡行为，通过资本下乡来振兴乡村。

二、资本下乡赋能乡村产业振兴的路径探索

推动农村产业融合发展是党中央对新时代"三农"工作作出的重要决策部署，是实施乡村振兴战略、加快推进农业农村现代化的重要举措。在产业融合过程中，生产要素在不同融合模式中发挥作用不同，对农民在融合主体中收入分配的影响也不同[1]，需要深入探讨农村第一、二、三产业融合发展的内涵机理，建立合理的利益联结机制，完善要素的供给，激活市场主体获利和强化风险的防控等机制的完善。

（一）资本下乡推进产业融合路径

农业生产要素条件、市场需求条件、经营主体结构、产业基础和制度环境

---

[1] 江泽林：《农村一二三产业融合发展再探索》，《农业经济问题》2021 年第 6 期。

是农村产业融合系统的构成要素[1]，其互动关系构成了农业产业融合的运行机制，融合主体的培育为重点，实现农业产业融合主体的多元化才能提高产业融合的效率。吕岩威、刘洋[2]提出了纵向一体化路径、资本下乡引领、龙头企业引领及现代电商引领四种模式，通过纵向一体化对应的产业渗透和产业间产业重组的融合方式，龙头企业引领以及现代电商平台对应产业渗透的融合方式，工商资本对应产业交叉融合方式四种融合方式。钟真、黄斌、李琦[3]提出了农业的外向型融合和内源型融合两种模型，并以乡村旅游和农业社会化服务为典型，分析两种类型之间的关系，研究表明，外向型融合对内源型融合具有显著的正向影响，要素禀赋在外向型融合影响内源型融合过程中发挥了中介传导作用。张义博[4]研究认为，农村市场化改革、新技术的应用和普及、农业多功能性需求的崛起以及工商资本下乡为农村第一、二、三产业融合创造了条件，促进我国第一、二、三产业融合互动，应完善工商资本进入农业的相关政策，破除产业融合发展的要素制约，采取强有力的组织保障和财税支持，鼓励技术和商业模式的创新和普及，推进农业产业集群和综合农协发展。

农业业态是指农业产业组织为适应市场需求变化，将生产经营所涉及的多元要素进行组合而形成的不同农产品（服务）、农业经营方式和农业经营组织形式所呈现的形态。农业新业态指的是相对于现阶段农业主体产业有新突破、新发展，或者超越传统农业发展模式，具有可持续成长性，并能达到一定规模，形成比较稳定发展态势的产业形态。农业新业态分为服务型、创新型、社会化和工厂化农业新业态3大类，共12小类。以案例4为例，在最初，所有者仅仅将其作为原料的生产基地，在发现种植牡丹不能够带来更多的收益时，就将牡丹种植与休闲观光产业融合起来发展，从而获得更多的收益。

---

[1]　陈红霞、屈玥鹏：《基于竞争优势培育的农村一二三产业融合的内生机制研究》，《中国软科学》2020年第1期。

[2]　吕岩威、刘洋：《推动农村一二三产业融合发展的路径探究》，《当代经济管理》2017年第10期。

[3]　钟真、黄斌、李琦：《农村产业融合的"内"与"外"——乡村旅游能带动农业社会化服务吗》，《农业技术经济》2020年第4期。

[4]　张义博：《农业现代化视野的产业融合互动及其路径找寻》，《改革》2015年第2期。

1.资本下乡推进产业融合的案例分析

如案例2所示：首先，资本下乡主体响应政府号召，返乡投资，流转土地，确立主导产业，兴建农村第一、二、三产业融合发展示范园和科技示范园区，经过多方面的考察，在家乡连片流转土地面积5500亩，投资36.1亿元，主要经营种植业、林下养殖、餐饮服务、运动健身、颐老养老、乡村旅游、休闲农业观光、农产品加工等七大产业。创建以种植大粒樱桃为主导的第一、二、三产业相融合的具示范引领作用的综合性天兴生态园。

其次，资本下乡加强基础设施建设。进行基础设施改造，技术条件完善等；进行土地平整、治理、改良，完善水、电、路等基础设施配套；2014年与郑州果树研究所签订技术合作、品种引进协议，2014—2015年分批引进樱桃新品种10余个，栽植面积1200亩，引进突尼斯软籽石榴5万余株，栽植面积600亩，葡萄新品种8个，栽植面积200亩，栽植绿化苗木500亩。

再次，进行产业融合规划。园区围绕第一、二、三产业融合，乡村休闲等要素，配套建设一个一次能接待500人的农家乐，10间窑洞宾馆，栽植绿化树木5000余株，种植观赏草坪1.5万平方米，修建了休息廊亭，规划了8个水果采摘园。目前，园区已成名副其实的花果山。

2.资本下乡推动产业融合的发展思路

资本下乡推进农村第一、二、三产业融合发展，关键在于打造多业态形式、多主体参与、多机制联结、多要素整合、多模式推进的农村产业融合体系，加强资本下乡，充分发挥资本下乡的积极作用，促进城乡一体化发展。在资本下乡条件下，积极推动成本洼地，扩大发展空间。一方面，随着城市居民对乡村绿水青山、民俗文化的向往，以及对特色农产品多样性、定制化的需求，配合资本下乡的先进理念、技术、管理、人才、资金等因素，依据外部市场需求的拉动，推动以特色农业为基础的第一、二、三产业融合发展，尤其发展观光、休闲、旅游产业交叉融合，形成集生产、生活生态功能，紧密联结农业、农产品加工业、服务业的新型农业产业业态。

第一，建立和健全基层政府的服务体系。因为产业融合需要多元主体参与，其中协商的成本较高，需要一个相对较强的基层政府部门，通过治理和协商的功能，更好协调参与产业融合主体之间的冲突和矛盾。首先，基层政府部门是直接服务资本下乡主体和农民的部门，其服务意识、行政效能等软环境水平，是能否吸引资本下乡的关键，需要打造一个高效、边界、优质的政府服务平台，来引导资本下乡企业按照基层政府规划选择合适的领域，优化农业产业布局，避免过度投资或者投资失误所带来的资源浪费，并且通过基层政府干部队伍的建设，培养具有带动能力、高威望、办事能力强的队伍，能够有效协调工商资本与其他融合产业主体之间的矛盾和问题。

第二，创新农村土地制度改革。资本下乡通过将农村土地进行整合，实现规模化经营，创新农村业态，土地能够整合才是产业融合的前提条件，同时也是吸引资本下乡的基础，因此，需要基层政府组织开展村集体资产清产核查，探索土地股份合作制，明确村民对集体资产股份的占有、收益、有偿退出等措施，稳妥推进农村承包土地和宅基地的"三权分置"，通过对土地产权制度的完善，处理好人地关系，盘活土地经营权，通过对各种资源权属的梳理，为资本下乡产业融合提供土地保障。

第三，构建不同产业主体之间的利益联结机制。工商资本推动的产业融合，需要村民的参与，与村民结成利益共同体，需要建立合理的利益联结机制，使农民和资本下乡主体形成一个相互依存、协同发展的联结机制，这种联结机制，一方面要保证公平和平等性，同时也要体现自愿与协商的原则，还要体现互利性，资本下乡的目标是逐利，但也要保障农民逐利的目标，保障其获得参与产业融合的红利，可以考虑通过村民拥有的资源和资本的股本化来实现参与的目标，通过形成一种合理的利益分配机制，使得在产业融合过程中，形成一个乡村混合所有制经济，建构一个产业融合利益共享的共同体。

第四，培育多元的新型农业经营主体。新型农业经营主体，也是参与资本下乡和产业融合的关键主体，推动新型农业经营主体与资本下乡企业的合作，探索多样化的合作机制，通过合作，将资本下乡与村民合作社、家庭农场等新型农业经营主体在分工的基础上实现合作，进一步提高现代农业的组织化水平，并通过兼并、重组、收购、控股等方式组建龙头企业，龙头企业带动新型农业经营主体，形成订单、入股分红、返利等多种方式领办产业联合体，提高产业融合的经营能力和品牌影响力，提高服务和产品提供的市场竞争力。

第五，加强政府部门对资本下乡的监管和管理。针对在产业融合过程中，侵害农民权益、危害社会稳定的资本下乡企业，要协同相关管理部门，采取严厉的惩罚措施，并在源头管控风险，对资本下乡企业按照严格程序，对照企业的经营项目、企业的信誉、土地流转和产业项目进行严格审核，并建立风险防范机制，建立土地流转保障金制度，引导资本下乡企业规范自己的生产经营活动，并自愿接受政府的动态监管，切实保障村集体和农民的权益。

3. *产业融合的发展理念*

如案例2所示，产业融合的发展理念就是以乡村振兴为宗旨，通过建立新型呈现关系，以农促旅、农旅结合、旅游富民、以农业科技开发为主导，以农村小康社会为宗旨，坚持城乡互动、在发展中实现农村公园化、农居宾馆化、农田景观化、农产集约化的发展思路和理念，推动乡村全面振兴：

（1）针对农产品，建立产地、绿色认证；公司生产各环节严格国家绿色操作规程，严格《樱桃质量标准》《樱桃分级标准》，施羊粪、饼肥、菌肥，采用农业、物理、生物措施、人工措施综合防治病虫害，浇深井水，叶面喷施富硒肥，樱桃、石榴、葡萄三大水果获国家绿色认证，达到富硒标准，樱桃同获新安县地标认证和国家农业重要文化遗产。从这个方面来讲，资本下乡通过技术投入，提高了农产品的质量，绿色有机和高质量农产品的提供一方面提高了消费者的福利水平，另一方面也为生产者创造了更多的价值，使资源投入的边际和总产值提升。

（2）开发智慧农业，聚集智能要素；一是实施水肥一体化智能管理，测土定量施肥、测墒定时浇水，水肥一体化灌溉，实现数字化、自动化、精准化管理，达到樱桃生产按需供养。二是建设智能温室设施樱桃大棚50亩，有效避免自然灾害，樱桃提前20天上市，效益提高3—5倍。三是完善追溯监管体系，实施生产管理全程监管和可追溯，推进了园区产业全面升级。这个方面也说明，农业和数字技术的融合形成新的智慧农业业态，智慧农业不仅提高了传统农业的效益，而且通过技术创新提高传统农业抗风险能力和产品质量，为消费者提供更多的价值增值空间。

4.产业融合发展的效果

产业融合发展的绩效主要表现在：社会认可、乡村振兴、组织建设、人力资本培训、技术和就业等方面：（1）资本下乡企业得到广泛的认可；生态园被授予洛阳市农业重点龙头企业；全国休闲农业与乡村旅游四星级园区；全国农技推广试验示范基地、豫西小杂果绿色防控示范基地、扶贫龙头企业、洛阳市十佳农业休闲园区、中国樱桃产业100强。（2）对乡村振兴的影响；提升了区域产业的竞争优势；2015年以来园区坚持每年义务对周边果农进行技术培训、组织技术观摩，累计培训2000余人次，使120人成为樱桃种植技术人员，并通过引进、推广优良品种等措施，引导周边村发展大粒樱桃2万余亩，农户亩均年产值万元以上，樱桃已成为当地农民的主导产业。（3）牵头成立协会组织，搭建产业发展研发和交流平台；牵头组建了新安县樱桃协会，通过技术交流，总结归纳了新安县历年来樱桃生产的经验及教训，找到了制约新安县樱桃发展的症结要害，为今后新安县樱桃产业发展指出了路径。（4）制定了《新安县大樱桃栽培技术规程》《新安县樱桃年度生产管理工作历》，为新安县樱桃产业发展奠定了良好基础。通过参加全国樱商大会、在新安县举办全国樱商高级论坛，把新安樱桃推向了全国，引领全县"皇封""樱爵士"等5个樱桃品牌进入全国100强。（5）提高产业的技术水平；生态园通过绿色生产技术，实施水肥一体化、数字化、自动化、精准化智能管理，智能温室设施樱桃大棚的示范应用，带动新安县樱桃界建成"三品一标"企业25家，建设水肥一体化企业16家，建设智能大棚200亩。使樱桃产业生产上到了一个新台阶。园区安装了一条樱桃分拣线，按照新安县樱桃分级标准，将全县果农樱桃集中分级，统一销售，有效提高了全县樱桃品质、声誉，把新安樱桃推向了全国市场。（6）拓展农民就业渠道，精准扶贫；生态园在成长壮大过程中，强化社会责任，按照政府引导，企业带动，农户参与的思路，采取多种形式精准扶贫土地流转3000亩，涉及农户820户，其中建档立卡贫困户 131 户，户均年收益 2300 元；农民工就业 350 人，其中贫困群众 46 人，年收入 1.5 万—3 万元，金融贷款扶贫 100 户，每年每户增收 4000 元；到户帮扶 33 家贫困户，使 310 户贫困户脱贫。（7）提高龙头企业带动能力，村集体和农民广泛参与的"公司＋村集体＋合作社＋农民"的"天兴经验"，盘活集体建设用地和农民宅基地，使农村资源变资产、资金变股金、农民变股东，探索股份合作、利益共享的农村、农民经济增长新型合作机制。

综上所述，我们建构了如图 3-1 所示的资本下乡推进产业融合的建设路径。第一，资本下乡根据乡村资源禀赋特征选择主导产业和融合产业，并获得基层政府和扶持项目审批机构的认同和支持，制定详细的产业发展规划和项目组合，在产业选择和发展过程中，不仅要得到政府部门的审批，还要村庄村民满意，因此，在项目开展前要充分征求村民的意见，在满足村民需求的基础上创新农业业态。第二，通过多种形式获取土地经营权，方便产业融合的开展，可以与村民、新型农业经营主体、龙头企业等合作来获得土地。第三，针对土地进行基础设施改良，针对产业融合发展来培训劳动力，建立示范性生态园区作为产业融合的载体。第四，根据产业融合发展出现的新问题、新情况，采取有效的措施解决，推动产业的持续融合、转型融合和深度融合，使得农村业态持续创新，获取更大的市场空间和竞争优势。

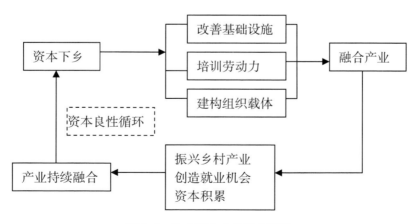

图 3-1　资本下乡产业融合路径

（二）资本下乡推进产业链延长的路径

农村发展滞后的原因之一是农村区域内的产业链环节仅仅局限于生产环节，而相应的流通、精深加工和研发环节不在农村区域内，导致农村无法获得产业链增值的机会。另外，产业链不同环节之间利润的配置处于非公平的状态，其他环节由于资本的优势，在利益分配过程中，压榨生产环节的利润，而分散的农户无法对等谈判获得自己应得的利益。因此，通过资本下乡来延长农业产业链，使农民能够参与到产业链的其他环节经营，增加其获利的机会。国家明确资本下乡投资农业的政策导向，生成具有可操作性的指导目录，才能限定投资农业范围的合理边界，产生资本下乡投资农业的源头约束力。[①] 依据中央政策和相关文件精神，尝试性生成资本下乡投资农业的指导目录，其中重点之一就是鼓励进入农业产业链的产前、产后环节经营，并利用"严格准入—动态监管—规范退出"的制度设计，确保指导目录的实现。

1. 资本下乡推进产业链的纵向延伸和横向拓展

资本下乡对产业链的纵向延伸和横向拓展，可以通过两条途径（图3-2），一是通过自己的资金和技术支持，建立产业链延长的体系，比如在种植环节的前端建立生产资料供应，种植改良研发等机构，对接种植和加工环节；还比如在加工环节，通过精深加工环节的嵌入，从而延长产业链条。另一种是通过对区域农村产业体系进行改良，实现产业的聚集和优化升级，从而改造传统的产业链条，从而产业链优势提高。

资本下乡企业主导的产业链延伸和整合，可以减少不确定性，降低交易成本，争取产业链延伸收益，出于降低纵向延伸风险和整合成本的需要，资本下乡企业选择多种模式作为整合和延伸策略，其中土地托管模式就是其中之一，资本下乡企业之所以能够通过土地托管实现产业链的纵向整合，一方面得益于资本下乡企业在企业家才能方面的优势契合了土地托管模式的需要，另一方面

---

① 蒋永穆、张尊帅：《工商资本投资农业的指导目录生成及其实现研究》，《现代经济探讨》2014年第5期。

得益于他们获得的外部支持[1]。资本下乡企业可以根据企业的特征及自身的优势选择适宜的模式来整合和延伸产业链，并占据产业链中的关键环节，形成核心竞争优势并支配产业链价值的分配权，推动产业链的升级及产业链间的耦合，实现产业链优势和价值最大化，并获得快速增长。

农业全产业链建设有利于推动农业产业集聚，进而释放巨大的发展潜力，不仅能在加工储藏、市场营销、农产品市场等方面衍生相应的服务行业，更能加速实现农业现代化[2]。资本下乡推进产业链纵向延伸的路径主要通过技术创新，比如生物技术的进步使得企业能够进入良种的培育和有机肥的研制中，从推动原有的被动的农资产业链向前端延伸，使得育种环节纳入产业链经营过程中。还比如，资本下乡企业通过自己互联网技术和平台方面的优势，可以将特色农产品纳入自己的平台销售中，使得传统的市场销售延伸到互联网平台销售，使产业链向后端延伸；综上所述，企业应该根据自己的优势来建构和延伸产业链[3]。

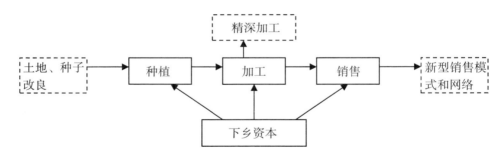

图 3-2　资本下乡推动产业链延伸路径

①　胡凌啸、周应恒、武舜臣：《农资零售商转型驱动的土地托管模式实现机制研究——基于产业链纵向整合理论的解释》，《中国农村观察》2019 年第 2 期。
②　田剑英：《农业全产业链融资方式与完善对策——基于浙江省 55 条农业全产业链的调查与跟踪研究》，《经济纵横》2018 年第 9 期。
③　汪建、周勤、赵驰：《产业链整合、结构洞与企业成长——以比亚迪和腾讯公司为例》，《科学学与科学技术管理》2013 年第 11 期。

2.通过农民组织化来提高产业链组织水平

产业链不完善的另一个原因是生产端的规模农户的分散决策性，使得产业链无法获得稳定而持续的产品供应，因此，需要提高农民组织化程度。一方面建立政府主导的农民组织化模式，通过政府主导，帮助村庄利用优惠政策、资金和技术，建立农民自我建设、服务和管理的组织，并通过农民的组织化，让农民在资本下乡中占据主动地位，可以选择符合当地实际情况的产业，并对有合作意向的资本下乡企业进行筛选，引导符合村民利益、当地产业环境和利益关系的资本下乡企业进行合作，充实和补偿基层政府组织治理方面的缺陷，关注村庄的集体事务，完善村庄公共品的供给体系。另一方面，通过由政府主导的农民组织，可以作为农民的利益代表，与资本下乡企业进行谈判，保障农民的主体地位，对农民参与产业链经营的利益进行维护，保障农民享有的利益分配。农民组织化水平的提高，还以依托资本下乡企业组建，资本下乡企业通过与农村精英合作，成立农民合作社，以合作社作为生产端管理，来整合产业链从而达到降低合作成本，提高管理效率的目的。在产业链经营过程中，农民组织作为农民的利益代表参与到产业链经营中，一方面，降低了资本下乡企业产业链延长所面临的主体数量，使分散谈判和协调被组织协调和谈判替代，降低了交易成本；另一方面，通过农民组织替代资本下乡企业管理，使农民自己管理自己，提高了管理的效率。

3.通过产业链整合推动产业链优化

松散的产业链联结和不合理环节的存在，是影响产业链价值增值的关键因素之一，因此，乡村产业链需要整合，整合掉不必要的环节，建构新的产业链结构（图3-3）。赋能农业产业现代化发展需要农业产业链组织在品牌价值、产业效益以及链条组织方面进行提升和延伸[1]。因此，应立足地区资源禀赋、根据村庄需求和特色，分析产业链发展的趋势，加强对强链、补链、延链方面，围绕政策、技术、组织找到合适投资点，逐步完善农业产业链。

---

[1] 丰华、王金山：《农业产业链组织发展的演变趋势与改革创新》，《经济体制改革》2021年第2期。

首先,通过优化产业的空间分布,形成合理的产业链条的空间分布格局。如图3-3所示,村庄的核心是村民居住区,是村民生活、休闲和娱乐的区域,同时,也是劳动和生产的区域,可以利用劳动力优势,建立农产品加工区域,方便村民上下班管理。在临近村庄的外围,可以建立经济作物种植区,因为经济作物需要大量的劳动投入,因此,靠近村庄,方便劳动力投入。在村庄的最外围,可以种植粮食,从事畜牧养殖,不需要大量劳动力,避免污染村庄环境。

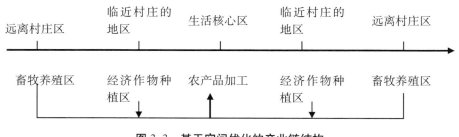

图 3-3　基于空间优化的产业链结构

其次,基于产业的产业链结构优化。针对市场对农产品的异质性需求和变化产生及时的响应,调整产品和服务的机构,使产业链更加适应这种市场需求变化,满足农产品市场需求,提高产业链的价值增值幅度,在保障每一个产业链环节价值实现的基础上,使得农业产业链的整体价值得以实现,并最大限度地增值。因此,利用资本下乡的契机,一方面,通过合理利用村庄的资源禀赋,将资源优势转化为产业链优势,通过产业链的转换,保障资源利用的合理性与有效性;另一方面,将产业链优化成为符合地方社会环境条件的产业链,通过构建、延伸和升级,与地方社会经济条件相适应,考虑到社会经济条件的需求,也要考虑到资本下乡企业的资本和技术供给保障,使两者有效地结合起来。

再次,产业链的空间分布和组织优化的有效结合(图3-4)。第一,将农村按照圈层的产业空间分布承租给农民合作社或者家庭农场,使资本下乡企业直接对接具有组织化的农民。第二,将产业链设计成为具有循环经济的交叉链条结构。比如,畜牧养殖圈层的废弃物可以通过加工形成种植环节的有机肥,

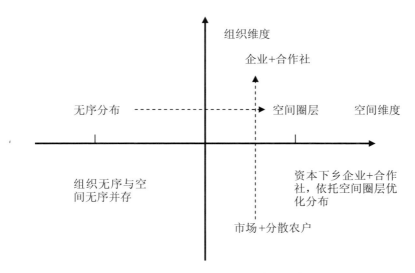

图 3-4 产业链的优化与空间分布

从而实现循环利用。第三，无论养殖还是种植环节，都形成家庭农场或者合作社，使得合作社替代农户参与产业链经营，并且有序分布在地理空间上。

(三) 资本下乡推进产业结构优化升级

1. 资本下乡推进产业结构优化的理论基础

资本下乡如何紧扣地方特色产业，提升产业发展水平，积极调整产业结构，根据村庄要素禀赋和比较优势，培育根植于村庄，比较收益较好，可持续发展能力较强的特色农业产业，同时，调低低效作物，引导发展高效产业。引导资本下乡企业引进示范推广应用新品种、新技术、新装备、新模式、推动绿色化。在产业结构调整过程中，提升特色产品发展水平。望超凡[①] 研究认为，资本下乡会造成农村产业中的高附加值的环节被资本下乡企业垄断，导致农村产业内部各环节之间的经济互动溢出熟人社会，使社会交往模式转变为纯粹的市场交易模式，在市场交易模式下，基于社会交往的保护功能和风险防范功能

---

① 望超凡：《资本下乡与小农户农业收入稳定性研究——兼论农村产业振兴的路径选择》，《南京农业大学学报（社会科学版）》2021 年第 1 期。

受到削弱，农业收入稳定性弱化导致无法发挥社会保障功能，继而诱发社会问题，因此，在资本下乡过程中应慎重选择产业，鼓励本土精英自主创业经营农村产业，并于资本下乡对接，推动产业发展同时，稳定农户收入。在乡村振兴过程中，资本下乡应在组织模式上创新"资本主体"与"农民主体"结合的形式，积极打造具有盈利空间的产业项目①。

资本下乡推动产业结构调整，要遵循农业供给侧结构性调整的需求，遵循要素禀赋结构升级与农业制度安排演化统一的逻辑，按照劳动要素丰裕向资本要素丰裕的方向，打破二元经济体制，实行规模经营的制度变迁方向，农业应该呈现劳动密集型、土地密集型、资本密集型和技术密集型四个依次递进的阶段特征，逐步实现农业工业化②。

2.依托资本下乡，提高农村新业态所占的比重

依托村庄特色产业，积极发展农产品加工、休闲观光、电子商务等产业与农业的融合，创新农业业态，并调整不同业态在乡村的结构，通过新业态来培育农村经济发展新动能。首先，提高新业态在农村产业结构中的比例，在创新农村业态的同时，提高新业态的比例，降低传统产业和业态所占的比例，通过资本下乡与农村资本的融合，实现业态创新所需的技术、资本和基础设施改造，根据村庄特色来创新农村业态。其次，打造农村特色产业的品牌建设。推进绿色、有机农产品和地理表示农产品开发，利用互联网、自媒体等拓宽这些产品销售渠道，带动村民在村域范围内就业，打造资本下乡与农民的利益共同体，让农民深度参加和融入新型业态的链条。再次，培育新型业态经营主体，增强农村发展的内生动力。根据特色产业和新型业态的人才需求，开展技术、经营管理、产品营销等方面能力培训，建构一支文化素养高、技术能力高、经营管理经验丰富的新型职业村民队伍，培育新型农业经营主体，提高新型农业经营主体的桥梁作用，充分发挥其带动村民参与资本下乡，促进村民长效增收

---

① 何云庵、阳斌：《下乡资本与流转农地的"非离散性"衔接：乡村振兴的路径选择》，《西南交通大学学报（社会科学版）》2018 年第 5 期。

② 罗浩轩：《农业要素禀赋结构、农业制度安排与农业工业化进程的理论逻辑探析》，《农业经济问题》2021 年第 3 期。

机制。

农业产业结构调整的滞后性，导致特色的农产品不能满足消费者的需求，缺乏高效的产业化组织支撑，从而导致农村地区农民增收途径单一，资本下乡的目标之一就是配合乡村振兴战略，给乡村带去发展所欠缺的资源，由于地区之间、农户之间利用自然资源能力的差异，对资本下乡的吸引力也不同。

三、资本下乡赋能乡村产业转型升级的内在机制

无论是产业链赋能还是产业融合赋能，都没有清晰的界限，都含有两者混合的成分，因此，资本下乡赋能乡村产业振兴，都具有一种多种方式整合的特征，是一种产业链赋能和产业融合赋能融合的模式。

如图3-5所示，纵轴代表产业链的纵向延长和横向拓展，横轴代表产业融合，在坐标轴内，分别代表农村产业振兴的路径模式，分别包括三个阶段：传统产业经营阶段、产业转型阶段、产业升级阶段，最终达到现代农业体系的建立阶段。在此过程中，资本下乡、基层政府、农民三者起到了十分重要的作用。首先，我国的农业现代化过程经历了产业化阶段、产业结构调整阶段和资本下乡阶段，在这三个阶段中，推动的主体分别是龙头企业、政府部门和资本下乡企业，在产业化阶段，思路是通过产业的纵向整合，来降低小农户参与市场竞争的交易成本，以龙头企业来带动农业的现代化进程，但是，由于土地产权改革没有跟上，导致产业化阶段的绩效不高。在第二阶段，分别由政府部门、企业主导和村民的自发调整结构，但是绩效也不是十分明显。第三个阶段，由政府部门，资本下乡企业和农民及其组织共同参与，配套于农地"三权分置"改革，来实现农业的转型升级，从而实现农业现代化。

其次，在乡村产业振兴的背景下，构建合理的资本下乡赋能机制的基本思路在于平衡发展。一方面是产业链和产业融合的平衡，这两方面都需要大量的资本投入，而资本下乡企业、农村区域的资源禀赋、产业基础等可用资源的限制，不可能在产业链和产业融合上都投入大量的资本，只能根据不同特征，按照合理的规划，有重点、有计划地实施产业链赋能和产业融合赋能两者的有机

117

结合，确定好符合这些特征的主导产业，着重发展特色产业，充分形成利用自身特色资源和资本条件的，符合市场需求的特色产业结构，实现"锦上添花"的发展，让资本和村庄共赢。另一方面，实现农民参与与资本参与之间的平衡，由于资源有限，资本和农户参与需要建立在分工与合作的基础上，通过资本下乡来改造基础设施和公共服务条件，改造农民生活条件，使得农民产出及地力得到涵养，土地生产力达到较优状态，资本下乡企业和农户分工和合作基础上，为产业链赋能和产业融合赋能提供基础条件，满足小农生产收益的要求和资本下乡企业资本收益的要求，推动产业结构优化和产业业态创新。

最后，在产业转型升级的条件下，实现传统农业向现代农业的嬗变。第一，产业转型的目的是由传统的低附加值产业向高附加值的产业转型，通过农业附加值的提升，满足农民和资本收益的要求。第二，产业升级包括产业链升级和产业结构升级，是通过生产要素改进、结构改变、生产效率与产品质量的提高。在我们这里主要是指通过产业融合形成的新业态及新业态在产业结构中所占的比重，现代农业产业体系的建设，关键在于根据市场需求的农业新业态的创新及其在农业产业结构的比重，并在此基础上进行产业链延伸和拓展。第三，产业链赋能与产业融合赋能的有机结合。通过产业融合形成新的业态，在新业态产业链形成过程中，纵向延伸产业链和横向拓展产业链，使得在新业态的基础上，形成特色产业聚集，从而推动农村经济的发展。

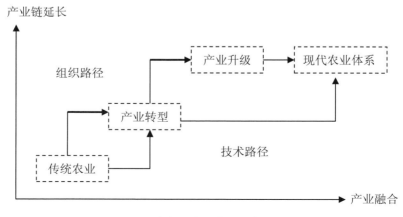

图 3-5　资本下乡影响乡村产业路径

案例 10：农旅融合扶贫示范园

该项目位于磁涧镇东南部，紧邻小浪底库区，距镇政府所在地约 1.5 公里，是该镇探索"农旅"融合发展、实施乡村振兴战略、践行绿色发展理念、发展乡村旅游、夯实脱贫攻坚产业支撑的一个重大示范项目，是黄河神仙湾沟域经济示范区的重点项目，是乡土人才回乡创业的典型代表，于 2017 年招商引资引进。由洛阳兰林农业科技有限公司开发建设，计划总投资 5.8 亿元，规划总面积 3000 余亩，旨在打造以农业产业为根基、以梯田窑居为特色、以生态康养度假为驱动、以古都洛阳和黄河文化为内涵，集特色水果产业种植、生态观光体验、文化休闲、户外游乐、养生度假、科普教育、影视基地于一体的综合休闲农业旅游度假区。项目分三期实施，2025 年全面建成。

1.项目的政策基础：新安县重点发展农旅融合项目，并针对农旅融合项目进行招商引资，并且大力实施"旅游 + 扶贫"战略，强化项目示范带动，重点打造农旅扶贫基地。

2.产业链赋能：打造以农业产业为根基，以梯田窑居为特色、以生态康养度假为驱动、以古都洛阳和黄河文化为内涵，集特色水果产业种植、生态观光体验、文化休闲、户外游乐、养生度假、科普教育、影视基地于一体的综合休闲农业旅游度假区。通过发挥农业的多种功能，实现农业价值的增值，在此过程中，产业链延伸和横向拓展起到了关键作用，如在水果特色种植的生产过程中，横向拓展到生态观光、户外休闲和科普教育功能中，通过拓展促进农业的多种功能的实现。

3.产业融合赋能：农业和旅游业的融合。2000 亩的农业产业休闲体验区及其配套的节水滴灌系统已完工，共栽植雪鸿阁、红肉苹果、大粒樱桃等各种果木 10 万余株，绿化红叶石楠、桂花、紫薇彩、叶树等景观苗木 6 万余株，盛果期预计收入 1000 万元；硬化道路 10 公里，建设旅游公厕 1 座、观景阁 1 个。在黄河岸边和大漠深处重现历史上的市集、民宿、古寨、藏兵洞、跑马场的样子，从而让游客真切感受到古都洛阳和大河文化魅力，同时将是黄河岸边第一家能够提供历史全景的影视拍摄基地，让游客深度体验影视拍摄乐趣。产业融合赋能主要表现在：资本下乡企业通过将乡村优势资源，通过与旅游业的融合，形成新的业态，新的业态在对资本投入需求量虽然较大，但同时也带来较高的经济产出，从而降低内卷，实现乡村的振兴。

案例 2（LXK）

资本下乡赋能乡村振兴的方式主要有三种：（1）产业链赋能。通过农副产品深加工链条拉长，达到农业增效。促进农业生态环境改善，加快了农业现代化进程，为下一步乡村振兴积累经验。（2）产业融合赋能。建起了以种植大粒樱桃为主导产业，第一、二、三产业相融合的综合性园区。园区建设坚持在城乡互动发展中实现生产集约化、农田景观化、园区公园化、农居宾馆化，坚持农旅结合、以农促旅、旅游富民的发展思路和理念，（3）产业链赋能＋产业融合赋能。将其打造成集生态农业、观光农业、乡村旅游、休闲度假、体育健身、颐老养老、民俗文化、农家餐饮民俗及农副产品深加工于一体的田园综合体。

第二节　资本下乡赋能乡村人才振兴的路径

资本下乡不仅为农村带来了发展的资本，还通过自身所占有的技术优势，为乡村振兴提供人力支持。王文龙[1]研究认为，通过优惠政策吸引大量城市人力资本下乡，通过改善乡村生活条件留住中坚农民，通过系统的农业职业教育提高农民素质，实现乡村的人才振兴，确保农产品和粮食的供应，解决乡村空心化问题。资本下乡作为人力资本下乡的重要平台，必然发挥更重要的作用。乡村振兴必靠"战略＋技术"的组合模式[2]，必然在空间、信息和农业技术三个层面上实现"技术升级"，这需要资本下乡带来更多的人力资本支持，通过技术网络的建构，实现人力资本的内生增长。

---

① 王文龙：《现代农民培育政策：国际经验与中国借鉴》，《云南行政学院学报》2020年第5期。

② 刘祖云、王丹：《"乡村振兴"战略落地的技术支持》，《南京农业大学学报（社会科学版）》2018年第4期。

一、资本下乡对乡村人力资本的直接影响

（一）直接技术培训和技术转移

1.资本下乡企业对农民的培训

资本下乡所带来的技术创新的下乡，其应用所带来的成果大小不仅受制于主体的认知，同时也受到组织系统中制度环境的变迁、共同体内的治理格局与利益关系因素的影响[①]。如表3-6所示，资本下乡对农民人力资本的影响主要通过以下三个直接途径。首先，根据产业发展需要，根据农民参与资本下乡项目的需求，为农民提供针对性的技术培训，提高农民参与产业经营的机会和效率，这种培训一般针对资本下乡企业经营项目及农户参与的环节，包括技术方面、服务方面和产品加工方面的经验、技术和机械设备的使用。其次，聘用或者邀请高校、科研机构和技术供给部门为农民提供专业的共识性知识。资本下乡企业通过与高校、科研机构、行业协会或者政府技术服务部门签订合约，邀请专业人士为农民提供有关产业经营项目所必需的共识性知识培训，从而提高农民的人文和技术素养。再次，在生产和经营环节进行技术培训，利用田间、大棚、车间等，针对农民生产过程、加工过程或者营销过程中存在的实际问题，进行动态培训，提高农民的人力资本素质。

2.资本下乡企业对农民的技术转移

首先，资本下乡企业针对下乡项目农民经营过程中存在的问题，有针对性地进行攻关研发，研究出符合农民操作需求和产品质量提升的技术，并将这些技术解码成农民能够学习和操作的技术环节，将这些技术环节转让给农民，让农民能够解决产业链经营过程中的问题。其次，资本下乡企业通过与高校合作研发资本下乡经营所需要的技术，通过合作技术研发，推进产业技术的创新同时，将技术解码成农民能够接受的技术，传递给农民，提高农民的人力资本素

---

① 周敏、聂玉霞：《"技术下乡"中的治村逻辑与村民选择》，《社会发展研究》2021年第1期。

质。再次，资本下乡企业购买相应的技术专利，并将技术专利免费开放给农民，使农民能够享受到新型技术带来的效率提升。

（二）职业职能培训

1. 资本下乡企业雇用农民

首先，资本下乡企业雇用农民作为产业工人，按照产业发展的要求，对自己的产业工人进行培训，以企业职工的基本要求来提高村民的人力资本素质。其次，资本下乡企业与村民签订技术合同，使其进入企业产业链的某一个环节经营，对产品质量和劳务按照技术合同进行收购，当村民不能够满足技术合同要求时，就对村民进行技术提升，以满足质量的需求。再次，按照行业需求，培育职业村民，与政府部门合作，获取职业村民培训扶持项目，依托资本下乡企业，培训某一行业的职业村民。

2. 资本下乡企业与农民联合

乡村原有的产业基础上，培育了一批专业能手，这批专业技术人员、"土专家"成为产业技术研发和使用的先导者，资本下乡企业在原有的产业基础上进行产业链和产业融合，在产业培育过程中，不可避免地需要这些专业能手的帮助，依托他们对参与资本下乡经营的农户进行培训。由于乡村技术精英与村民具有血缘、地缘和业缘的关系，在技术传输过程中具有先天优势，能够帮助资本下乡企业显著提升所雇用的村民的技术能力和素质，从而达到提高产品质量和服务质量的目的。

二、资本下乡对乡村人力资本的间接影响

（一）通过产业技术的外部性提升村民的技术素质

农村发展缺乏的是真正规模和集约化经营的现代农业企业，资本下乡企业拥有市场化和平台化的生产经验，拥有先进的生产技术和管理经验，如果资本下乡能够注入农民先进的技术和管理理念，与农户产业的实践结合起来，就能

够实现产业赋能。乡村社会是一个"熟人社会"，血缘关系、土地归属以及户籍将村民凝聚在一起，虽然这种联系受到市场化和城镇化的冲击越来越脆弱，但是，由于人们依然保持相互熟悉和信息往来，这些联系能够推动技术信息的传播。首先，"熟人社会"的信息传递机制使掌握技术的村民和未掌握技术的村民之间实现无缝对接，能够有效地传递技术信息，从而提高乡村人力资本素质。其次，资本下乡企业经过正规培训的村民，在与未参与资本下乡的农民经营过程中的交流使得技术和知识溢出，从而导致整体技术水平的提升。再次，蕴含在乡村社会关系网络内的产业经营经验和技术信息经过资本下乡冲击后，形成新的信息元素，这些元素通过村庄社会网络渠道得到及时的传播，从而间接提升了村庄人力资本素质。

（二）通过农民专业合作社间接提升农民人力资本水平

资本下乡企业可以通过农民合作社来提升农民的人力资本水平。农民合作社是农民的自组织，农民通过正式联结形成的组织平台，在该平台除结成生产联盟和销售联盟外，还可以进行技术交流和品牌共享，因此，农民合作社重要的功能之一是进行技术交流，提升农民的文化素质水平。一方面，资本下乡企业通过自己领办合作社，与合作社结成战略联盟，对合作社的成员按照企业生产要求进行技术培训，提高成员的人力资本水平。另一方面，资本下乡企业通过和现成的农民合作社组成联盟，将种植和生产环节外包给农民合作社，同时，对农民合作社成员进行培训，提高其人力资本水平。

（三）通过委托技术培训部门培训员工

资本下乡企业通过与技术研发部门、专业培训机构、高校和科研院所签订培训合约，委托这些科研机构为参与资本下乡的农民进行专业技术培训，一方面，这些机构具有专业的人员，能够精确地将技术解码成农民能够掌握的技术细节，从而使农民更加容易接受。另一方面，专业的培训机构能够接近技术的前沿，能够将一些未来企业和农民经营过程中可能需要的技术提前提供给农民，降低了未来经营过程中的技术风险。

如图 3-6 所示，资本下乡同时也是技术和经验的下乡，金融资本将人力资本聚集在乡村，吸引到资本下乡企业中，通过人力资本的虹吸效应，对农村人力资本水平进行提高，为资本下乡创造更为良好的资本效应。资本下乡通过对乡村人力资本的直接影响效应和间接影响效应，有效地提高村庄的人力资本水平，促进了乡村人才振兴。针对资本下乡企业，一般都会采取三个渠道同时开展的方式，形成一个有效的知识传递网络，通过网络建立其知识源头和农民之间的桥梁，只是信息传递的成本和建设网络的成本由资本下乡企业和基层政府等负担，农民"搭便车"，从而提高农村人力资本，在渠道建构过程中，具有较高知识水平，并具有一定资本的农民能够最先或者最有效地获得知识和技术，贫困农户相对接受较为困难，因此，在渠道建设过程中，应该提高"普惠"水平。

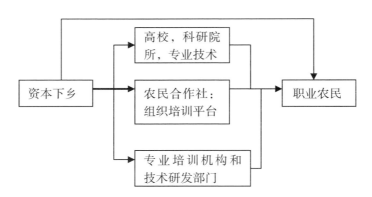

图 3-6　资本下乡影响农村人力资本的渠道

如表 3-2 所示，资本下乡企业对农民的技术传递具有专属性，同时是一种专属性投资，这种投资一般针对资本下乡企业所涉及的行业，一旦农民退出经营，这种知识和技术的价值就会下降，如果资本下乡企业退出，这种技术培训的投资价值就成为沉淀成本，因此，基于此，双方都缺乏投资的积极性，都害怕对方的"机会主义行为"，为避免双方的机会主义行为，相应的机制设计非常必要。

表 3-2　资本下乡对农民人力资本提升的影响

代码	影响类型	影响效果
案例 1（CJG）	直接培训	培养了一批懂科学种田的新型职业农民，解放了农村优质劳动力，让外出务工人员免除后顾之忧，增加了弱劳动力就业机会，创造了"租金、薪金、股金"三金共赢，实现农民增收，吸引 286 名在外人士返乡创业，培育新型职业农民 486 人，开展农业实用技术培训 16980 人次
案例 2（LXK）	干中学	通过推广农民田间学校式的培育方式，加强农民专业技能、农业经营管理的精准培训，培育 1000 余名有文化、懂技术、会经营的新型职业农民，为乡村振兴提供强有力的人才支撑
案例 3（ZDY）	直接培训	随着博物馆与酒厂的发展将会有更多的农业原材料需求，随着产业链的提升对精品农业、高附加业以及经济作物的需求也会逐步增多，这既推广了高附加值农业、优良农种，还会培养新型职业农民，提高当地农民农耕技术和科学水平，不断拉长加深农副产品产业链，增加农业产能与绩效
案例 4（ROY）		无
案例 5（ZJL）	提供技术指导	种植优质矮化大樱桃 300 余亩。在此基础上又与山东农业大学毕业生培训基地合作，组建了 500 平方米无菌脱毒组培育苗车间，并聘请台湾连锦华博士、辽宁大连樱桃种植成功人士林森先生、河北秦皇岛樱桃种植成功人士大刚先生对该公司樱桃栽培和新品种引进做技术指导
案例 6（ZSD）	提供技术指导	为贫困群众提供技术支撑
案例 7（ZSM）	提供技术指导	与科研部门配合发明的"红薯叶片分左右、埋三漏四"的栽培办法获得河南省科普成果一等奖，仅此一项可使红薯亩产量提高 25% 以上，为广大农民种植红薯提高效益奠定了坚实的基础
案例 8（SJZ）		无
案例 9（HUY）	提供技术和培训	园区 90% 员工来自当地百姓，除培养他们掌握植树造林、园林管理、果树修剪等技术外，还在礼貌礼仪以及客房服务、餐饮服务、卫生管理等方面进行专业培训，从而带动并促进当地百姓在卫生、礼貌、生活水平和生活品质等方面的提高，提升了当地村民的整体素质

续表

代码	影响类型	影响效果
案例 10 （SXW）	直接培训	免费提供林果业种植管理技术实践培训场地，为贫困户培训。另外，直接资助帮扶贫困户 2 户 5 人
案例 11（LSQ）	技术指导	聘请专业技术人员进行免费的技术指导

三、资本下乡对乡村人力资本影响模式的优化

（一）建立稳定的学习平台，提供持续的学习机会

如图 3-7 所示，由资本下乡企业、基层党组织和农民合作社联合成立学习平台，将与资本下乡的相关技术信息和理论知识放在学习平台上，或者定期在平台开展专家讲座，为村民和员工提供学习的机会。这样，一方面，由下乡资本建立学习交流平台，推动村庄内、部门间、公司和合作社内部学习氛围的营造，从而提高村民和员工的人力资本素质。要注重与地区内的相同及类似行业建立密切的联系，建立比较稳定的交流沟通平台，学习其经营管理的经验，实现信息与资源的共享，逐步从边缘位置向中心位置靠拢，逐渐建立企业自身的结构网络。另一方面，提高网络的稳定性和持续性，知识和技术的传递要有动态性，需要根据实践过程中的变化动态的改进和优化，因此，相对静态的培训需要结合农民和资本下乡企业实践过程中的实际问题进行动态优化，这样才能保障技术和人力资本的提升同步。

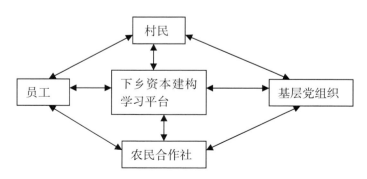

图 3-7　基于学习平台的学习模式

（二）建立双方抵押机制，避免机会主义行为

资本下乡在技术研发方面的投资具有专属性，是针对资本下乡的具体情况进行的投资，相对应，农民学习资本下乡企业所提供的技术也同样具有专属性，因此，双方都具有机会主义的冲动，如何避免这种冲动，需要建立双边抵押机制。首先，村民以自己的土地投入进行经营，如果退出技术合约，其土地的投资就是沉没成本，这样避免其机会主义行为，甚至还可以使农民投入部分固定资产和金融资本进行投资，来有效避免其机会主义行为。其次，让资本下乡企业基础设施投资规模和技术投资规模远大于政府部门提供的补贴和项目资金，使其真正投入自己的资金进行经营，并且与村民投入或者合作社投入相对等，这样增大资本下乡企业退出的沉没成本，在一定程度上约束其机会主义行为。再次，加强基层政府的桥梁和约束作用，基层政府部门通过桥梁作用，让资本下乡企业和农民都缴纳一部分发展基金，如果违约将没收发展基金来弥补对方的损失。

（三）建立技术研发和经验推广的激励机制

首先，根据资本下乡项目的需求，建立内部的奖励机制，如果能够开发出高效的技术，并且在实际应用过程中带来实际的价值增值，则给予研发者一定比例的奖励，并及时申请个人专利，对于农民实践经验比较成熟和有效的，则给予其一定的奖励，鼓励其进行技术推广和方便其他农民的学习。其次，在高校和科研机构合作，针对资本下乡的项目，有针对性地合作开发新技术和新经验，并与资本下乡企业合作申报科研项目，进行科学研发和技术创新。再次，通过行业协会设定一定的项目，这些项目针对资本下乡过程中遇到的技术和操作难题，给予一定的项目资金和奖励，激励社会力量参与企业实际问题的解决。

第三节　资本下乡赋能乡村组织振兴的路径

资本下乡面对的是分散的村民，其交易成本很高，就像产业化经营失败一样，分散农户的先天局限性和生存理性，会使资本下乡的经营目标和运营模式陷入困境，因此，需要农民组织化来配合资本下乡，这样才能达到组织方面的匹配，提高资本下乡的效率。

一、资本下乡与乡村组织的融合

笔者结合案例 6（ZSD）来说明资本下乡与农民合作社的融合。资本下乡主体认为最美的地方是自己的家乡，资本下乡主体返乡投资，关键需要一个载体，在家乡这个生养自己的地方，获利的资本约束就与为家乡办实事的约束相互配合，其中更多的目的是发展家乡，使家乡更加富裕和美丽，因此，发展家乡经济需要一个有效的载体，这个载体具有经济性和社会性两种功能。农民合作社先天的属性刚好符合资本下乡主体，尤其是返乡投资主体的需求。

资本下乡主体返乡创业，其主要目标是带领家乡群众发展特色产业，其中包括高附加值的作物软籽石榴、大粒樱桃、花椒等，在发展特色经济作物同时，成立了新安县 ZC 合作社，并且依靠合作社注册了商标和品牌，并对知识产权进行了保护，通过品牌来提高农民产品和劳务的经济价值。合作社运作以来，立足农村发挥示范带动作用，资本下乡主体投资于村民合作社不能够投资的预冷、冷藏库等基础设施，这些设施为村民发展高附加值农业提供保障条件，并且建构了物联网平台技术，安装运行了完善的农产品追溯系统，实现了"质量可控、过程可追溯"，保障了合作社的果品，同时也是农民的果品能够走向高端市场。合作社在运作过程中兼顾社会责任，带动贫困群众致富，为贫困群众提供技术支持，强调贫困农户可以优先参与合作社种植基地的工作，并利用自己注册的品牌，为贫困农户销售自己种植的产品，实现销售渠道的共享，解决贫困农户的销售问题。

基于合作社对当地社会的贡献，该合作社也被评为"市级示范合作社""洛阳市水果标准化生产示范基地""洛阳都市生态农业示范园""洛阳市智慧型农业标兵企业""洛阳市生态农业绿色百品典范企业"，被中国园艺学会授予"中国石榴优质基地"。2017 年成功创建"河南省无公害标准化示范基地""河南省农业标准化示范基地"。资本下乡主体主导者 2016 年获得"洛阳优秀实用人才""洛阳最美新农人""河南省双优双创先进个人"等称号。

（一）资本下乡与农民合作社的融合方式

1.资本下乡企业领办农民合作社

这种方式主要是由资本下乡企业自己成立合作社，该种方式提高了资本下乡企业对合作社的控制权，合作社成为资本下乡的组织代理，为资本下乡提供一定的产品和劳务服务，成为资本下乡企业的生产基地和工厂。成立企业领办型合作社，对资本下乡企业具有相对控制的优势，一方面，资本下乡企业可以利用控制合作社来控制生产过程，能够让合作社按照自己的技术标准和质量标准来控制生产，实现精准控制生产。另一方面，资本下乡企业可以利用合作社更容易地获得农民的生产资源，比如，农民以土地和劳动力为股份加入合作社，这样资本下乡企业就避免向农民支付土地租金，因为农民将自己的劳动力和土地入股，获得股金，这样资本下乡企业不仅不支付租金，而且能够获得稳定的劳动力，还将农民捆绑在经营的战车上，一同承担市场风险。

表 3-3 资本下乡与农民组织振兴

代码	影响类型	影响效果
案例 1（CJG）	无	无
案例 2（LXK）	产业集群	综合生态园区
案例 3（ZDY）	产业集群	公司主导＋村集体参与＋群众加盟
案例 4（ROY）	产业集群	公司和基地统一管理农业运营
案例 5（ZJL）	合作社	公司创办合作社
案例 6（ZSD）	合作社	直接成立合作社

续表

代码	影响类型	影响效果
案例7（ZSM）	合作社＋产业集群	直接成立合作社，合作社下设洛阳金田甘薯种业科技开发有限公司、新安县金田薯业协会
案例8（SJZ）	无	无
案例9（HUY）	产业集群	生态科技园
案例10（SXW）	产业集群	示范园
案例11（LSQ）	合作社	公司创办合作社

2. 资本下乡企业与农民合作社结成战略联盟

工商资本参与农民专业合作社的发展已经成为一种普遍现象，如何构建工商资本与农户之间的合作机制是实现双方长期合作的关键所在。演化博弈理论为研究农民专业合作社中工商资本与农户之间合作机制的形成及其演化方向提供了新的工具，研究表明：合作机制的形成受到初始支付矩阵和关键参数选择的影响。通过加强合作宣传，提高管理者整合资源的能力，合理设计激励和约束机制，以及转变政府支持方式等措施能促进工商资本和农户之间良好合作关系的形成，最终可以实现合作各方的多赢及农民专业合作社的可持续发展。

农民合作社是资本与农户合作的重要载体[1]。资本下乡企业与村庄原有的合作社结成联盟，形成"资本下乡＋农民合作社"方式，一方面，方便资本下乡企业顺利经营，另一方面，给农民合作社发展提供更强的资本和技术支持。首先，资本下乡企业与现成的农民合作社合作，降低了资本下乡企业自己成立合作社的成本，能够利用现成的渠道来获得资源和生产基地，又降低了成本，对于资本下乡企业是双赢的结果。对农民合作社来说，资本下乡企业一方面提供资本和技术，另一方面提供自己的销售渠道和加工渠道，为农民合作社经营困境的破解提供条件。其次，资本下乡企业与农民合作社结成联盟，提高了双方的经营柔性，双方都不具有对对方的约束，在一定程度上，为双方经营的灵

---

[1]　李继志、封美晨：《农民专业合作社中工商资本与农户的合作机制研究——基于演化博弈论的视角》，《中南林业科技大学学报》2016年第8期。

活性提供了基础。再次，提高了生产的稳定性。双方联盟是建立在优势互补的基础上，具有捆绑方面的约束，双方都不愿意失去对方的优势，因此，合作容易趋向稳定，比较容易解决冲突，为合作社和资本下乡企业共赢提供了保障。

3. 资本下乡与基层政府联合成立合作社

资本下乡与基层政府合作，联合成立合作社，这种方式主要是资本下乡对于乡土社会的嵌入需要一个过程，其成立合作社不具备一定的条件，需要基层政府的嵌入。资本下乡企业在下乡过程中，如果不具备返乡的条件，那么乡村对其就是陌生的社会环境，为了快速嵌入乡村的生产结构中，需要基层政府成立农民合作社，并与资本下乡企业合作，形成联盟，共同完成乡村振兴战略。首先，基层政府组织对农村社会网络相对较为熟悉，并对农民的生产、生活和生态行为较为了解，容易将农民联结成生产组织，并且能够通过基层政府管理者——村干部来担任合作社领导，同时让村庄精英参与经营管理，这样形成的生产组织具有相对稳定性和权威性。其次，村民对基层政府组织较为信任，愿意将自己的资产和资本交给村基层政府组织管理，这样方便聚集资源要素从事符合资本下乡企业需求的生产，同时能够容易建立资本下乡主体与村民之间的信任关系。再次，资本下乡企业与基层政府成立的合作社合作，更容易通过基层政府来获得上一级政府关于农业项目的财政补贴和税收优惠，并且能够获得上一级政府的认可，从而更容易获得政府的资源。

（二）资本下乡企业与农村集体经济组织的融合

1. 资本下乡企业与村集体联合成立公司

集体经济组织建立公司，农民以各种形式入股，村民占一定比例的股份，村集体经济组织占一定比例的股份，公司由村基层政府领导和村内能人负责管理，资本下乡企业一次入股注入部分资金，依靠资本下乡企业在外面的市场经营，通过资本下乡企业来面对大市场，按照村庄的比较优势和种植历史，选择适合的项目开展，由公司保底销售，从而能够使村民每年拿到分红。由于农户和资本下乡权力的严重失衡，资本下乡侵害农户土地权益以及农户和工商资本投资者违约率高等现象发生频繁，因此，"工商资本＋农户土地承包经营权资本→

公司法人"和"工商资本+农户土地承包经营权资本→合伙企业"的投资路径为工商资本投资农村拓展了优选渠道，彻底解决了渠道主体权力失衡的问题[①]。

案例 11：成立 7 个专业合作社，每个集体企业设立股本 110 万元，村民占股 49%，村集体占股 51%，7 社共入股资金 770 万元（其中李寨农业开发公司一次性注入发展基金 500 万元），由合作社全体社员推选致富能人领衔经营。依靠"亿星集团"，面对大市场，规模种植五谷杂粮、苗圃、果园、蔬菜等，确保每年能够拿到分红。对于村民来说，除了拿到股份分红外，还可以以多种形式参与到资本下乡过程中，从而获得更多的红利。如通过返聘，以月工、日工、计件等多种形式，安排村民参加劳动，增加务工收入。针对贫困农户，资本下乡企业投资建起 60 座温室大棚，交给专门组建的"亮剑种植合作社"打理，扶持 145 户建档立卡贫困户参与土地流转和劳动投入，他们或个人经营大棚或在别人承包的大棚里打工，月务工收入不低于 2000 元，确保贫困户有"两份稳定收益"：土地分红+打工收入，实现当年脱贫。表 3-4 列出了资本下乡与乡村集体经济组织合作的所有模式。

表 3-4　资本下乡与集体经济的合作

代码	影响类型	影响效果
案例 1（CJG）	共建基地	实现企业、村集体和农民共建共创共享多方共赢的实践基地
案例 2（LXK）	无	无
案例 3（ZDY）	共建基地	公司主导+村集体参与+群众加盟
案例 4（ROY）	无	无
案例 5（ZJL）	无	无
案例 6（ZSD）	共建公司	带领群众发展村集体经济，成立"洛阳一村农业科技有限公司"
案例 7（ZSM）	无	无
案例 8（SJZ）	无	无
案例 9（HUY）	无	无

① 蒋云贵：《基于渠道权力平衡的工商资本下乡路径研究——兼论渠道主体违约风险防范》，《江汉论坛》2013 年第 7 期。

续表

代码	影响类型	影响效果
案例 10（SXW）	无	无
案例 11（LSQ）	共建公司	专业合作社以村民和村集体共同出资入股的方式

2.资本下乡企业与村集体经济组织联合成立公司

资本下乡企业与村集体经济组织联合成立公司方式主要有以下三种：首先，确定资本下乡企业经营的项目，村集体经济组织通过一定的合约，将农户的土地以一定的租金价格租到集体经济手中，通过进行土地整理适合资本下乡企业的需求，然后成立公司，成为资本下乡企业的生产供应基地，为资本下乡企业提供原料。其次，资本下乡企业以一定的资本、设备和技术投资，加入到村集体经济组织中，与村集体共同管理公司，使得双方在分工的基础上实现合作，并通过各自投入的资本进行分红，村集体经济组织的分红除支付管理费用和农地租金外，一部分留存村集体经济组织作为发展基金。再次，资本下乡企业通过控制村集体经济成立的公司，从而获得稳定的原料供应，村集体经济组织通过合作和管理生产，获得稳定的红利，同时，与资本下乡企业一起承担风险，实现村集体经济组织与资本下乡企业的利益联结。

二、资本下乡推动乡村组织振兴的对策

（一）建立有效的规制机制，完善双方的合约机制

无论是与农民合作社合作，还是与村集体经济组织成立的公司合作，都需要完善的合约来约束双方的行为。首先，完善利润分配合约机制。利润分配合约的设计，不但要坚持公平原则，还要兼顾社会责任原则，在资本下乡过程中，村庄和村民处于相对弱势地位，乡村振兴也需要投入，因此，资本下乡企业在利润分配过程中，应该充分考虑当地的经济社会条件和村庄的实际条件，前期应当以部分利润完善村庄的基础设施建设和社会责任等，获取村民的信任，然后才能够持续地发展下去。其次，完善风险分担合约。在风险承担方

面，资本下乡企业相对较村集体和村民强，同时也较农民合作社强，但是在损失面前，资本下乡企业能够采取有效的方法规避，与之相比，合作社则不能够找到很有效的方法规避，主要是人力资本和风险防范意识的差距，因此，在风险分担合约设计上，充分考虑到双方的风险承担能力，设计出能够有效实现风险分担，还能够持续经营的合约，避免双方的卸责行为。再次，有效的土地合约。土地是双方联结最为紧密的资本，因此，土地合约的设计，要兼顾风险和收益分配两方面的信息，建立更为灵活的资本合约，为资本下乡企业和农民组织提供各自的保障，又不能僵硬和死板，为双方的退出和进入提供灵活的方式。

（二）提升农民合作社动态能力

现有的农民合作社无法与资本下乡企业对接，其根本原因在于现有的农民合作社能力有限，不能给资本下乡企业带来更多的产品和服务，因此，需要提高农民合作社的动态能力，使其能在资本下乡的大环境中，通过自身的学习机制，提升自身的动态能力。首先，通过资本下乡企业来改造农民合作社，提供现代的企业管理制度和管理技术，加强对农民合作社成员的培训，通过技术转让和设备更新，提高其生产能力和效率。其次，通过基层政府和其他政府部门来改善农民合作社的能力。地方政府通过引入高校、科研机构和技术服务部门，增强农民合作社的技术和管理能力，同时加大对农民合作社的扶持力度，优化农民合作社的成员结构，引入村庄精英参与农民合作社的建设等。再次，提高农民合作社的内生能力建设，在与资本对接过程中，激励农民合作社内生能力建设，通过内部激励制度的建设，完善内部奖惩制度，提高成员的凝聚力和团结力，加强农民合作社的战略管理，为农民合作社建立有效的长效战略管理机制。

（三）加强下乡企业与农民合作社的联结

资本下乡企业要与农民合作社对接，需要双方在业务流程、质量标准、生产技术和管理制度方面相互匹配才行，因此，在资本下乡企业主导的合作社中，如何提高农民合作社的对接能力，就成为当前亟待解决的问题。首先，资本下乡企业根据自己的质量标准，改造农民合作社的生产和服务流程，使其业流程重构，达到满足资本下乡企业的需求，同时提供必要的设备、技术和相关管理服务，从而达到双方的生产匹配。其次，按照资本下乡企业的销售渠道和对产品质量的要求，制定农民合作社的生产质量标准和技术标准，提高其生产的质量，使其产品达到资本下乡企业的需求，从而达到质量的匹配。再次，从资本下乡企业的整体规划出发，考虑如何将农民合作社作为嵌入到乡村社会的重要工具，比如，嵌入乡村社会，解决资本下乡企业与农民之间的矛盾，协调土地和资本的对接等，使农民合作社成为资本下乡与村民对接的桥梁。

第四节　资本下乡赋能乡村生态振兴的路径

资本下乡不可避免对农村的生态空间造成一定的影响，主要通过其生产行为、交易行为和市场行为，从而影响农村生态空间的微观变化。资本下乡企业对农村生态空间的影响主要是通过以下路径和机制影响的。

一、资本下乡推进乡村生态振兴的路径

（一）资本下乡推进乡村生态园区的建设

资本下乡一般的模式是通过建立生态园区，在园区内建立符合生态保护的生产模式，从而推动乡村生态环境的改善，在不破坏乡村生态环境的条件下，改造其经济条件的行为。

1.资本下乡建设第一、二、三产业融合的生态园

如何在第一、二、三产业融合的基础上，促进乡村生态振兴，同时也是资本下乡企业所要考虑的问题。首先，按照第一、二、三产业融合的标准，依据地方特色产业基础和资源禀赋条件，建立生态园区，推动产业融合，比如案例2中的生态园区在建设过程中，就是坚持在城乡互动发展中实现生产集约化、农田

景观化、园区公园化、农居宾馆化，坚持农旅结合，以农促旅，旅游富民的发展思路和理念，将其打造成集生态农业、观光农业、乡村旅游、休闲度假、体育健身、颐老养老、民俗文化、农家餐饮民俗及农副产品深加工于一体的田园综合体。天兴农业生态园项目，规划占地5000亩，已流转土地3000亩，建设融"种养加游购娱"为一体的特色农业产业园，该生态园以大粒樱桃、软籽石榴、葡萄种植为主导，聚焦林下养殖、餐饮、运动健身、颐养、农业观光、农产品加工、冷链物流七大产业，打造第一、二、三产业融合发展的综合性园区。

2.资本下乡与当地政府合作建设生态园区

资本下乡企业响应政府的号召，与政府合作在农村建立生态园区，通过整合农村资源建立基于生态保护的生态园区。如案例9的生态园区建设，是交通运输部海事局下属中国海事服务中心于2003年在洛阳进行交通扶贫的同时，投资建设的集保护"母亲河"、保护环境和扶贫于一体的项目，是习近平生态文明思想的践行者，是黄河流域生态保护和高质量发展的先行者。

3.资本下乡与当地合作共建绿色产业

资本下乡企业对乡村生态影响的一个重要途径就是通过开发绿色产业，使产业绿色化，绿色产业化，从而推动乡村生态环境的优化。首先，资本下乡企业进行绿色创业，将农村集体所有的荒山、山沟和林地开发，从事绿色种植，既达到绿色化的目的，同时也达到生态优化的目的。在我们的案例中，一部分案例都从事的是绿色种植、有机和生态农业项目的开发，一部分从事生态园等集群化发展绿色产业模式。比如案例1沟域经济发展过程中，是与改善生态环境相结合。积极发展经济林、生态林，利用荒山、荒沟、荒坡，实施沿黄绿化、村庄绿化、矿山绿化、廊道绿化等，新发展高效生态林面积9.6万亩，改善了生态环境，提升了生态效益。其次，根据村庄的资源禀赋和产业优势，将绿色融入村庄的建设中。一方面，将村庄所拥有的绿色资源，通过一定的手段，转化为经济价值，并且在不损坏绿色价值的前提下，发挥其经济价值，比如将农业资源转化为旅游资源，让农业生产过程转化为有经济价值的过程，还比如，通过提升产品的生态化和绿色化，通过一定的技术和质量控制，将原有的特色农产品转化为绿色和有机的农产品，提高农产品的价值。另一方面，通过建构绿色品牌、提高村庄绿色产品的价值，使得优质产品能够获得优质价格，通过地理标识产品、绿色有机品牌和生态农产品、无公害农产品等手段，提高产品的经济价值。再次，打造绿色产业集群；通过将村庄第一、二、三产业融合发展，打造绿色产业集群，通过绿色产业集群来推动地方绿色产业的发展，从而达到美化乡村的目的。

（二）资本下乡通过完善基础设施推动乡村生态振兴

资本下乡企业通过对村庄基础设施进行投资，从而提高乡村的生态环境优化。一方面，资本下乡通过对村庄卫生设施的投资，美化乡村人居环境，比如，通过投资垃圾处理设施，厕所、下水道、污水处理、道路硬化、自来水、天然气等方面，推动乡村人居环境的优化，使居民能够生活在一个卫生和干净的环境中，从而使乡村更加美丽。另一方面，通过建构完善的有利于循环经济的农业生产基础设施建设，比如建立农业生产废弃物回收设施，将秸秆、生活垃圾等转化为有机肥的设施，还比如有利于节水、电和能源的生产设施，从而使生产过程的污染降到最低，达到优化乡村生产环境的目的。

（三）资本下乡通过三产融合推动乡村生态振兴

资本下乡不仅要创造出绿色资本，还有通过产业融合，整合出绿色资本，从而推动乡村绿色和生态水平，这主要是通过产业融合实现的，一方面，资本下乡通过建设田园综合体，达到改善乡村生态环境的目的，将脏乱差的乡村变成美丽休闲的乡村，通过生态治理环境目标的实现，通过投入农业基础设施建设，将农作物生产废弃物就地打碎填埋，推广生物菌肥的应用，提高肥效和加快重金属的分解。另一方面，通过产业融合，整合产业资源美丽乡村。比如通过第一、二、三产业融合，将传统的农业种植于休闲旅游、农事体验、农业科普与农业产业链经营深度融合，推动农业与第二、三产业深度融合，从而拓宽农业的增值空间，并通过使用有机肥，使土地恢复原生态生产环境，通过游客的监督，倒逼农业生产实现清洁生产。如案例 1 在发展沟域经济过程中，打造全域旅游相结合的经济体系，积极发展休闲观光、采摘体验、健康养生等项目；打造休闲农庄 35 个、采摘园 58 个；成功举办樱桃文化节、中国樱商大会新安分会、鹰嘴山牡丹文化节等活动，促进农旅融合。年接待乡村旅游 180 万人次，倾力把洛阳樱桃谷、黄河神仙湾、大河田园、磁河生态谷、畛河生态谷等沟域经济示范带打造成 A 级旅游景区。塑造了以卡通形象"安小淘"为主的"心安礼得"农旅融合品牌，使全县的农产品通过"线上＋线下＋物流"的渠道走向全国。

（四）资本下乡通过村庄规划优化乡村生态环境

在乡村规划方面，资本下乡企业通过乡村规划，改善乡村环境，比如案例 11 中的李寨村，资本下乡企业将村周边按照一年四季有林有果，有可以观赏的植物，有可以售卖的蔬菜，通过产业来打造美丽生态乡村。全村统一布局的 4 大集体企业、7 个专业合作社、9 个集体产业基地，56 个良种繁育场，相继建起运营；品牌孵化中心统一打造的李寨"黑土地五谷""有机西瓜""无公害蔬菜"等 56 个生态农业品牌上市销售。截至 2018 年 6 月，全村实现"土地全流转、村民全就业、收入全保障"，基本形成粮经饲统筹，种养加一体，第一、二、三产业融合的农业产业体系，一亩地的产值也由传统的 600 元，最高 1000 元，提高到 5000 元，最高 2 万元。在上述的 11 个案例中，基本都从事与生态农业有关的行业经营，资本下乡促进乡村生态农业的发展。

二、资本下乡推进乡村生态振兴的机制

对于下乡资本来说，要想获得在农村的持续性发展，离不开村民的持续认同和尊重，并且在推动乡村经济振兴的基础上，改善乡村的生态环境，不能以牺牲乡村的生态环境置换经济的发展。村庄的可持续发展是村民的基本诉求之一，外部资本必须尊重村民对村庄的可持续发展的需求，才能赢得村民的持续信赖。

第一，建立有效的沟通机制，尊重双方的诉求。要充分尊重村民改善村庄生态环境的诉求，一方面资本下乡企业主动改善村庄的生态环境，通过投资提升村民的生活幸福感,比如修建下水道、种植树木绿化村庄,硬化道路和渠道,美化村庄的生活环境,提高生活水平。另一方面,资本下乡企业和村民一起共享良好的乡村生态环境,获得村民的持续支持、尊重和认可,资本下乡企业对村庄生态环境的投资,在村民中通过社会关系网络进行口碑传播,使得其行为得到快速的传播,建立良好的声誉。

第二,实现产业投资与生态环境的有效耦合。资本下乡进入乡村,投资于农业和非农业领域,通过对基础设施进行投资、对产业融合进行投资、对产业园区进行投资,完善了农村的基础设施,对于生活在乡村的农民来讲,这些措施给农民带来生活、生产、教育和出行的便捷,也给周边的农民生活产生了带动效应,带动了整个乡村生态环境的改善,提高村庄的生活空间的生态化水平,一方面,推动了下乡资本嵌入到村庄社会所面临的生态环境系统,另一方面,村庄生态环境系统也会对下乡资本的嵌入性行为产生差序化反应。在村民的内在需求、耕地红线、粮食安全、生态红线等方面,下乡资本容易与村民的需求发生矛盾,资本下乡在攫取资源的同时,会对村庄生态环境产生破坏,因此,必须承担社会责任。比如进行基础设施投资、进行三产融合、建立生态示范园区等,通过农旅结合,带动旅游产业发展的同时,增加农民收入。

第三,加强资本下乡与村庄主体的合作。通过资本下乡,依据地方的产业特色,采取多种形式加强村庄和资本下乡主体的合作,提高乡村的绿色化和生态化水平。首先,搭建合作平台,选准资本下乡主体和村庄主体,精准对接合作,合理合规开发农村生态产业,即选择在某一方面资源有开发优势和经验的公司,来对口开发乡村的特色产业,比如,针对拥有丰富旅游资源和文化资源的乡村,选择具有文旅开发优势的公司来合作,实现优势对接,才能取得更好的价值,而这强强联合需要有一个很好的资源和优势展现和交流的平台,这个平台只能由政府部门来建构,基层政府部门和资本下乡企业来展现,而不是靠一次展览会议就能够实现签约的。其次,针对资本下乡过程中合作双方的力量非对称的问题,在资本下乡与基层政府或者乡村农民组织就资源开发谈判过程中,基层政府和乡村农民组织处于弱势地位,如何平衡这种谈判力量非对称而带来的机会主义行为,是资本下乡需要考虑的重要问题之一,在这个问题的解决过程中，需要上级政府部门，就资源价值评估和谈判方面建立有效的委托机制，在项目谈判期间，由政府部门委托正规的资源评估机构对开发资源进行评估，并由事后的收益来弥补这部分评估费用，从而平衡基层政府、村民与资本下乡企业谈判过程中的力量非对称问题。

案例 11：生态靓村，着力打造人与自然的和谐共生

1. 科学引导农村住宅和居民点建设，打造美丽宜居家园。在资本下乡企业的鼎力支持下，村党支部请南京、上海知名设计院，对李寨美丽乡村建设进行总体规划设计；委托国家农业部规划设计院，对李寨的现代农业进行高标准规划。在此基础上，以"上项目"的形式，安排投资计划 3.6 亿元，通过土地整理、新村建设、环境整治、文化传承四大行动，打造田园社区、古寨景区、乡村旅游区等特色园区体系，总建筑面积 17.65 万平方米，分三期实施，让全体村民住上与城里人一样的房子，过上与城里人一样的社区生活。第一期已完成投资 6693 万元，建住房 180 套，安置居民 106 户 389 人，第二、三期住房项目及人居环境配套设施，列入每年需办好的"十件实事"，一件一件抓落实。

2. 引水、筑桥、修路，为李寨增景、增产、增绿。绵延千里的沙颍河，从李寨穿流而过，但由于过去集体经济解体，农田水利设施长期失修，导致河水改道干涸，李寨村民长期种田难、吃水难、出行难。"幸福生活要从治水开始"，共投入各类资金 5600 万元，启动"引沙河水入村工程"，修桥涵、建水站、打机井、治废水，使 6000 米沟渠得以清淤，3000 亩耕地实现电气化浇灌。为解决"雨天一身泥"的行路难问题，争取资金 3000 万元，拓宽李寨村连接 238 省道的 12 公里通村路，改水改渠修筑通往田间地头的生产道路 3000 米。投资 280 万元，对村内"皂沟河"进行固坡、护坝、修建农田灌溉设施，对田间、河堤沿岸人行道进行改造，对连接至冯营乡道路沿线进行绿化、亮化。投资 300 万元，对村内 4 条主干道及连接坑塘、水沟、废弃地、"窝子林"等的道路全部"整容"，进行硬化、绿化、美化，使昔日的"臭水沟、荒坡地"变成了景观带，在增景增绿的同时，改善了生产条件，实现了耕地林网化、机械化。

3.实现村庄绿化洁净全覆盖。开展清洁家园综合整治行动。铺设饮水管道1.4万米,实现全村户户通自来水;投资560万元实施天然气进村工程,成为全县第一个实现户户通天然气的村,村民们从此结束了烧火做饭烟熏火燎的历史;建成李寨乡村农耕、果蔬采摘长廊,发展乡村观光休闲旅游;村党支部拿出200万元奖励资金,开展"美丽家园评比"活动,引导全村600户居民在房前、屋后、路边、沟边、池塘边种花、种草、种果、种瓜、种观赏农作物,检查考评家庭环境、卫生、布局、物品、陈设等,按种植成活率和家庭卫生得分,以优秀、良好、较好的标准,分别给予3000元、2000元、1000元的奖励,既使全村土地利用面积扩大300亩,又美化了村容村貌,促进了环境卫生的普及和养成。

三、资本下乡推进乡村生态振兴的策略

(一) 在合适的村庄选择引入合适的企业

乡村生态振兴不仅仅是生态资源的开发和生态环境的保护,更重要的是外来的资本势力需要并且有激励进入该村进行经营。第一,选择正确的资本下乡企业,资本下乡过程中,最担心的是"伪下乡",打着"下乡"的名头,从农村占取土地和生态资源,为商业开发做准备,或者为倒卖建设用地指标做准备,还有的为了项目换取政府的补贴资金,这些"伪下乡"的资本其实质是掠夺乡村发展的最后空间,为了避免这种"伪下乡",需要甄别资本下乡主体的真实目的。在资本下乡过程中,资本主体"返乡"行为,由于资本主体本属于该乡村中的一员,其返乡有一定的"乡愁"和"公益"的目的,还有一点"声誉"塑造的目的,在这些目标的约束下,其下乡能够真正为了乡村的发展。因此,鼓励"老乡"建"家乡"是一种比较好的策略。另一个思路就是加强项目审核和项目实施过程中的监督,项目审核方面,由政府部门聘请专家和专业机构,对项目的生态风险和生态价值进行评估,并且出具较为详细的报告,向村民公布。在项目开展过程中,建立生态风险保证金,资本下乡企业在开发资源

的过程中，首先缴纳一定比例的保证金，当发生生态风险时，用保证金弥补村民和基层政府的损失。此外就是在项目开展过程中实行动态监督机制，一方面由基层政府成立农民自治组织，动态监督过程中对生态环境的影响，并将这种影响公示给村民，如果达到一定的阈值时，启动预警和报警机制，按照事前设计的惩罚方案进行惩罚。

第二，选择合适的村庄。不同的村庄的生态脆弱性不同，如果是生态脆弱性的村庄，其生态承载力本来就差，一旦遭受更大的生态压力时，生态系统就会崩溃，从而造成更大的生态风险。首先，针对资本下乡企业所选中的村庄进行生态评估，由基层政府和资本下乡企业在项目收益中支付评估成本，通过生态评估，并结合资本下乡项目所带来的生态压力和动力，衡量双方的匹配程度，从而甄别是否能够适合资本下乡企业的开发，并将评估结果公示。其次，对村庄参与资本下乡的生态风险，就全村范围内，搜集相关村民的需求及个人的观点信息，尤其是涉及其土地、资产和宅基地等利益相关者的信息，对他们的信息进行汇总评估，找到关键的风险点并探讨针对性的对策建议。再次，就生态资源开发项目，争取村庄精英和宗族势力的意见，村庄精英直接关系着项目的开展是否顺利，即使对村庄生态具有好的影响的项目，如果没有村庄精英和宗族势力的认同的话，同样开展不起来。

（二）建立基层政府、村民和资本之间的有效耦合机制

资本下乡对乡村生态空间的影响，不仅关系乡村振兴的实施，同时也关系着村民的生存空间，被污染的生存空间，意味着村民几辈子居住的村庄将被撂荒，将被遗弃，这是关系村庄生存的大事，同时也关系着基层政府部门的业绩考核，因此，资本下乡对乡村生态空间的影响，需要基层政府、村民和下乡资本之间协同解决，使三者实现有效的动态耦合。首先，三者之间各自有自己的目标，在资本下乡过程中，目标之间的差异导致相互之间的矛盾，如何协调和耦合，关键在于目标取得一致，目标的协调在于符合激励相容原理，就是能够达到共赢，因此，共赢目标的设计，就是资本下乡的关键。因此，资本下乡企业通过政府优惠政策获得补贴的实惠，村民通过生态资源产业化的实惠，政府

部门获得地方经济增长的绩效，三方才能实现共赢。但是这里面有一个非常重要的问题，就是资本下乡企业必须得到政府的扶持和补贴才行，这种共赢具有不可持续性，也是短暂的。因此，目标一致的关键在于将产业项目、生态影响和村民收益三者协调一致，通过具有正向生态影响的项目，将村民和资本下乡组织起来，在地方政府的主导下，动态调整实现利益平衡的持续性。其次，实现有效的动态规制，针对资本下乡项目，动态监测其对生态环境的影响，并定期评估，在此基础上，实行动态规制，避免项目对生态环境长期影响，同时，针对资本下乡企业实行投资准备金制度，如果对生态环境造成的负面影响超过一定阈值，将资本下乡企业投资准备金没收，并补偿给村民，同时冲抵政府部门的项目补贴金额。再次，建立三者有效的协商机制。当出现生态风险时，如何协调并解决风险，需要三者建立有效的协商机制，这需要协商的召集者和谈判平台的建立，一般而言，需要政府部门针对生态风险的评估，建立有效的协商平台，召集基层政府和村民自治组织的代表、资本下乡企业进行协商，并按照事前的规制和事后的惩罚机制，来对资本下乡企业进行处理。

（三）根据地方特色生态资源，采取生态产业化和产业生态化措施

根据地方特色产业优势资源和市场需求，建立生态产业化和产业生态化机制。首先，在地方招商前期，摸清地方生态资源的规模和特质，制定相关的生态资源产业化的措施和标准，有针对性地对企业进行招商，避免招商的盲目性，同时，针对生态资源的开发规模和开发标准进行详细的规定，制定红线规则，避免越限而造成更大的生态风险，在招商方面，应有目的地筛选企业，找真正具有开发能力和开发资质的企业招商。其次，针对资源产业化开发过程中的价值分配，实行动态分配机制，避免开发过程中出现利益相关者之间的矛盾而影响开发的进程，从而造成生态风险。再次，利用资本下乡对现实产业进行开发和拓展时，要重视其生态化水平的提升，利用现代生态保护技术，在产业生态转型和升级方面多下功夫，实施动态监督机制，避免出现生态危机。

第五节　资本下乡赋能乡村文化振兴的路径

乡村振兴的一个重要维度是文化振兴，文化是乡村振兴的重要组成部分，资本下乡如何推动乡村文化振兴，使乡村在经济发展的基础上，实现文化的全面繁荣，是学者关注的重要问题之一。

一、资本下乡促进乡村文化振兴的路径

（一）整合文化资源，培育特色文化产业

每一个地方的乡村都蕴含丰富的文化资源，随着乡村的历史变迁，这些文化资源沉淀于村民的文化意识之中，是一个地方的文化资源优势，在乡村振兴过程，通过资本下乡，推动乡村文化设计，深度挖掘乡村文化资源，促进乡村文化繁荣。加强对乡村文化资源的开发。通过资本下乡的契机，深度挖掘乡土资源，使乡村文化更具有地域性和特色性，突出美丽乡村的设计和可识别性，依托村落的文化环境和文创项目来建设和重构，加强农村新型文化业态的构筑来建设农村新型文化，重塑乡村文化。乡村文化是在农业生产与社会活动过程中，逐渐形成的与社会心理、道德情感、民俗风俗、是非标准、行为习惯和价值理念相关的物质和非物质活动的总和。乡村文化可以分为精神和物质两个层面，精神包括乡村民情、风俗人情等，物质包括乡村建筑、景观等，资本下乡对乡村文化设计方面具有推进作用，主要包括对乡村社会泥土性、血缘亲缘关系、包容性等的物质描述，通过品牌包装，振兴乡村文化。打造乡村创业产品，资本下乡要打造富有乡村特色的品牌文化产品，加强对乡村文化设计、打造具有更多乡村文化元素的创意产品，将乡村文化传播具体化，乡村振兴需要特色品牌化的文化产品，加强乡村文化设计，打造更多更具有文化底蕴的创意产品，同时鼓励深度挖掘乡村文化资源，创造更多的文化传播载体，通过渲染乡村文化底色，设计更多的创意产品，丰富乡村旅游经济发展的产品资源。

（二）打造乡村文化品牌，提升影响度

资本下乡主要是为了获利，尤其注重对资源的开发，文化资源也是蕴含乡村中比较重要的资源之一，深入利用乡村的文化资源，例如，开展传统文化的演出，进行策划具有乡土气息的文化节日，开展展现传统乡土文化的文艺演出，通过文化表演等形式宣传当地的自然生态环境、历史传说、民俗民风、人文情怀，展示民间技艺、传播民间传说、传递农耕文化、营造乡村文化发展氛围。打造更多的乡村文化品牌，销售更多的文化产品，从而获得更多的文化资源开发利得。

（三）提升乡村文明水平，塑造乡风民俗

通过对乡村文化中乡贤要素的提炼，为乡风文明建设注入更多的力量，引领了乡民的思想建设，提升了乡民的道德水平，促进乡村新风尚的形成，提升了乡村文明水平，促进更多的乡民参与做好事、树新风，积极参与乡村文化全面振兴的活动中，提升乡村精神文明的水平。资本下乡通过乡村文化载体和平台的设计，为乡民文化活动提供了平台和载体，使其能够开展丰富多彩的文化活动，引导乡民能够进行更加积极、快乐、幸福的生活，比如，设计乡村文化家园、家训家风、身边好人、孝慈文化宣传等，为乡村文化活动提供更多的机会。

二、资本下乡促进乡村文化振兴的方式

（一）重塑乡村文化生态系统，传承和创新乡村文化精神

一方面，通过资本下乡加强对农业生产遗迹、居民古宅、传承木雕、石刻、剪纸、特色文化制品等物质文化遗产的挖掘和保护。另一方面，加强对乡村节庆、民俗、礼仪、曲艺等非物质文化遗产的传承，建构物质文化与精神文化统一的生态文明体系。通过乡村文化生态体系的重构，使得乡村文化核心竞

争优势得到传承，推动农耕文化、农牧文化与现代文明的对接，保存乡村文化遗留，留住乡愁记忆，同时要通过旅游产业，充分利用乡村文化的经济价值，带动乡村经济的发展。

（二）发展创意产业，打造乡土文化品牌

文化创意产业能够促进乡村文化振兴的同时，推动乡村经济的发展，因此，通过农村产业融合，打造文化产业和旅游产业的融合、创意产业和农业的融合等形式，推动乡村创业产业的发展，打造乡村创业产业品牌，充分利用乡土文化的特色资源，通过提取乡土文化精髓作为元素，利用现代技术作为手段，提高乡村文化产品的设计水平，并与乡村旅游、民俗文化互动和文化网络渠道等载体结合，打造乡村文化品牌。

（三）利用公共文化平台，弘扬传统文化精华

通过乡村公共文化平台的建设，完善乡村公共服务设施，让村民有文化活动的固定场所，推动乡村文化活动的开展，同时也是资本下乡企业与村民联结的一项重要内容。比如，建构农村固定的文化广场，加快农村文化网络设施的建设，给村民文化活动以固定和优质的设施和空间，符合村民的文化活动需求，提升资本下乡企业与村民之间的互动频率。

三、资本下乡促进乡村文化振兴的内在机制

为推进乡村文化振兴，资本下乡应加强乡村文化设施建设，深度挖掘乡村文化元素，打造乡村文化核心竞争力和文化品牌，提高乡村文化服务水平，不断提高村民的文明程度，促进乡村文化繁荣和振兴。

（一）乡村文明与现代企业文明的对接

在资本下乡的过程中，不可避免地受到乡村文明的抵触，其根本原因是城市资本所代表的城市文明与乡土文明的冲突，如果不解决文明的冲突，那么资

本下乡就可能遇到很大的困难，因此，资本下乡必须解决现代城市文明与乡土文明的冲突。首先，在保障乡土文明核心元素的成分上，融入现代城市文明。比如用现代媒体技术打造和提炼乡土文化，利用现代信息技术，将乡村文明用现代信息载体得以复原和传播，扩展乡土文明的传播广度和深度。其次，依托现代文化复原与修复技术，将村庄原始的，具有鲜活生命力，但是又濒临灭绝的文化资源通过现代手段来复原出来，从而使现代乡村文明得到补充而更加完善，使其更具有记忆性和乡愁，能够更好地为旅游或者休闲产业服务。再次，通过对乡村文化资源的挖掘，找出其竞争优势，与城市文明的竞争优势结合，利用资本下乡的契机，推动中华文明的发展，形成具有新时代特色的中华文化的一分子。

（二）乡村特色文化资源优势向文化核心竞争优势转变

第一，提炼地方化的文化要素特征。文化底蕴是影响地方性的重要因素之一，文化对于村庄社区的影响具有永久性和持续性，因此对于资本下乡来说，一方面需要深入嵌入到乡村社区中，需要尊重乡村社区的地方性文化特征，找出其具有时代特征和永久特征的，具有精华的部分传承之，这样容易获得村庄的尊重，同时也是获得村庄支持的重要基础。

第二，深入挖掘村庄的文化资源，并与现代农业发展理念结合起来，在村庄内部社会网络中得到逐步扩散，利用村庄文化，将现代农业经营模式植入村庄文化中，获得村庄的认可。

第三，资本下乡借助村庄传统文化习俗，并以其为载体，通过举办相应的文化活动，获得村民的认可，从而嵌入到村庄现代农业的改造过程。在这个过程中，尊重原有居民的风俗习惯和民风民俗，并通过对该种文化活动的参与，展现对村庄的尊重和重视，从而获得村民的信任，从而便于开展其他生产活动。当资本下乡与村庄在文化上发生冲突时，比如由于土地流转而破坏了村民的风水这一情景时，村民由于对土地的风水的崇拜而不愿意将风水较好的土地流转给资本下乡企业，资本下乡企业遵循地方村民的意愿，充分尊重当地村民的文化习俗和流转意愿，并在此基础上，逐步将现代化的理念传递给村民，将现代农业的发展趋势，前景给村民详细讲解，在尊重文化习俗和个人土地流转意愿的基础上，将现代农业经营理念渗入到村民的传统文化习俗中。

第四，针对乡村文化中比较积极，并具有文化开发价值的部分，需要资本下乡企业积极传承和发扬，如通过出资、出技术的方式，支持地方举办具有地方特色的文化活动，配合村民通过树立牌匾，并将资本下乡企业的姓名留于村庄颂德的牌匾之上，从而逐步获得村民对资本下乡企业的认可，同时也约束了资本下乡企业保护这来之不易对乡村的文化影响，保护自己的声誉。

（三）建立公共文化平台，修复乡村文化

资本下乡过程中，不仅要防止资本下乡对乡村文化传统的破坏，还要重拾和整理逐渐消失的乡土文明，勾勒出乡村文化风貌，完善乡村文化生态体系。一方面，建立农村文化互助组织，与资本下乡企业共同营造和谐文化，另一方面，塑造村庄公民公共文化生活，培育村民的公共精神，并通过互助组织，共同帮助村民中有困难的家庭，并以此凝聚人气、塑造村民传统的邻里情怀，培育和恢复传统的社区情怀。资本下乡企业通过对村庄文化活动的参与，并恢复村民期望的村庄原有的邻里和睦相待，互帮互助的文化传统，维护村庄原有的文明秩序和生活方式，并且能够主动参与村民的纠纷解决、矛盾缓和和摩擦消除的问题，培育村民参与村庄公共生活的积极性和公共性，培育其参与集体公共生活的意识和公共精神。

四、资本下乡促进乡村文化振兴的措施

依据新时代对中国特色社会主义文化发展的要求，建立现代乡村文明体系。乡村文化振兴同时包括价值、时间、空间和方法的振兴，以资本下乡为契机，推动乡村文化振兴，包括：

（一）以社会主义核心价值观来塑造乡村新的文化价值导向

价值是文化建构的关键要素，其是文化扬弃的基本标准，通过资本下乡，

推动乡村文化价值的重塑，主要包括以下几个方面：首先，塑造社会主义核心价值观为导向的乡村文化体系。以习近平新时代中国特色社会主义思想为指引，在深入挖掘传统文化资源的基础上，以文化人，滋养乡情，以社会主义核心价值观为指引，深入挖掘传统农耕文化中的符合时代要素的部分，培育乡土文化能人，培育文明乡风、良好家风、淳朴民风，改善农民精神风貌。其次，通过资本下乡，将中华民族传统文化价值精髓部分融入乡村文化建设过程中，改革开放以来，市场化的冲击使得村庄居民之间原有的"和"的精神逐步丧失，取而代之的是更多的利益冲突，传统的互助和和谐的邻里关系逐渐丧失，取而代之的是市场化的契约和交易，因此，资本下乡应将农村传统文化中的符合社会主义核心价值观的要素提炼出来，融合现代文化价值，形成具有特色的社会主义农村文化价值观。再次，将社会主义核心价值观"富强、民主、文明、和谐，自由、平等、公正、法治，爱国、敬业、诚信、友善"融入乡村文化价值体系的建构过程中，在融合过程中，不是机械的加总，而是在传承中华优秀传统文化价值的基础上，累积优化现有的文化价值观，是传承与创新的统一。最后，价值体系的塑造，不是资本下乡企业单独所能完成的，应该资本下乡企业、基层政府、村民的共同参与和努力才能实现，并且是一个长期的过程，需要持续的投入和努力才能有所发展。

（二）加强乡村文化传承和创新的统一，建构乡村文化特色的连续性

文化具有传承性，在时间上具有连续性，需要在继承的基础上进行创新，才能保障文化具有活性和生命力，需要丢弃糟粕，传承精华，并且有稳定的基因，通过挖掘、保护、传承和利用不变的基因，让村民有"根"的感觉。因此，首先，需要资本下乡企业对村落的老人开展传统文化资源的调查，开展口述史的研究，梳理本地梳理和挖掘本地乡村发展历程中的传说和各种故事，在时间上重绘乡村传统的生活方式及其演变过程，形成村落文化的资源数据库，并让村民意识到自己拥有很多文化的东西，从而建立基于乡村的文化自信。其次，实现文化资源的整合发展。文化振兴需要提炼，发挥政府的重要功能，通过引入资本下乡，推动传统文化的保护与旅游产业等产业的融合发展，促进乡

村文化产业的发展。政府和专家学者要引导村民进行文化觉醒，帮助其苏醒文化意识，实现文化的自我提升。再次，推进乡村文化的演变。在城乡资本主体交流过程中，传统与现代文明的交流过程中，乡村文化振兴的必由之路是随时代变迁而发生演变的，演变的主要动力是创新，包括乡村文化内容、方式和手段都需要创新，从而使乡村文化以多种形式、多元模式的存在。一方面，强化内在的动力机制，提高文化创新的收益水平，将具有一定乡村文化精华的村庄故事改编成电影、电视剧，从媒体传播过程中，获得收益，同时又展示乡村文化的魅力。另一方面，强化创新的手段；推动现代互联网、自媒体和短视频等现代网络手段，深度挖掘乡村传统文化精髓，并以现代展现方式，提供更多更具体的信息，使乡村文化更具传播力。

（三）在保障地方特色的基础上，促进区域乡土文化的交流

文化的一个重要维度是空间上的异质性，不同地方乡村文化的顽强生命力在于其稳定的基因，更是得益于通过开放和兼容的手段，在保持地方特色的前提下，通过吸纳不同地区的特色，建构自身的文化结构调整。首先，除了价值和传承因素，乡村文化振兴还受到社会制度、地理环境的影响，在地理上存在很大的地方性，因而需要跨文化视角推动乡村文化的振兴，推动不同地方乡村的文化之间相互影响、相互交流和互动。不同地区乡村之间在价值观念、行为规范和社会制度方面都有自己的特色，其差异性是相互交流和影响成为振兴乡村文化的重要方面，通过乡村文化之间的相互交流和碰撞，通过相互借鉴、兼容互补，形成文化共识，凝聚乡村文化振兴力量。其次，不同地方乡村文化的交流能够推动文化产业化发展，资本下乡的一个目的是逐利，同时，文化的经济价值也是通过文化产业来实现和推动的，如果文化趋同，那么文化交流就没必要了，因此，文化交流使文化商业化，从而带动文化产业化，使文化的经济价值得以实现，符合资本下乡的目的。再次，不同地方性的乡村文化交流有利于文化融合和创新，通过不同地方乡村文化的交流，容易创新出新的文化形式和内涵，比如，一个故事可以由多种形式的艺术表演形式和剧种来演绎，这同时也是文化交流的成果，通过不同地方的乡村文化的交流和相互吸收，形成新

的文化优秀成果，建构新的乡村文化体系。

（四）通过方法融合，创新乡村文化形态

把不同专业的研究方法带入乡村文化研究中，用跨学科的方法对乡村文化进行研究，借助于资本下乡搭建的平台，使乡村文化适应多元化特征，能够创新多种形态。首先，对乡村文化资源挖掘方法的多样性，可以通过传统的戏曲、曲艺等形式表达，同时可以使用现代的动漫、三维立体和3D打印的方式呈现，通过多种方式展现，使得乡村文化中的精髓部分得以为不同阶层、不同年龄的村民所接受并传承。其次，建构多样化的文化交流平台，尤其利用现代互联网技术，将一些优秀的乡村文化资源和创意产品展现在互联网上，使更多的人认识和欣赏，从而间接推动旅游和创业产业的发展。再次，通过资本下乡，建立文化交流平台；通过不同文化研究者、创意产品设计公司、专家和学者，就乡村文化资源挖掘、艺术表现形式创造及内涵理解方面进行交流，充分挖掘乡村传统文化精髓，并融合现代文化，形成新的表现形式和内涵。

（五）加强乡村文化资源挖掘与产业化开发

资本下乡的一个重要方面就是开发乡村文化资源，从而配合旅游休闲、现代农业，实现资本下乡逐利的目标。如案例9，通过产业融合，实现乡村文化与爱国主义教育的融合。文化挖掘的原则在于集保护"母亲河"、保护环境和扶贫于一体的项目，是习近平生态文明思想的践行者，是黄河流域生态保护和高质量发展的先行者。在中华民族的母亲河——黄河河畔植树造林，保持水土，防治污染，树立绿色文明意识、生态环境意识和可持续发展意识。通过基地建设，使一个原本几乎没有一棵树、沉睡千年、地质条件恶劣的荒山披上了绿色新装，一个四季常绿、四季有花、四季有果的"世外桃源"展现在母亲河畔。保护黄河是事关中华民族伟大复兴的千秋大计。经过16年不懈的努力，洛阳华洋生态科技园在绿化荒山、保持水土、保护环境、保护"母亲河"、打造低碳社会、脱贫攻坚和助力乡村振兴等方面取得了显著成绩，项目的持续开发带动了周边百姓的共同富裕，项目在交通运输部、海事系统

享有较高知名度，在宣传和参与保护母亲河活动方面发挥了积极作用。比如宣传"愚公移山，科学发展，将千年荒山变绿水青山"。贯彻习近平生态文明思想，把绿水青山变成金山银山，将现代生态文明与传统农村文化传统紧密结合起来。

充分发挥保护母亲河爱国主义教育基地的功能，在黄畈深入开展荒山绿化、保护生态环境、保护母亲河的爱国主义教育及实践活动，提高广大青少年及社会公众的生态环境保护意识，扩大保护母亲河行动的社会影响，鼓励更多的社会公众参与到保护和改善生态环境的大业中来，每年接待来自全国各地交通和海事系统的专家和领导、郑州、洛阳和新安县等各地客人万余人，在宣传生态保护、推进生态文明建设方面发挥了良好的宣传和示范带动作用。

生态园对原有展馆进行了重新设计，对爱国主义教育的内容进行了完善和发展，目前的爱国主义教育活动包括六部分内容：一是爱国主义教育展馆参观，通过回顾中央领导保护母亲河的指示、学习绿水青山就是金山银山的"两山论"以及园区艰难的发展历程，增强对习近平生态文明思想的认识和保护母亲河的认识。二是园区游览，通过游览和体验亲身感受洛阳华洋十多年来保护母亲河的艰辛与不易，领略绿水青山就是金山银山的丰富内涵。三是黄河文化和体验，从园区的荒坡渡口（码头）乘船向上经龙凤峡、八里峡和孤山峡等，回味 1947 年 8 月陈（赓）谢（富治）大军解放洛阳拉开解放战争序幕而强渡黄河这一段波澜壮阔的历史；通过观赏黄河小浪底水利枢纽建成后形成的高峡平湖（黄河小浪底万山湖），体验华夏儿女治理黄河的伟大成就以及在黄河两岸植树造林保护母亲河的艰辛和成果，增强保护母亲河的意识。四是拓展培训，包括强渡黄河模拟实战。五是保护母亲河的植树造林活动，春秋季植树造林保护母亲河活动等。六是在荒坡渡口（码头）陈谢大军渡黄河处，面对黄河举行入党宣誓（重温入党誓词）活动以及保护环境的爱国主义志愿活动。

资本下乡对乡村文明的重新塑造，如案例 11 中，通过资本下乡，重塑了乡村文明结构和核心竞争优势。第一，建立经济激励机制，重塑乡村文化。李寨村建立三个基金。村支书秉承一贯的行事风格：扶弱济困、尊老爱才。他上任伊始，就个人出资 200 多万元，在村里设立了"扶弱""敬老""助学"三个基金，即"特困救助"基金，为低保、五保、贫困户每年每户分别补助1788元、4304元、5000元；"老人长寿基金"，为70岁至90岁以上老人，每人每年分别补助600元、2400元、3600元；"书记教育基金"，对优秀小学生、考上重点高中和大学的学生，每人一次性发放2000—5000元。在全体村民中，树立了"扶贫助弱、尊老爱幼、崇尚知识"的良好风尚。

第二，强化中华民族尊老爱幼文化传统。建设"一老一小"温馨家园。1.敬老。LSQ自筹565万元建设李寨中心敬老院，建筑面积1044平方米，42张床位，聘请6位专业服务人员照顾老人们的饮食起居，稳步安置46位孤寡老人在敬老院里集中供养、安享晚年。分散在各家养老的"李寨五保老人"，均安装可视电话，保持呼叫畅通，确保随时服务。2.育小。投入81万元，完成李寨村小学的扩建改造，将原危房教学楼拆除，新建三层1200平方米高质量教学楼，以及教师宿舍楼、寄宿点、操场等基础设施。出台优惠政策，引进5名优秀师资，使小学教学质量由全县倒数第一跃居为全县先进，学生数量也由原来的123人增加到286人。在小学旁边，建设李寨中心幼儿园和留守儿童托管中心，使那些父母在外地打工的孩子有了安全温馨的家园。每到"六一"儿童节，"亿星集团"大批员工从城市集合到这里，举行"六一亲子李寨体验活动"、"大手牵小手"活动，与留守儿童一起欢度节日。

第三，挖掘红色资源，展现历史文化。深挖红色资源，追溯李寨乡愁。1.传承红色基因。复原刘邓大军过"黄泛区"途经李寨村的"支前路"，重修三位烈士慷慨就义的"李寨烈士井"，重塑刘邓大军千里跃进大别山雕塑和"无名烈士纪念碑、纪念亭"，成为全县广大中小学生爱国教育基地。2.追溯李寨历史印记。建成李寨农耕博物馆，复原千年古寨门、百年古树，再现传统农耕器具、传统制作工艺、历史民间艺术和历史人物事件等，包括"李寨六贤"雕塑，本村抗美援朝、中越反击战群英雕塑等；将"大跃进"时代的"人工蓄水池"改建为"红旗塘"；改革开放时期的"旧窑厂"改建为"吉祥湖"；修复李寨祖传手工制作"老油坊"，并申报非物质文化遗产，成为李寨一张文化名片，让李寨悠久的历史留下乡愁印记，彰显豫皖农耕传承，从乡村的历史变迁中吸取李寨发展的文化动力。

第四，打造文化平台，服务公共文化建设。开展系列文体活动，营造浓厚文化氛围。1.建一批举目可见的文化宣传专场专栏。在村部所在地修建了7400平方米的李寨村中心文化广场，配套建设文化墙和固定文化栏，制作系列社会主义核心价值观路灯广告、二十四孝善绘制图等，一到晚上，村民们成群结队，在这里散步、聊天、跳广场舞，最多时达200多人。2.开展系列文化宣传教育。在"李寨公共服务中心"设立农民培训学校、农家书屋等。针对部分村民"好吃懒做"的习惯，与沈丘县文化志愿者协会联手，组建县、乡、村结合的文化宣讲团，以"扶智、树德、图变"和"扶志、治愚、力行"为主题，每月、每旬开展一次进村联合宣讲，提高村民勤劳节俭、感恩孝善、和睦守法等文明素养。3.启动"建设美丽乡村、争做美好村民"活动。每年细化实施方案，制定评选标准，通过全村投票，评选出年度25名最美党员、最美村民、最美家庭、最美好媳妇、最美创业者、最美教师、最美少年。这里，有卸任后继续为村事奔波的老支书刘廷修，三十年如一日照顾瘫痪公婆的好媳妇赫桂英，回乡创业带贫致富的扶贫模范李宁，待学生如自己孩子的最美教师李峰，品学兼优、每年被评为三好学生的最美少年刘艺轩等人。将他们的图片、事迹、格言，制成彩色路标进行宣传颂扬。4.组织文化扶贫活动。村委会每年组织全国知名书法家、美术家、艺术家、画家、高校教授等40余人，到村里作画310幅，为村民送上精彩的综艺节目。

（六）挖掘传统农耕文化的产业和经济价值

首先，通过对乡村传统历史文化的发展历程进行展示，使村庄居民能够了解村庄的历史，在增添历史知识的同时，掌握村庄的发展过程及过去的辉煌，能够有效地促进村民建立村庄文化自信。其次，通过对一些历史文化的复原和展览，使村民能够看到失传久远的文化的实体形状，感受其精美的制作工艺与历史的魅力。再次，通过对乡风民俗的复原和展现，使得村民能够掌握以往乡风民俗的特征，对比现在乡风民俗，有助于形成和培育新时代乡风民俗。如案例3：民俗文化展厅，展出了与石人洼与凤凰山密不可分的10多个民间传说，陈列着从凤凰山周边收集而来的生产生活工具，带你走进远古时期，让你浏览农耕文明，让你了解凤凰山，让你读懂石人洼，更让你把思绪延伸到远古时期狩猎养蜂为业衍生出炎黄二帝的伟大部落——炎黄母族有蟜氏部落，古老的石人会告诉你"问祖有蟜氏寻根石人洼"。博物馆还设有"炎黄母族有蟜氏故地文化研究会"，汇集河洛地区文化名家、考古专家，对有蟜氏故地进行考证和研究，已初步确定，石人洼村背靠的凤凰山就是远古时期的庞山，是炎黄母族有蟜氏的重要栖息地。这一研究成果是炎黄根文化的新发现，是对河洛文化的丰富和发展，不仅为河洛地区炎黄根文化添光增色，更能为打造洛阳国际文化旅游名城提供有力支撑。洛阳华夏酒文化博物馆本着传承华夏民族根文化和酒文化的目的，以创新开发凤泉生态谷为目标，紧跟乡村振兴步伐，以文化搭台，促经济发展，带动周边群众共同富裕。

第四章
资本下乡赋能乡村振兴的模式透视

  资本下乡对乡村赋能，是一个宏观政策现象和微观企业行为的整合过程，是企业响应政府政策乡村振兴号召，在慎重选择的基础上的企业行为，如图4-1所示，是一个宏观、中观和微观融合的过程。一是在宏观层面充分发挥政策对资本下乡的导向作用。2018年中央一号文件指出，要"鼓励社会各界投身乡村建设"，其中专门提到依靠"投资兴业"的方式服务乡村振兴事业，并且明确表示会"加快制定鼓励引导工商资本参与乡村振兴的指导意见，落实和完善融资贷款、配套设施建设补助、税费减免、用地等扶持政策，明确政策边界，保护好农民利益"。实现乡村的全面振兴，要破解人才短缺、资金短缺、农民增收难三大难题。乡村振兴要大量资金，但农村现在资金短缺，投融资的渠道比较单一，投资回报率相对较低，一般的资本不愿意去，需建立多元化、低成本、广覆盖的投融资机制。

  资本下乡主要从事与乡村振兴有关的产业。第一，通过资本下乡，加快对生态资源的开发，通过保护农村生态环境的产业，比如对森林草原旅游、河湖湿地旅游观光、冰雪海上运动、野生动物驯养观光等产业，并积极通过产业融合，开发观光农业、休憩休闲、健康养生、生态教育等服务产业。第二，通过资本下乡，创建一批具有地方特色的生态旅游示范村镇和精品线路，打造绿色生态环保的乡村生态旅游产业链。第三，开展农机服务转型升级服务，加强资本下乡企业与科研机构、设备制造企业的联合公广，提高大宗农作物机械国产化水平，研发国产的特色经济作物、养殖业、丘陵山区的农林机械，并发展高端农机装备制造。第四，加快发展高效农业产业，通过高效产业提高农民收入水平，比如绿色生态健康养殖、奶业等。

一是在国家层面，乡村振兴需要资本下乡，但是，资本下乡也要有所为有所不为，资本下乡通过资本投入，将新兴生产方式和农产品流通手段应用于农村，提高了农业生产的现代化水平，如测土配方施肥、农业物联网、无人机、大数据、无土栽培、休闲农业、农产品电商、自媒体销售等，这些新方式、新业态提高了农业的生产效率，但是也应该看到资本下乡所带来的风险。资本下乡带来土地的过度流转和集中，带来一些耕地出现"非粮化"和"非农化"倾向，在一些下乡资本经营不善、无法应对市场和自然风险时，就发生毁约与弃耕的现象。因此，在鼓励资本下乡的同时，设定一定的门槛和限制，禁止下乡资本擅自改变土地的农业用途，破坏或者污染租赁土地，保护土地资源，采取措施严禁耕地非农化和非粮化，指导下乡资本企业合理使用化肥、农药等投入品，防止出现掠夺式经营。

资本下乡要考虑农民的生存和发展权利的保障。资本下乡将土地资本大量长时间地租赁，挤占了农民的发展空间，同时大面积和长时间租赁土地，预支的租金也较多，使得资本下乡企业的大量资金投入到地租中，形成规模不经济的现象，如果资本下乡企业经营不善，就无法兑付租金，导致农民的承包权收益得不到保障，在发展空间和租金收益都得不到保障的条件下，农民的生存和发展权益就无法得到保障。此外，保护农民的发展权益，需要从国家政策方面进行规制，规制一些共性的侵犯农民权益的行为，比如，资本下乡租赁市场的规范问题，地方基层政府组织与资本下乡企业通过合谋，以下指标、定任务的方式，强制农民流转土地的问题，资本下乡与农户签订合约时的力量非对称问题，土地用途的规制、风险保障、土地抵押和再流转、违约责任问题，都需要以制度方式明确约束资本下乡行为。

二是在中观层面，正确处理资本下乡和村庄的关系问题。其中包括资本下乡和村基层政府部门和村级组织的关系。基层政府部门是农村实际权力的控制者，同时也是保护农民利益、服务农民的政治主体，其受到上一级政府的管理，同时也是一个高度自治的组织，其控制权在村域范围内具有十分重要的影响。纵观资本下乡企业的下乡过程，一般都是自上而下的模式开展，即上一级政府部门，在通过招商和私人社会关系网络建立与资本主体的联系，并联合进行项目的设计，当然这种设计是与国家补贴政策、优惠条件和可贷的金融资本密切相关的，在上级政府部门的推动下，基层政府部门参与到资本下乡项目中来，其主要功能是配合和协调。在配合方面，主要是配合资本下乡企业的需求，为资本下乡企业聚集其所需要的要素，最主要是土地要素和其他经济资源要素。协调功能是当资本下乡企业与村民发生冲突和矛盾时，充当协商和交流的桥梁和渠道。

　　资本和村庄的关系，是一种既竞争又合作的关系。在原有的村庄权力体系中，地方政府部门是唯一的权力机构，其具有一定的垄断能力，是村庄的实际控制者，当资本下乡企业到村庄发展后，通过经济发展红利的分享，吸纳了一批村庄精英和普通村民参与，在获得相应的好处后，这部分人逐步认同资本下乡企业的控制，其实质是资本下乡在一定程度上替代了地方政府，靠利益控制部分村民，这使得村基层组织的实际控制权受到稀释，双方存在竞争的关系。在应对上级政府部门过程中，资本下乡企业与政府部门是合作的关系，资本下乡大都采用自上而下的方式，上一级政府部门在督促资本下乡的进展情况时，资本下乡企业为了逐利需要与地方政府部门合作，地方政府部门为了应付上级的督促和考核有需求与资本下乡企业合作，双方在需求上有合作的激励，因此处于合作关系。在应对村民的情景中，双方的关系比较复杂，村基层组织处于一种平衡和协调的关系。倾向于资本下乡企业还是倾向于村民，关键在于平衡与损害村民利益和损害资本利益所带来的影响；村干部、地方政府部门人员与

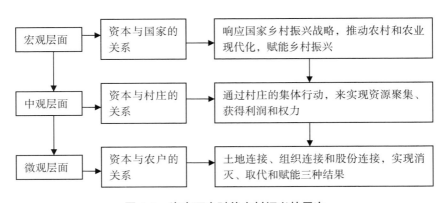

图 4-1　资本下乡赋能乡村振兴的层次

村民处于一个长期的博弈过程，如果一次性博弈所带来的好处不能弥补后续多次博弈所带来的损失时，农村基层组织就会倾向于村民，如果上级压力和利益好处能够弥补长期博弈所带来的成本时，就会倾向于资本下乡企业，但是，在很多场合，农村基层组织多采取混合和模糊的策略。

村庄组织包括村民自治组织和农民合作社这两大主要类别，资本和村庄的关系同样也体现在下乡资本与村庄组织的关系。资本下乡与村庄组织的关系主要体现在两方面，一方面是竞争的关系，如农民合作社本来在乡村发展很久，已经流转了农民的大量的土地资源，吸纳了主要的劳动力，而资本下乡企业需要土地和劳动力都需要与农民合作社竞争，这种竞争关系还表现在产品市场上，合作社和资本下乡企业如果种植同样的农产品，那么在产品市场上两者由于地理的临近性而产生竞争关系。同时，资本下乡企业与农村组织还有合作的关系，主要是在资源共享方面，资本下乡企业通过兼并、联盟和合作的方式，将农民合作社作为自己的生产基地，为资本下乡企业提供产品和劳务，从而实现两者之间的合作。

三是微观层面，要处理好资本下乡与农民的关系问题。我们在前面论述的资本和农民的关系，将其定义为三种关系，在乡村振兴战略实施条件下，资本下乡赋能乡村振兴的目标体系下，资本与农民的关系应该处于什么的状态，才是我们最应该探讨的。在这种解决方案中，陈义媛[1]提出，通过将下乡资本承租的土地分成一定的规模，并分包给由村民或者附近村民组织的家庭农场，并通过自己的销售渠道、加工技术，将家庭农场纳入资本下乡企业的产业链，并利用家庭农场和资本下乡企业的社会关系资源来化解资本下乡与村庄社会的冲突，低成本地完成农业经营体系的建构，实现资本积累。家庭农场的经营要在村庄社会情景下考察，主要看其社会资源的运作效率，因为家庭农场也会发生劳动雇佣和监督问题，村庄基础设施使用等问题，家庭农场可以利用人情关系、面子观与自身村庄成员的身份对劳动雇佣监督和资源协调，更具有效率方

① 陈义媛：《资本下乡的社会困境与化解策略——资本对村庄社会资源的动员》，《中国农村经济》2019 年第 8 期。

面的优势。将家庭农场纳入资本下乡企业的产业链中，关键在于资本下乡企业利用家庭农场主的社会资源，帮助资本下乡企业完成农业生产过程的监督问题和与村民就资源协商的矛盾问题。家庭农场是一种农民的自我组织，其社会资源成为资本下乡企业化解社会困境的润滑剂，是资本下乡企业调用村庄资源的重要力量，同时能够解决资本下乡中所面临的困难。

四是资本下乡嵌入乡村社会和政治关系问题。下乡资本作为外来资本，其下乡既是经济行为，同时也是政治行为和社会行为，是一种围绕经济行为的一种社会和政治的嵌入，应该围绕经济行为、社会结构、信任机制分析资本下乡如何嵌入到乡村振兴中的内在机理。资本下乡的经济行为嵌入到各种社会网络关系形成的社会结构中，各种社会关系凝聚了人们之间的信任，信任行为成为资本下乡经济嵌入的重要机制，获得农村社会结构组成部分之间的信任，才能真正开展赋能乡村全面振兴的使命，按照格兰诺维特的分析框架，资本下乡对乡村振兴的嵌入分为关系嵌入和结构嵌入。关系嵌入主要分析嵌入主体与客体之间的一种双向互惠关系。这种关系长此以往逐步达成主体之间的合作，促成资源相互交换，信息相互共享等。结构嵌入主要是指社会网络参与者之间相互联系的结构，既包含网络整体功能和结构，也包括各个网络节点在社会网络结构中的位置。

许悦、陈卫平[1]分析了资本下乡嵌入农村社区的影响因素，认为村庄的资源禀赋、基础设施、社会人文、政策环境对资本本地嵌入具有正向作用；村企互动中的非契约互动，如人情、人脉建构等活动有助于下乡资本构建良好的嵌入关系。邵爽、李琴、李大胜[2]研究认为，资本投入农业的方式可以划分为"松散型""半紧密型"和"紧密型"三种类型，并分析了这三种类型的决定因素，耕地资源优势越弱，资本下乡选择紧密型进入方式的概率越高，市场潜力越大，越倾向于选择紧密型进入方式；非正式制度越不力，选择紧密型进入方

---

[1]　许悦、陈卫平：《资本下乡如何嵌入本地农村社区？——基于 117 家生态农场的实证研究》，《南京农业大学学报（社会科学版）》2020 年第 2 期。

[2]　邵爽、李琴、李大胜：《资本下乡：进入模式选择及其影响因素》，《华中农业大学学报（社会科学版）》2018 年第 5 期。

式的可能性越低，生产技术传递能力越弱，越倾向于选择紧密进入方式。蒋永甫、应优优①研究认为，资本下乡嵌入性发展是应对村庄社区"日常反抗"的可能方案，嵌入性发展是指资本下乡必须嵌入村庄社会，获得村庄社会的支持，以实现可持续发展，其中包括认知嵌入、关系嵌入和组织嵌入三个维度。

资本下乡嵌入乡村振兴需要一个流程，并且有先后顺序，首先是认知嵌入。资本下乡得让村民、村基层党组织、农村合作经济组织、村集体经济组织和社会组织等主体明白，资本下乡不仅是为了获取利润，还有帮助乡村全面振兴的公益和政治目标，使村民在知识、行为、意志等层面都认可资本下乡，而不是当作外来入侵者对待，认知嵌入是资本下乡说服各种经济主体理性行为的扶智过程。其次，进行文化嵌入。每一个下乡的资本都有自己的企业文化，都有自己的社会责任，对乡村振兴的组织嵌入，就是对乡村组织和个体行为产生文化影响，对乡村组织行为产生激励的文化价值和规范进行建构，从而使文化价值上企业与村庄保持一致。再次，进行结构嵌入。当下乡资本与农民合作社等组织深度融合后，就有了自己在乡村社会结构中的网络位置，对乡村原有的社会网络结构进行了重构，形成新的社会网络结构，并形成一定的关系和利益生成渠道。最后是政治嵌入。在资本下乡嵌入乡村社会网络结构后，并与相应的组织产生一定的关联，这些关联不可避免地影响到乡村的制度安排、稀缺资源分配、政治制度等构成政治嵌入，即环境因素中的制度因素对行为主体所产生的影响。

从理论上，嵌入性理论实质上将两种不同质、看似松散的事物彼此建立联系，并形成一种稳定的结构性关系，这种关系既包括静态的关系状态，也可以包括动态的互动合作等，在动态嵌入关系中，包括纵向和横向两个维度的嵌入，纵向嵌入是按照不同的载体自上而下，由外至内的嵌入，根据不同的嵌入层次，嵌入载体而实现关系链的延长。横向嵌入是同时与多元主体建立关联，使关联规模扩大，关联面更广。在纵向和横向嵌入时，都离不开嵌入机制，嵌

---

① 蒋永甫、应优优：《外部资本的嵌入性发展：资本下乡的个案分析》，《贵州社会科学》2015年第2期。

入机制是贯穿嵌入全过程，是嵌入主客体之间互惠、信任、平等构成一种嵌入机制，保障嵌入主客体间关系的稳定、持久。

下乡资本是一个独立的生产经营单位，从事农业生产经营活动，并不需要受到村庄社会的约束与管理。村庄社会与外部资本之间也是一种相互平等的关系状态，村庄并非被外部资本所掌控。从嵌入效果上看。资本下乡而来的现代农业经营主体的嵌入性发展能够实现与村庄社会的共赢性发展。资本下乡具有的天生逐利本性，可能会因投资农业无利可图，而罔顾村庄整体利益转而退出农业生产领域，投向非粮化生产，由此出现众多资本下乡只为牟利，而非发展现代农业的不良现象。那么，嵌入性发展理念要求资本下乡不仅关注自身的生产经营项目，还需要更多地关注所在村庄社会的经营与发展，从而形成一种与村庄社会资源相互依赖、彼此合作的共同发展局面。而外部资本一旦罔顾村民们的利益，那么最终会导致以破产的方式来应对村民们的抵抗。因此，从效果上看，嵌入性发展能够指导外部资本实现在村庄的可持续发展。

第一，资本嵌入乡村社会是建立乡村内生发展的根本需求。现代乡村的基本情况是从劳动力条件看，主要是老年人和妇女、少数的乡村精英、村干部等，村集体经济发展基本停滞，只有少量具有实质性经营的农民合作社，无论从人力资本还是在发展动力上，都处于一种停滞的状态，乡村振兴知识停留在政策层面，需要的是建构一种具有活力的内在动力引擎，并通过这个引擎来带动农业业态创新和功能创新，突破内卷，从总价值角度，振兴乡村经济，这是一种内生的发展模式，内生发展模式需要植入动力引擎，资本下乡刚好符合这种需求。

首先，下乡资本具有创新性，乡村农业资源和生态资源的开发，需要创新技术和制度，从技术角度，农民缺乏技术研发和技术学习、接收的能力，相应的资本下乡企业拥有自己的科研机构和实力，能够结合资源和市场需求，有针对性地开发生态资源和农业的其他功能，并通过基础设施投资来实现产业化过程，因此，下乡资本的创新性是其嵌入的基本动力，只有资本所拥有的技术和资源的结合，才能够解决乡村发展的引擎问题。

其次，资本下乡的服务性是其嵌入的保障。如果是掠夺性的资本下乡，不是服务乡村振兴，而是推动乡村衰落的资本，其最明显的特征往往是不具有服务性，嵌入不仅仅是经济方面的嵌入，更是一种社会性的嵌入，村民都能观察到资本下乡的行为特征，并且根据其行为特征来判断是否应该信任该资本，最为明显的信号是资本投资于乡村公共服务设施和服务本身，如果资本本着村民的需求和根本利益，那么其服务意识较强，融入意识也较强，会积极参与乡村公共服务活动，积极投资乡村公共服务设施，这样，村民就会慢慢接受资本下乡，参与资本下乡并配合资本下乡。

再次，资本下乡主体与村庄主体的互动是嵌入的主要方式。资本下乡嵌入是一个与村庄互动的过程，其中不可避免地出现矛盾和冲突，比如就土地流转、农业功能开发、农旅融合、乡村人居整治、基础设施投资等，问题和矛盾的解决需要互动和谈判，需要重复的博弈才能实现，因此，资本下乡主体与村庄主体要有充分的接触空间和互动，这种互动建立在真诚和信任基础上，是建立在解决问题和矛盾的基础上，不断地互动和谈判，也是一个博弈过程，重复的博弈过程能够推动双方的信任，从而增加双方的信任和责任感。

第二，资本下乡嵌入乡村社会是持续推动赋能乡村振兴的重要支撑。在赋能乡村振兴投资方面，资本下乡的投资规模大，成本回收期较长，需要与村庄长期共存才能够实现赋能乡村振兴的目标，因此，为保障赋能的持续性，需要资本下乡嵌入到乡村社会经济中，维持长期稳定的嵌入关系。首先，为创造和开发更多的农业功能，建构有效的服务农业的渠道，需要大量的基础设施投资，在基础设施投资过程中，需要大量的土地、人力和组织的配合，这需要长期的和村庄进行协商，如果都建立在第三方协商的基础上，或者建立在市场合约的基础上，成本较高，并且效率较差，需要一个更有效的协调方式，那么将协商内部化能够有效解决这个问题，协商的内部化需要资本嵌入到乡村中，成为乡村的一分子，从而将资本与村庄的协商变成内部权威的协调，从而降低协商成本，更好地开发农业的功能，创新业态，推动乡村振兴。其次，乡村产业改善和转型需要资本较长时间的赋能，产业的转型升级和融合都需要较长时间。一方面，农业技术上的创新必须与乡村环境相适应才能带来效益，技术和环境之间的相互适应需要较长的时间，并且需要不断的实验和调整的过程，如可持续发展的农业技术修复环境，并通过环境赋能来激发技术创新，都需要不断的循环调整过程。另一方面，新的产业适应市场环境也需要较长的时间，比如利用乡村优美的环境建设一个旅游景点需要很长的建设周期，同时，其被市场认可则需要更长的时间，才能有知名度和带来收益。再次，产业与当地社会的融合需要较长的时间。资本的有组织经营和农户分散经营的对接需要双方建立信任关系，而这种信任关系是在重复博弈过程中建立的，重复博弈要求一定的时间和周期；资本如果期望对接合作社的话，从村民组建合作社到满足条件与企业对接，可能需要较长的时间；农民或者新型农业经营主体在技术上接受资本下乡企业可能需要较长的时间，学习领会、实践操作、反馈和调整都需要时间。

第一节　资本嵌入式赋能模式

资本下乡推动乡村振兴，需要外部推力和内部动力的结合，才能更有效地推动乡村的全面振兴。资本下乡的初衷之一是缓解乡村发展的资本缺乏问题，实现乡村的可持续发展以及振兴，在现实过程中，资本下乡往往避开资本缺乏和资源缺乏的劣势村庄，避开发展不足的农村，使得区域之间的发展差距拉大，资本下乡推动乡村振兴，市场力量是主要的动力之一，市场主导的乡村振兴，需要资本下乡来与地方的优势资源结合，从而使具有资源与市场区位优势的农村得到发展，其中包括城市近郊区、地处经济发展情况较好的区域、风景名胜地区，有资金、技术、人才等资源，以及发展的进程中具有积累优势的地区进行投资，这说明资本下乡在嵌入方面是锦上添花，而非雪中送炭。

资本是稀缺的，如何将稀缺的资本配置到资源优势地区，形成资本与资源之间的优势对接，通过资本开发资源，最终形成产业和经济发展的动力，这是资本下乡推进乡村振兴的根本。因此，农村要梳理自己的资源，明确自己的市场、区位和资源优势，确定符合乡村发展主体的特色产业，形成能够充分利用资源优势、挖掘潜力、更好满足市场的产业结构。

资本下乡嵌入到乡村的地方环境中，通过充分挖掘和拓展农业的多种功能，满足市场消费者需求，并获得价值增值，但是，资本下乡并不是对发展比较好的村庄锦上添花，创造更多的增值渠道，更多的是为大多数的乡村提供和创造更多的就业机会，为农民提供生产和生活保障，在资本下乡过程中，也要遵循市场规律，承认其逐利的合理目标，不能强迫其对落后地区投资的前提下，政府应该对发展比较落后的村庄和社区，通过提供补贴等方式，引导资本下乡对弱势村庄进行投资，同时，注重资本嵌入村庄时，对弱势农户群体的保障作用，尊重农户的土地和劳动权力，通过政府和企业的投资，加强对弱质村庄的资本输入，促进平衡发展。这需要政府部门加强对弱质地区的基础设施投资和公共服务建设，强化小规模农户的生产能力和生产效率，使农业产出与地力涵养达到最优状态，此外，政府部门加强对农业服务型企业的培育，实现农业服务缓解的规模经营，为小规模农户对接市场化提供可靠的农业服务。

一、资本嵌入式赋能模式特征

（一）资本进入乡村的过程

资本进入乡村的过程也是资本嵌入乡村社会的过程，其中包括经济嵌入、社会嵌入和制度嵌入三个方面。首先，资本进入乡村的经济嵌入过程。资本的行为是一个经济行为，是以逐利为目的的，其经济嵌入的过程是寻找利润的过程，包括产业嵌入和市场行为。产业嵌入包括产业融合和产业链嵌入两个方面，产业融合是资本通过结合村庄的资源优势，通过资本的投入，将乡村原有的产业与新兴产业融合而生成新的业态，通过新业态的经营获取更多的利润。产业链嵌入是通过对农村原有产业链的补链和拓展完成，包括对产业链的延伸和横向拓展，从而使产业链增值幅度和抗风险能力更强。其次，资本的嵌入也是社会嵌入的一部分。下乡资本要在农村获得可持续发展，其仅仅攫取利润的动机会遭到乡村传统社会关系网络的反对，如何获取乡土社会的认同，是其能够持续在乡村发展的关键，因此，需要社会网络关系的嵌入，一方面，需要获得社会网络关系的认可，并且在乡村社会网络的节点中，寻找到合适的代理人，通过代理人的行为，解决其通过经济手段无法解决的困境，并通过社会网络的嵌入，能够动用乡村社会网络的权力资源，从而在一定程度上能够控制乡村的资源。另一方面，资本下乡的社会网络嵌入需要建构自己的社会声誉，并在乡土社会差序格局中获得自己的地位，通过声誉建立和地位变迁，从而能够更顺利地开展自己的经济互动。再次，资本下乡的制度嵌入。资本下乡不可避免受到乡村正式和非正式制度的约束，如何应对这种约束，达到资本下乡的目的，是资本下乡破解困境的重要问题，因此，需要资本下乡对乡村制度进行嵌入，制度嵌入的一个关键是资本下乡企业通过自己的社会网络投资行为，获得社会网络地位，并通过游说和嵌入基层治理，从而获得治理权力，从而获得乡村正式制度制定的影响力。

（二）资本参与乡村振兴阶段

资本参与乡村振兴阶段，主要包括通过问题诊断、问题解决和关系变革，从而使资本下乡真正推进乡村振兴的发展。乡村振兴过程中不可避免地遇到各种各样的制约因素和问题，资本下乡肩负经济目标和政治目标，需要解决乡村振兴中的实际问题，从而达到雪中送炭的目的。问题的诊断需要地方政府和资本下乡企业共同进行，需要对村庄的资源以及现有产业发展存在的问题、包括乡村全面振兴所涉及的问题，并就问题的严重程度进行评估，找出关键问题，依托资本下乡项目和资本的嵌入，本着解决问题，振兴乡村的目标，优化项目解决问题。首先，针对异质性的乡村，查找其振兴过程中的关键问题，并结合资本下乡企业的优势和村庄的资源优势，寻找合适的解决方案。其次，配合资本下乡，进行正式制度和非正式制度变迁，问题的解决不仅仅是资本的嵌入，更多的是配合资本的嵌入，进行制度和非正式制度变迁，从而使制度适应性变迁，提高资本嵌入的制度效率，从而提高其对乡村振兴的贡献度。再次，通过制度的适应性变迁，调适资本下乡企业与村民、农民合作社和基层政府组织的关系，从而使关系更加融洽和便于解决问题。

（三）资本融入乡村振兴阶段

资本通过制度调适和关系建构，真正融入乡村振兴过程中，成为乡村振兴的重要力量，其中包括村企的融合，企业和农民的融合，企业和乡村产业的融合等。在乡村振兴过程中，有许多力量参与其中，有村民，基层组织、农民合作社，新型农业经营主体等，这些力量大都是乡村原本的力量或者之前拥有的力量，无论乡村是否振兴，这些力量都在努力建设乡村，真正融入成为乡村振兴的一员，需要资本下乡企业必须达到一定的标准。首先，得真正为村庄的利益和发展着想，而不全是为了逐利目的，成为村庄荣辱与共的真正成员。其次，资本下乡项目得具有持续性，而不是短期能够退出的，能够将乡村振兴长久持续下去的企业才能真正融入乡村振兴大局中。再次，能够保留乡村基本的文化属性、社会属性和自然属性的资本下乡企业，并在此条件基础上推动乡村振兴，才能真正融入乡村振兴中。

（四）资本和村庄相互依赖和信任阶段

在农业劳动力大量外出、农村人口老龄化和村庄日益空心化的背景下，农业转型和农业现代化存在着现实合理性。资本下乡一方面发展迅速，另一方面也遭遇到各种问题。由资本的"外来性"导致的外来资本与乡土社会互动不畅是资本下乡无法克服的问题之一[1]。资本下乡需要建构与村庄、村民和村组织之间相互依赖和相互信任的关系，这样才能使资本下乡企业真正融入乡村振兴中。首先，资本下乡与赋能对象之间的相互依赖和相互信任关系的建立，在资源方面，建立互补机制和替代机制，针对赋能对象缺乏的资本，资本下乡企业能够弥补其资本的缺乏，对于资本下乡企业所缺乏的资源，赋能对象能够通过资源供给机制弥补之，使双方在资源互补的基础上实现资源的整合，从而使双方能够获得共赢。其次，资本下乡与乡村代理实现相互依存和相互信任关系，

---

[1]　徐宗阳：《资本下乡的社会基础——基于华北地区一个公司型农场的经验研究》，《社会学研究》2016 年第 5 期。

资本下乡企业不可能与每一个村民都能够接触，可能与其中村庄代理能够接触，因此，建构资本下乡企业与村主任代理之间相互依存和相互信任关系，能够使双方交易成本降低，都能够提高交易效率。再次，资本下乡企业自身能够持续和长久发展下去，其才能获得乡村的认可和信任，因此，资本下乡企业需要不断持续的创业，保障持续的活性，保持与村庄持续的经营战略，这样才能使双方真正地相互依赖和信任。

资本下乡本身是一个城市资本嵌入乡村的过程，不仅包括资本下乡参与现代农业经营、产业融合等经济行为，同时也是进入村域来改造传统的乡村社会的过程，如何协调资本下乡与村庄社会的关系，是实现乡村振兴和资本下乡可持续发展的一个关键问题。

从互动论角度出发，外部资本从进入村庄场域直到扎根经营，不断受到来自村庄系统的权力结构、制度文化、社交关系网络及村民需求的差序化影响。如图 4-2 所示：下乡资本实现村庄的嵌入性发展，通过"嵌入—融合"和"影响—扩散"等机制实现村庄的嵌入过程，其中包括制度嵌入、结构嵌入、关系嵌入、需求嵌入及文化嵌入，才能最终被村庄接纳，彼此形成命运共同体。

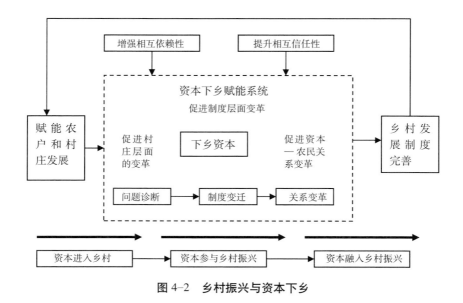

图 4-2　乡村振兴与资本下乡

二、资本嵌入式赋能模式载体分析

不同经营类型的主体，包括农户和新型农业经营主体等，在我国，还具有自身的特色，比如返乡创业农民工，其本身就属于乡村，在乡村具有一定的社会资本和经济地位，其是资本下乡的主体，同时也是乡村的一部分。承载新的生产要素的农业生产经营单位必定是不同于传统小规模化家庭经营的新型农业生产经营单位。

如图 4-3 所示，首先，资本嵌入乡村发展是乡村经济发展的需要。在农村，存在多种经营主体，包括农户和新型农业经营主体，这些具有经济功能的主体构成了农户生计和经济发展的体系，这些主体的发展决定了农村经济发展的方向，具有非常重要的作用，仅靠国家的农业补贴和投入不能够满足这些主体经济效率的提高，需要社会全员参与，城市资本在国家既定战略目标影响下，按照一定的制度规则投资乡村，成为推动乡村经营主体成长的关键外部资源。

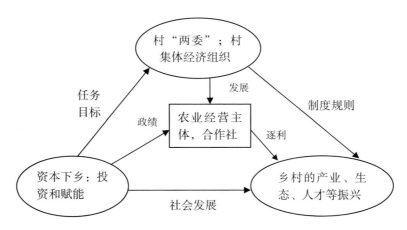

图 4-3 资本下乡嵌入乡村振兴的机理分析

其次，资本下乡是农村社会发展的需求。资本下乡不仅具有经济功能，还应该具有一定的社会功能，乡村社会发展同样需要外在资本的帮助，尤其是在公共投资、公共服务和基础设施投资方面，仅仅靠国家的政策投入和乡村的内生增长来实现，效率较低，因此，资本下乡对农村社会发展提供资源支持，包括教育、养老、医疗和社会保障等内容的投入，从而提高农村社会发展的资源基础。在中国高速城镇化过程中，需要将农民集中居住和农业规模经营放在中央与地方、国家与农民、政府与企业这三对彼此联系的关系结构中综合考察，可以看到政府、资本和农民在这个过程中得失损益和①。

再次，不同主体耦合的共同目标。资本下乡主体的目标是逐利和满足农村社会发展的需求；农村主体是为了经济目标和社会目标，政府部门为了政绩，不同主体的目标不同，因此，如何建立一个多元主体能够有效耦合的目标十分重要，在资本下乡过程中，耦合目标的建立需要资本下乡嵌入到乡村经济和社会发展过程中，通过与农村原有主体互动和博弈过程中，逐步调整各方的利益目标，从而实现共同目标。

资本下乡需要嵌入乡村的经济、社会和政治体系，才能真正做到与乡村发展同步，为乡村振兴服务，资本的嵌入需要一定载体和平台，对资本具有帮助和推进作用，如图4-3所示，根据资本下乡的不同目的，其选择不同的载体，依靠不同的渠道进入乡村社会，从而达到振兴乡村的目的。

首先，依据资本逐利的目的，其嵌入的主要方式是经济嵌入，其寻求的载体和平台也是经济载体。根据当前农村经济发展的现状，主要有三种类型，一种类型是新型农业经营主体，其中主要是家庭农场和农民合作社，这两种是具有一定的规模经营，并且具有一定的组织性，能够动员乡村一定资源的主体，是资本下乡逐利首先选择的平台载体。对于家庭农场，资本下乡可以将家庭农场进行转型，依靠合约，将家庭农场变为自己的生产车间或者产业链的某一个环节，通过纵向协调，调动规模经营的家庭农场参与到资本下乡过程中，通过家庭农场，达到聚集生产资源和社会关系的目的，从而完成逐利的目标。这种方式也有利于家庭农场的发展，家庭农场在发展过程中，需要资本下乡企业通过资本注入来改善自身的生产条件，其中包括技术和服务，通过和资本下乡企

① 周飞舟、王绍琛：《农民上楼与资本下乡：城镇化的社会学研究》，《中国社会科学》2015年第1期。

业的结盟，推动自身生产能力的提高，将销售和加工环节分包给具有较强市场能力的资本下乡企业来经营，降低了市场交易成本和风险，从而专注于生产，提高了效率。

资本下乡的第二个载体和平台是农民合作社。农民合作社是农民的自组织，在乡村具有一定的影响力，控制一定的资源，资本下乡企业与农民合作社的合作，依靠合约或者将合作社兼并，成为资本下乡企业的一个环节，依托农民合作社拥有的资源来实现乡村的融入，也是资本下乡的一个捷径。下乡资本与农民合作社的关系问题，最重要的是利益分配问题，与一般村民不同，农民合作社内部的复杂治理结构，使其参与资本下乡决策具有更为复杂的影响因素，异质性的社员和管理者出于不同的目的，其对资本下乡的认同也不同，因此，内部协调具有较高的交易成本，与资本下乡企业合作也具有较大的不确定性。针对农民合作社，资本下乡企业最有效的方法是将其纳入自己的产业链体系，成为产业链的一个环节，可以通过控股成为最大的股东，或者派遣高级管理人员，推动合作社管理的现代化，加强对合作社的控制。农民合作社所面临的能力问题，通过现代企业的经营理念和战略管理的嵌入，提高农民合作社的能力水平，对于合作社和资本下乡企业都是十分有利的。

"村庄精英"是资本下乡嵌入乡村一个载体和平台。村庄精英在乡村具有一定的隐性权力和影响力，能够协助资本下乡企业快速获得资源、快速融入乡村振兴的发展过程中。村庄精英如何识别和怎样与资本下乡企业建立联系，是资本下乡企业首要解决的问题，一方面，资本下乡企业嵌入过程是资源获取的过程，在资源获取过程中，通过村民的选择，举荐与资本下乡企业进行谈判的人物，一般在村庄具有较高的威信和能力，属于村庄的精英。另一方面，村干部的举荐也十分重要，村干部在村里时间较长，了解村里隐性权力的结构和关键人物，从而能够找到正确的人解决问题。

根据资本下乡公益的目的，需要与村基层政府进行合作，依托政府的平台，能够为村庄的基础设施投资、捐赠和扶贫作更多的贡献。资本下乡与村基层政府部门的合作，其关键在于降低交易成本和不确定性，通过基层组织的信息完备性和准确性，能够使资本下乡企业在短时期内迅速融入乡村的公益事业。资本下乡企业与基层组织之间的关系不仅局限于公益的目的，在一个具有较强控制力的基层组织环境下，资本下乡企业能够通过基层组织，获取村里关键的资源，并且降低获得成本和不确定性。资本下乡也是响应政府号召来赋能乡村振兴的，其目标除了逐利外，也有对对接官员政绩的影响，比如招商引资部门和上一级政府部门、基层政府部门政绩所关联，资本下乡为了政绩的目的，同时也为了获取村民的信任，搞好村企关系，因此，需要借助基层政府部门。

三、资本嵌入式赋能模式制度规则分析

资本嵌入要达到赋能的目标，在环境上除找到有效的载体外，还需要建构有效的制度规则，通过制度规则的嵌入，能够使资本下乡赋能的效率更高。

（一）正式制度的变迁

首先，诱致性制度变迁。资本下乡赋能乡村振兴的关键在于盘活农村土地资源和闲置的集体资产，通过发展多种形式的规模经营，培育和建构新型产业链，联合新型农业经营主体，健全农业社会化服务体系，从而推动乡村振兴，但是，在经营过程中，许多资本下乡企业以"生态园""乡村旅游""产业融合""田园综合体"等名目，创新概念申报了项目，获得了补贴，却无心经营，目标是如何申请国家各种涉农项目的补贴和扶持资金，有实力"拿地"，无实力"经营"，这对于乡村来说是致命的，不仅不能赋能乡村振兴，还能导致乡村倒退。资本下乡的这种行为，诱致了相关正式制度的变迁，杜绝资本"伪下乡"，让真正的资本下乡，这就需要加强引导、约束和监管，依据农村产业发展的规律，在制度设计上进一步规范资本的投资方向、投资目标、准入门槛和土地流转过程，对资本下乡的招商者要加强对项目的审核、运行过程中的动态监管制度。在村庄内部，成立村民自治组织，对资本下乡企业进行动态监督制度。

其次，强制性制度变迁。为了制约资本下乡，使资本下乡更好地赋能乡村振兴，政府部门按照资本下乡管理的层级，在不同的层级制定了不同的制度，

通过一个强制性制度变迁，来约束资本下乡的共性行为，按照中央相关政策完善土地流转的方案、细则、办法、建立风险评估机制、成立纠纷调解机制，在资本下乡的管理过程中，首先把实施乡村振兴战略摆在优先位置，让乡村振兴成为全党全社会的共同行动。

再次，资本下乡和正式制度的耦合。资本下乡是一个经济嵌入的过程，更是一个制度嵌入的过程，是一个资本与乡村正式制度耦合的过程，与正式制度耦合的重要形式就是获得制度适应性效率，包括两个方面：一方面，资本下乡企业对乡村正式制度的适应过程，按照正式制度的要求来调整自己的经营行为，使行为更加符合正式制度的规范，在制度规范之内进行经营。为了适应正式制度，可能会影响企业的短期利润，但是，从长期来看，资本下乡企业能够通过长期的持续经营而获得多期利润，这样能够使资本下乡持续赋能乡村振兴。另一方面，资本下乡企业通过嵌入地方性，通过自己的努力和游说，改变正式制度，推动正式制度的优化，使制度更具适应性效率，使赋能乡村振兴更加有效。

（二）非正式制度变迁

资本嵌入对乡村社会及社会网络具有重要的影响，同时也影响乡村社会运行的规律，资本下乡改变了乡村传统的"权力—网络—利益"的关系，资本的嵌入，使得相互关联的权力和利益关系形成新型的结构网络，资本下乡企业、基层组织、农民合作社、村民都是这些网络中的节点，都具有各自的利益诉求，相互之间拥有各自的权力、经济和资本等，他们在重复的博弈中达到均衡，形成新的稳定关系结构，"权力—网络—利益"结构稳定性对资本下乡具有十分重要的作用，权力秩序结构影响利益，从而形成利益分配机制，保障资本下乡的顺利赋能。权力不仅包括政治、制度和组织权力，同时也可以支配他人的权势与力量，包括隐性和显性的，利益不仅包括物质利益，也包括人情、面子等工具价值，能够给人带来潜在收益的象征性资本。

在资本下乡过程中，与不同的主体互动关系中影响村庄的社会结构，使得社会结构中的权力关系得到重构，权力关系的重构影响了利益分配，从而影响

173

村庄内利益的分配机制，权力各方的互动产生新的网络结构，建构了新的社会秩序，秩序在互动中形成层级，并形成了秩序网络，即"权力—利益"的秩序网络。

如图 4-4 所示，资本下乡改变了原有的基层政府（乡镇级）与农民和村级组织之间的网络关系，随着资本下乡发生改变，其中自上而下的国家项目补贴的严密规范程序将村集体排斥在既得利益群体之外，改变了乡镇政府借助村集体与农民打交道的方式，转变为乡镇政府直接与农民的对接，由于村庄主体异质性诉求，乡镇政府很难通过国家强制性规范来实施，与分散村庄主体谈判满足其需求的成本极高，因此，乡镇政府将项目资源发放给资本，让资本直接对接乡村主体。

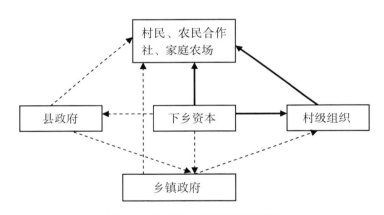

图 4-4　资本下乡的关系网络建构

乡镇政府借助资本下乡完成项目落成的政治任务，乡镇政府的政治力量与基层政府的经济力量合谋，满足了自身政绩的利益诉求，但是，资本下乡作为谋利的第三方，其利用项目资源攫取巨额的增值收益，其并不是采用公共性提升为目的的乡村治理方式，而乡村治理权力是公共性权力，是国家政权的外生性结果，具有国家公共权力和公共意识的特性。因此乡村治理权力在与村民打交道过程中遵循的是公共性逻辑，在为村民提供公共品或者完成自上而下的任务时会顾及村民的公共性利益。它通过重塑乡村公共性提升乡村治理能力，增强基层政权的合法性。

四、资本嵌入式赋能模式典型案例分析

案例 2 基本情况：2010—2013 年 LXK 经多方面考察，2013 年响应政府招商引资号召，确定回乡创业，在磁涧镇礼河、掌礼、龙区柴湾四村规划连片流转土地面积 5500 亩，计划投资 36.1 亿元，主要经营种植业、林下养殖、餐饮服务、运动健身、颐老养老、乡村旅游、休闲农业观光、农产品加工等七大产业。创建以种植大粒樱桃为主导的第一、二、三产业相融合的具有示范引领作用的综合性生态园。

（一）资本下乡主体分析

资本下乡主体本身就是在城市打工返乡的企业家，属于返乡创业类型，其对乡村具有一定的感情，并且在乡村具有一定的社会资源，能够带动家乡与周边村庄致富。

（二）资本下乡的措施

第一，项目引领，在土地整理、基础设施建设方面，设立项目，以项目为依托进行融资。第二，通过项目来获得土地，把项目信息详细介绍给当地农民，获得当地农民的认同，从当地农民手中获得土地。第三，引进先进技术，与高校和科研院所合作，签订技术协议，引进新品种，改善种植技术等。第四，围绕资源优势，进行产业融合，提高乡村产业振兴的水平。园区围绕第一、二、三产业融合，乡村休闲等要素。第五，创新经营理念和思路，吸引当地人才和城市人才参与经营管理（图 4-5）。

（三）资本下乡目前经营现状

公司樱桃、石榴、葡萄均已进入丰产期，且均获产地、产品绿色认证，年产优质水果 100 万公斤，农家乐、休闲观光常年接待游客 10 万人次，年总产值 3000 余万元。一方面，从产业角度上看，资本下乡企业提升了乡村产业经营的水平和高度，从品牌和技术两个层面，改善了传统农业经营的条件，使农

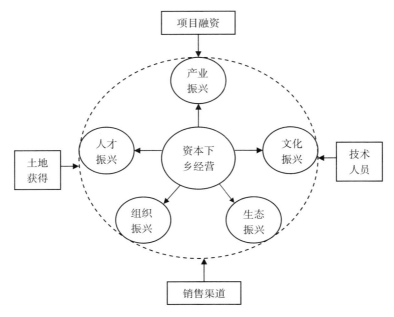

图 4-5　资本下乡赋能乡村振兴的机制

业经营的增加值规模扩大，经营的技术水平更高。从要素配置和风险抵抗能力看，资本下乡通过引入新的要素，如智能控制、生物技术和设施农业技术，将一些传统农业不可能接触的科技要素引入农业的经营过程中，提高了农业的抗风险能力。一方面，在技术上获得突破，如公司产品获国家绿色认证，使用先进的人工智能要素。另一方面，资本下乡项目得到村庄和政府部门的广泛认可。天兴生态园被授予洛阳市农业重点龙头企业，全国休闲农业与乡村旅游四星级园区，全国农技推广试验示范基地，豫西小杂果绿色防控示范基地、扶贫龙头企业，洛阳市十佳农业休闲园区。

（四）资本下乡赋能乡村振兴的效应

资本下乡首先促进了乡村的人才振兴。中共中央办公厅、国务院办公厅印发的《关于加快推进乡村人才振兴的意见》指出，"支持企业参与乡村人才培养。引导农业企业依托原料基地、产业园区等建设实训基地，推动和培训农民应用新技术。鼓励农业企业依托信息、科技、品牌、资金等优势，带动农民创办家庭农场、农民合作社，打造乡村人才孵化基地。支持农业企业联合科研院所、高等学校建设产学研用协同创新基地，培育科技创新人才"。该资本下乡企业就是通过义务培训专业技术人员，引导产业发展，通过人才振兴主推产业振兴。2015 年以来园区坚持每年义务对周边果农进行技术培训、组织技术观摩，累计培训 2000 余人次，使 120 人成为樱桃种植技术人员，并通过引进、推广优良品种等措施，引导周边村发展大粒樱桃 2 万余亩，农户亩均年产值万元以上，樱桃已成为当地农民的主导产业。

1. 推进乡村组织振兴

农村组织振兴主要包括四种组织，党的基层组织、农村经济组织、群众自治组织和农村社会组织四类，资本下乡主要带动农村经济组织的振兴，主要是指村级集体经济组织和股份合作组织等，农村经济组织保障了农民基层党组织和基层政权、村民自治组织的正常运转，为乡村的组织振兴奠定了坚实的物质基础，同时也是吸引人才的重要手段。在该案例中，通过资本下乡，提升农村组织的发展能力。农民合作社、家庭农场、生产大户与农业行业协会等经济组织，通过组织的发展，使农民应对市场的能力增强，带动更多的村民致富，同时壮大集体经济组织的实力，如资本下乡企业牵头组建行业协会，打造知名市场品牌。

2. 推进农村技术创新

资本下乡带来的技术创新推动农户的就业规模和质量的提升，罗震东、何鹤鸣[1] 研究认为：电子商务技术对农户的就业具有显著的影响，在资本下乡的推动下，乡村草根创业者将本土优势乡土要素与电子商务结合，使得乡村突破传统区位的约束，同时也为资本下乡和人才培育提供了重要保障。

资本下乡通过与科技研发机构结网、投资研发和创新，引进新的技术，通过技术提升传统农业的经营水平，其中包括对互联网技术、人工智能技术、生物技术等高新技术应用于传统农业，从而达到改造传统农业的目的。

---

① 罗震东、何鹤鸣：《新自下而上进程——电子商务作用下的乡村城镇化》，《城市规划》2017 年第 3 期。

（五）资本下乡赋能乡村振兴的规划

资本下乡赋能乡村振兴，按照乡村振兴的原则"产业兴旺，生态宜居，乡风文明，治理有效，生活富裕"，未来以"1 园 4 村"为基础，全面营造"2 环 3 轴 5 片"发展格局，以乡村振兴靠龙头带动，村集体和农民广泛参与的"公司＋村集体＋合作社＋农民"的"TS 经验"，盘活集体建设用地和农民宅基地，使农村资源变资产、资金变股金、农民变股东，探索股份合作、利益共享的农村、农民经济增长新型合作机制。重点发展：首先，大力发展设施农业，利用 2—3 年时间，建设智能大棚 200 亩，一是规避自然灾害，二是提高品质，稳定产量，三是提前上市 20 天。亩均可增收 4 万—5 万元。其次，逐步增加农家乐、民宿、宾馆、农耕体验项目，丰富乡村旅游服务内容。再次，在生态园南部建设 500 亩森林康养社区。建设（双排、联排）老年公寓、组合式、四合院式、窑洞式等多种康养模式，配套建设社区服务中心（包括餐饮、娱乐、运动、服务）、老年大学、康复医院、护理学校、老年助浴中心、幼儿园等，社区建筑及服务突出高科技、智能化、孝道元素，具康养旅游职能。

第二节　技术嵌入式赋能模式

改造传统农业和传统小农，需要资本投入和技术投入，通过资本投入和技术投入来改变其传统的生产方式，实现传统农业向现代农业的转型。资本下乡，不仅能够带来乡村振兴所缺乏的资本，同样能够带来乡村振兴所缺乏的技术。通过资本下乡来改进其经营方式，实现由传统小农向现代小农的转变，这种转变需要技术嵌入。乡村具有广阔的技术赋能空间[1]；通过现代技术赋能乡村振兴是一种内外融合的发展方式，是通过资本下乡带动技术下乡，推动乡村

———————————

[1]　王丹、刘祖云：《乡村"技术赋能"：内涵、动力及其边界》，《华中农业大学学报（社会科学版）》2020 年第 3 期。

主体的技术向能力转换的过程，是一种内生发展方式，通过资本下乡的技术赋能，实现乡村的全面振兴。科技嵌入式赋能主要如图4-6所示：

一、技术嵌入式赋能模式特征

资本下乡企业根据乡村振兴所需要的技术和现有技术水平的差距，通过提供解决技术，以技术改进和创新为主导方式，嵌入到乡村振兴过程中，以技术为主导，带动其他方面的振兴，具体模式如图4-6所示。

首先，资本下乡企业考察资本下乡的村庄的产业实际情况，并根据产品的市场前景、需求预测及相关与技术相关的参数预测的基础上，根据市场未来的变动趋势，寻找合适的产品和具有资源优势的村庄进行投资，其中，最重要的是投资具有先进技术水平，市场前景较好的农产品种植和加工行业。其次，根据企业对市场需求的预测，明确未来产品需求的方向，并组织科研力量进行研发，调整技术方案，突出前沿性技术的应用和高新技术的应用，从而针对某一农产品建立一套技术应用体系。再次，依托资本下乡平台，融合农民合作社、家庭农场、行业协会等组织，将技术扩散至农民经营过程中，并在技术扩散的同时，结合农民对技术的适应性反应，根据反映出的问题，提出有针对性的解决方案，建立有效的技术动态调整机制。

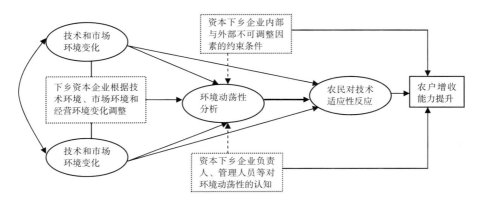

图4-6 资本下乡赋能乡村振兴的技术嵌入模式

二、技术嵌入式赋能模式的运作机制

（一）建立有针对性的技术体系

技术是一个比较复杂和精心的体系，任何一个环境或者情景的微小变化，就会导致技术的失效，因此，技术在不同的地区，产品之间的复制存在很大的困难，需要非常强的针对性，资本下乡要推动乡村振兴，首先要推动产业振兴，产业的选择一般选择具有地方特色的产品体系来种植，既然是特色，那么就不能够复制其他地方的同类产品，因此，需要特定的技术体系来支撑产业生产。其次，建立一个动态的技术研发体系，针对产品种植、加工、运销过程中遇到的问题，有针对性地调整技术，研发新的技术，提高技术的效率。再次，建立有效的技术扩散层级，规制技术扩散的秩序，保障技术创新的收益，推进技术扩散和转让，使农民能够系统掌握技术的精髓。

（二）建立有效的技术研发和扩散平台

首先，根据当地的实际情况和技术的细节要求，建立有效的技术研发平台，技术是人们改造自然的重要手段，任何产业的发展都需要强大的技术作为支撑，资本下乡的技术模式就是在资本下乡的过程中嵌入产业技术、互联网、大数据和物联网等新型技术，充分发挥技术在资本下乡过程中的作用和价值，提升资本下乡在乡村振兴的现实绩效，在资本下乡的技术嵌入实践中，技术具有的海量数据进行采集、处理、存储、分析、预警、展示的能力，利用互联网建立技术扶贫平台，依托有针对性的产业技术实现乡村振兴。其次，结合当地实际情况和产业发展的不同阶段，进行技术升级和系统设施普及，探索适合资本下乡村庄需求的技术突破口，将关键技术纳入资本下乡的技术管理中，依靠技术创新推动乡村振兴。再次，将资本下乡的技术及动态调整信息都汇聚在互联网平台上，并且在资本下乡所涉及的利益相关者依托 App 来实现共享，这种技术资源的汇聚平台，有利于实现技术信息的扩散和流动，从而使资本下乡赋能乡村振兴更具可操作性，同时有利于引导资源合理配置，同时，借助技术扩散平台，可以让消费者了解其生产的细节和产品质量控制流程，有助于产品价值的实现。

（三）建立有效的技术治理机制

首先，通过现代信息技术，如大数据和互联网、物联网技术，能够准确地分析市场消费需求、消费者的反馈信息、生产和加工过程中的风险防范等更为精准的研判，从而有针对性地应对。其次，通过现代信息技术能够解决技术研发和技术扩散过程中的不精准问题，进而提升资本下乡技术投入的绩效，比如，当一部分种植农户发生技术风险时，基于互联网和大数据的监测手段能够很快判断风险的程度，采取技术研发进行应对，从而达到及时反应和解决的目标。再次，能够提前防范技术扩散过程中的风险，通过大数据和互联网技术为基础的技术治理过程，能够通过虚拟仿真和模拟来提前预知风险，并建立有效的预警机制。

（四）建立有效的技术供给网络

仅靠资本下乡企业的技术水平和研发能力很难满足技术嵌入赋能的需求，因此，需要建立以资本下乡企业为桥梁的技术供给网络，其中包括相关技术的研发机构、高校、科研院所及相关企业，技术供给网络能够为技术嵌入赋能过程中的关键问题得到快速解决，并且能够联合攻关开发更新的品种和技术。在技术网络建构过程中，同时配以机制建设，避免技术研发、传递和使用过程中的道德风险问题，避免技术人员在传递过程中牟取暴利、刻意隐瞒信息、提供不成熟技术所带来的损失。

三、技术嵌入式赋能模式有待解决的问题

（一）技术风险的防范和解决

高新技术一般与高新、复杂和敏感的设备相对应，但是，资本下乡所面对

的是文化素质和技术水平都相对较低的农民，他们对高新技术的接受能力有限，不能够在很短的时间内掌握和使用资本下乡企业所提供的技术和设备，而技术又具有一定的时效性，如果在很短时间内不能够有效地实施和推广，就会被对手超越，甚至影响市场份额，因此，资本下乡企业在技术嵌入赋能的过程中，如果技术选择和设备选择不当，不仅不能够带来技术的效率，相反会产生技术失误所带来的技术损失，因此，在资本下乡技术赋能过程中，需要慎重选择技术和设备，避免技术风险。首先，针对不同的技术层级，提供不同的技术和设备，农民处于技术层级的较低层次，应掌握相应较为简单和实用的技术，相应的技术辅导人员可以掌握较高的技术和设备。其次，建立有效的预警机制。在制度层面，建立有效的预警机制，当技术扩散过程中，发生信息扭曲或者造成损失时，应及时预警并纠正，从而有效止损。再次，加强技术研发部门和技术使用者之间的有效对接，技术研发部门通过与农民、技术人员、管理层和设备使用者充分对接，将技术中存在的缺陷、问题等及时纠正。

（二）防止资本下乡"伪技术"嵌入

在资本下乡技术嵌入过程中，上级主管部门应该实行有效的监管，防止"伪技术"嵌入。有些企业将一些过时的技术，通过包装和概念修改，伪装成高新技术或者品种，并通过项目包装进行推广，其实质并不能带来更多的竞争优势和产品质量的提升，反而浪费更多的资源和土地。因此，通过技术嵌入振兴乡村经济，首要的一条就是技术与需求之间的匹配和市场上的前瞻性，将资本嵌入村庄的地理优势、特色产品、主体文化整合成为技术需求，并结合地方相关产业的技术发展水平，甄别相关技术的适用性和效率，有区别地对待，防止"伪技术"嵌入。

（三）防止技术传递过程中的碎片化

技术的研发和使用，尤其使用过程是一个系统工程，需要动态的可持续投入才能保障技术的效率，因此，在技术嵌入的过程中，应该结合地方资源禀赋、气候条件外部环境的变化，结合当地农民的技术素养，结合技术人员的规模和质量，结合设备操作的复杂程度，建立有效的协同机制，不同主体之间在技术实施过程中，紧密配合，共同解决技术变迁所带来的问题，在向当地村民提供一项新的技术时，该技术所涉及的设备操作、技术指标以及根据实际情况技术指标的调整，都需要相应的技术指导人员来辅导，并且定期对技术人员、农民进行培训、调研、掌握技术使用过程中遇到的实际问题，并使用技术供给网络共同解决，这些利益相关者只有协同配合，才能够满足技术嵌入效率。

（四）技术嵌入过程中的"技术匹配"

产业技术的升级和改造，需要相应的设备制造、网络技术、智能设备等相应的技术来匹配，单项的技术水平提升，其赋能的效果并不十分明显，需要相应的技术来匹配，比如网络的速度，尤其是5G网络传输技术，能够有效地将技术信息便捷地传递给设备和相应的端口，这是技术不同环节相互匹配的重要一环，同时也保障关键技术的实施。技术匹配就像木桶原理一样，任何一个短板环节都会带来技术系统的效率衰减，需要不同技术之间的相互匹配来完成。

四、技术嵌入式赋能模式的优化

如图4-7所示，首先，针对资本下乡过程中的技术需求链条进行分析，包括农民的技术需求、运销、加工、储藏等方面之间的技术需求和相互之间的技术匹配，依托资本下乡企业，在产业链的基础上，调研相应的技术需求环节及现有技术的缺陷。其次，融合产业经营主体、资本下乡主体和研发网络相应的主体，进行联合攻关，解决不同环节的技术缺陷，整合技术需求，形成完善的基于产业链的技术体系，并确定技术研发的路径和时间。再次，按照动态技术嵌入的理念，涉及相应的技术嵌入机制，将技术治理的理念融入资本下乡过程中，按照技术嵌入的动态需求，建立一个动态的技术研发和供给机制。同时，建构一个集政府资金供给、技术研发保障、平台扩散和人才培养机制于一体的技术赋能乡村振兴机制。

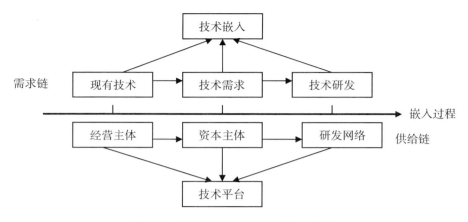

图 4-7　资本下乡技术嵌入的模式优化

典型案例：河南 ROY 农业开发有限公司林下经济发展概况

（一）资本下乡企业开展林下经济

河南 ROY 农业开发有限公司成立于 2014 年 7 月，注册资本 3000 万元，是集林产品、中药材种植与销售、技术研发与推广于一体的生态农业企业。在河南洛阳、三门峡及河北承德流转土地 2.4 万亩，种植核桃、油用牡丹、元宝枫树，为河南省林业重点龙头企业。现有员工 60 人，其中技术人员 12 人。主要产品：核桃、油用牡丹籽。2019 年企业总资产 3859.41 万元，销售收入 1569.14 万元，年利润总额 127.7 万元。

（二）资本下乡企业发展的目标定位

ROY 农业开发有限公司在成立之前，就确定以木本油料作物种植为目标方向，通过两年时间对种植品种考察、市场分析，最终确定以种植核桃、油用牡丹、元宝枫为主营业务，并发展苗木培育和农业技术研发与推广服务。资本下乡企业目标的定位，一定结合企业的比较优势，结合所下乡地区农村的资源禀赋特征和产业基础，按照比较优势和竞争优势结合的方式，确定企业自己的战略定位，并通过资源整合来完成战略定位。

（三）技术嵌入赋能的动力机制

提升农户经营能力，提高产品的质量，从而获得更高的收益。ROY 在发展过程中，首先，其技术投入的主要目标是为了获取更高的利润，其中包括享受的税收优惠。其次，资本下乡通过向村民进行技术扩散，将产业扩散到村民中，使得村民获得更高的收益，企业同时也赢得了更好的声誉。再次，通过技术更新和产业推广，企业能够通过技术扩散，带来一定的生态效益。

资本下乡的经济效益分析：核桃种植前 2 年为投资期，3—5 年为投入产出平衡期，5—30 年为净收益期。核桃苗栽植行株距 5 米 ×4 米，每亩栽 33 株，预留营养带 1.5 米，其余空闲地种植油用牡丹。2019 年公司共计收获牡丹籽 960 吨、核桃 500.72 吨，营业收入 1569.14 万元，年利润 105.1 万元，农业种植企业自有产品销售免税。

资本下乡的社会效益分析：采用"公司＋基地＋农户"的方式，以公司为龙头，基地为依托，在当地与 570 个农户建立起了利益联结关系，充分利用了公司在核桃苗木种植方面的资源、市场、技术等优势，带动基地群众进行名优核桃、油用牡丹种植基地的建设，壮大当地核桃和油用牡丹产业，促进农民增收和农业增效。如从缺乏青壮年劳动力的农户手中流转土地，每年支付给农户地租；返聘留守在家农户年龄 50—70 岁农户到公司基地劳作，支付劳务工资，增加农户收入，仅 2018 年、2019 年支付地租 1396.45 万元，支付劳务工资 432 万元。

资本下乡的生态效益分析：公司流转土地大部分为坡地，由于缺乏管理，大部分撂荒，发展核桃、油用牡丹产业，不但使经济林面积增加，提高了当地的森林覆盖率，还增强了森林调节气候、保持水土、涵盖水源及绿化美化能力，促进当地生态文明建设和旅游业的发展及生态系统的良性循环。成片核桃林的培育，吸收和降低周围的各类噪声，为基地周围群众提高生活质量创造了条件。

（四）技术嵌入赋能的外部环境

成功赋能需要好的产业环境和制度环境，好的市场环境。外部环境的关键包括两方面，一方面是外部市场环境，就是资本下乡技术创新所附着在产品或者劳务是否具有广阔的市场前景，是否在市场上具有竞争优势，如果技术所带来的产品和服务具有较强的市场竞争优势，则赋能效果更好。另一方面是生产的外部环境，即技术所带来的生产环境的改变，是否与生产的外部环境相适应，比如与当地的劳动力的技术水平，当地的资源条件和当地自然条件是否适用该技术。

（五）技术嵌入赋能的优化方向

ROY 制定"种植基地＋观光农业＋体验农场＋农产品深加工销售"的全产业链规划，通过专业、专注、专长于核桃、油用牡丹、元宝枫产业发展，高起点起步、深层次研发，逐步将产品深加工向医药化工、日用化工、食品加工、营养保健、旅游观光、生态保护等领域延伸，志在为打造国内最大的生态观光区、提高基地所在地农民的就业和增收、留住年青一代在家乡搞生产搞建设、缓解留守老人和小孩的社会问题出份力。公司对现有种植基地进行标准化管理，积极开展科技创新和新技术示范推广，使公司各片区在生产管理中实现"五个统一"，即统一技术规程、统一配方施肥、统一病虫害防治、统一整形修剪、统一品牌销售。强化基础设施建设，组建统一标准化种植基地。

（六）技术赋能的推进方法

公司采用公司和基地统一管理农业运营，以种植为主。公司自成立以来，就招聘技术人员 2 名到公司工作，对公司工作人员进行技术培训和技术指导工作。在基地建设过程中，严格按照标准化生产，采用《核桃生产技术规程》（河南省地方标准 DB41/T2132008），将核桃标准化生产贯穿产前、产中、产后全过程。也学习了中药材生产质量管理规范（GAP），从中汲取种植管理经验。公司骨干人员均分批参加过郑州、洛阳林业部门和洛阳牡丹办举办的核桃、油用牡丹种植学习班，也分批去三门峡卢氏学习核桃栽培管理，去菏泽和陕西、山西去学习油用牡丹的栽培管理。在油用牡丹集中栽种年度，提前确定当年种植计划：当年 5、6 月份就把种植计划确定下来，7 月份就完成了选苗、订苗工作。对苗木的选择也非常严格，均选择两年生壮苗，无菌、无病虫害，避免采购到重茬苗。除草：目前市场上还没有比较成熟的牡丹苗专用除草剂，公司采用行间微耕机除草，苗间人工锄草的方式投入大量人力完成除草工作，每年4—5次锄草。

（七）存在的问题

高校专业对口学生难招：企业发展，离不开专业技术人才，但通过与院校对接，新毕业学生普遍不愿到农业企业一线工作。劳务工人短缺：年轻人外出打工就业，留守在家的人员年龄普遍偏大，基本都在50—70岁，出工效率低，各地劳务工人普遍短缺。除草任务过大：由于市场上没有成熟的牡丹专用除草剂，锄草全靠人工，为保牡丹苗不被杂草吃掉，公司组织劳务不停锄草，管理人员和劳务工人除了雨天基本都下地锄草，导致劳务成本过高。

第三节　组织嵌入式赋能模式

农村经济组织、自治组织和党的基层组织对资本下乡具有非常重要的影响，直接决定资本下乡的经营绩效和发展速度，因此，资本下乡企业与乡村组织的关系，对资本下乡赋能乡村振兴具有十分重要的意义。

一、组织嵌入式赋能模式的特征

（一）组织载体的选择

乡村组织主要包括四个组成部分，农村基层党组织、农村合作经济组织、社会组织和农民自治组织。在这四类组织中，农村基层党组织处于核心地位，是党联系广大群众的桥梁和纽带，同时，在资本下乡过程中，农村基层党组织也是联系资本下乡企业与农民的桥梁和纽带，具有十分重要的作用，资本下乡赋能乡村振兴，必须突出农村基层党组织的振兴。《乡村振兴战略规划（2018—2022年)》也明确提出："把夯实基层基础作为固本之策，建立健全党委领导、政府负责、社会协同、公众参与、法治保障的现代乡村社会治理体制。"

农民专业合作社是农村合作经济组织的重要组成部分，是具有一定的产业经营基础，拥有一定的产业经营资源，包括土地、劳动力和技术等，资本下乡与农民合作社的合作，在一定程度上能够降低资本下乡企业与单个农户就土地、产品和劳务谈判的交易成本，提高资本下乡经营的效率，但是，就目前情况来看，农民合作社有治理效率低下、经营能力不足等问题，需要逐步健全其治理体系和能力提升，因此，通过与下乡资本的合作，改善农民合作社的治理体系，提高其治理能力，使得农民合作社发展与资本下乡企业发展获得共赢，并充分调动更多的农民参与到资本下乡赋能乡村振兴的大潮中。在资本下乡选择组织合作对象中，重点依托基层党组织为核心，凝聚各类组织力量，逐步实现"自治、法治、德治"相结合的乡村治理体系，使得下乡资本更有效地赋能乡村振兴。

（二）分工与合作

资本下乡组织嵌入式赋能是一个涉及政府、企业、农民合作社、农户等多元主体协调发展的一个多层次协调、多主体参与、多目标融合的发展战略和系统工程，其中最为关键的是组织、主体之间的分工与合作，即资本下乡企业、基层党组织、农民合作社与农民之间的分工与合作问题。由于目标的差异性，不同组织参与乡村振兴的目标存在异质性，而解决乡村振兴的问题又多而复杂，比如农业产业转型升级、集体经济壮大、空心村治理、乡村资源聚集能力弱、缺乏多元投资主体、农村环境污染、人居环境改善等，每一个问题的解决，都是需要多组织、多主体之间的配合，如果组织和主体之间没有形成有效的分工和合作体系，无法完成这么复杂的系统工程。

就乡村振兴的赋能来讲，党的十九大报告提出"产业兴旺、生态宜居、乡风文明、治理有效、生活富裕"。2018年全国两会上，习近平总书记在参加山东代表团审议时强调，要推动乡村产业振兴、人才振兴、文化振兴、生态振兴、组织振兴，这五个方面的振兴是一个有机整体，相互关联的系统组成部分，其中组织振兴是其他四个振兴的根本保障（表4-1）。

表4-1　资本下乡载体分析

主导类型	定义
资本主导型农业企业	个人资本来源于个人前期从事其他行业积累所得，并同时从事养殖业、种植业的龙头企业
资本主导型公司农场	资本主导型公司农场指的是公司资本为来源，公司农场作为农业生产载体的现代农业经营者。借由政府的招商引资方式，从事规模化、现代化休闲农业生产经营。一方面，资本主导型的公司农场主要从事现代休闲旅游农业，形成多元化、多样化、规模化的农业生产，以游玩、观赏、采摘为一体的现代化休闲农庄为主题。另一方面，由于现代化休闲农场的规模之大，管理以及经营要求之高，需要有较为雄厚的资本作依托
资本主导型农民专业合作社	资本主导型农民专业合作社是一种新型的农民专业合作社。指的是通过资本的合资经营，以专业合作社为组织形式而从事农业规模化经营。相比于传统的农民自发地以土地入股的同质性农民专业合作社，新型合作社的典型特征就是异质性。一方面，资本来源多样化，合作社成员主要以资本投资者为主，也包括本地少数村民。另一方面，资本主导型的农民专业合作社通过资本化的市场运作方式来从事农业规模化生产、经营、加工等活动

1. 充分发挥基层党组织的桥梁作用

基层党组织是乡村组织振兴的根基，在乡村振兴事业发展中起到核心作用，同时也是推动农民专业合作社、集体经济组织的建设与完善，为乡村振兴提供坚强组织保障的根基。基层党组织具有距离基层群众最近、联系最广、接触最多的组织，是最具有农村社会关系的组织，同时也是最有能力、权力协调下乡资本与村民矛盾的组织，资本下乡绕不开农村基层党组织，必须仅仅依靠农村基层党组织和广大党员，将资本下乡项目对乡村振兴的影响和促进作用给党员群众讲明白，说清楚，推动基层党组织发动群众，有效推动乡村振兴。在乡村振兴战略的实施过程中，资本下乡企业必须进一步加强与基层党组织的合作，充分利用其领导的核心地位，增强资本下乡企业与乡村振兴战略目标的对接，团结和凝聚其他组织扎实推进乡村全面振兴。

2. 加大与农民合作社的合作力度

农民合作社是推进农业现代化、规模化、效益化的有效组织形式，能提高农户对市场风险防范能力，2007 年我国出台了《中华人民共和国农民专业合作社法》，2018 年 7 月修订后的《中华人民共和国农民专业合作社法》正式施行，进一步规范了农民专业合作社的发展。2019 年中央一号文件就巩固和完善农村基本经营制度明确指出："突出抓好家庭农场和农民合作社两类新型农业经营主体，启动家庭农场培育计划，开展农民合作社规范提升行动，深入推进示范合作社建设，建立健全支持家庭农场、农民合作社发展的政策体系和管理制度。"资本下乡应加强与农民合作社的合作，依托农民合作社，嵌入乡村振兴过程，其联结方式可以采取多种方式，比如建立纵向协调、建立联盟关系、兼并等形式，充分利用农民合作社的乡村带动作用，激发乡村发展活力，推动农业现代化转型，实现适度规模经营。

3. 加强与农村社会组织的对接

社会组织对乡村治理体系的完善具有十分重要的作用，资本下乡推动乡村治理有效的过程中，不可避免地要与社会组织对接，通过其能够嵌入到乡村治理中，促进农村的多元共治，提高农村社会的管理效率。地方政府在乡村治理过程中的政府越位、缺位、选择性治理、"碎片化"创新等角色误区，阻碍了社会组织在乡村功能的发挥，通过资本下乡的组织嵌入，引导社会组织参与到乡村全面振兴过程中，为乡村全面振兴提供人才、资金、物质和技术方面的保障，通过其动员能力，动员更多的社会参与，凝聚多元力量参与乡村振兴。

4. 加强与村民自治组织的合作

村民自治组织长期扎根乡村社会，对村庄的村情和民情、社会文化、矛盾冲突、利益分配等有着深刻的了解和把握，能够有效地调节村民矛盾，促进乡村和谐，推动乡村全面振兴发挥着重要作用。资本下乡过程中，其经营行为不可避免地受到村民自治组织的监督，在协调资本下乡企业与村民之间矛盾时，村民自治组织发挥重要的作用，资本下乡通过村民自治组织，可以参与到乡村治理中，为资本与村庄的融合打下良好的基础，因此，下乡资本要与村民自治组织有效对接。

二、组织嵌入式赋能模式的运作机制

(一) 资本下乡村庄组织环境与组织重构

如图 4-8 所示，第一，资本下乡选择组织嵌入模式，其根源来源于对下乡村庄的具体社会和经济条件分析，尤其对经济环境分析，包括其资源和土地经营权、所有权的归属问题、产业发展的阶段、产业技术的发展状况、产品经营和市场的状况、生态环境的状况、农村组织状况、社会治安条件等内容，通过对社会经济环境的梳理，找出并选择代理组织，并依据代理组织的功能优势进行分工和整合，完成下乡资本组织嵌入的功能。

第二，分析农村现有组织的功能和优势；在农村各种组织形式的比较中，基层党组织在农村具有十分重要的协调和治理作用，能够有效协调资本下乡企业与村民之间的矛盾，同时配合农村社会组织，对乡村治理起到关键的作用。在经济方面，农民合作社起到十分重要的作用和功能，其能够拥有和调动农村的部分资源，配合资本下乡企业推动乡村产业振兴。村民自治组织具有监督和协调功能，资本下乡企业需要与村民自治组织协调企业行为和村民行为的规范。组织的功能差异，需要资本下乡企业区别对待。

第三，对现有的农村组织进行组织重构。其中最重要的是农民合作社，在

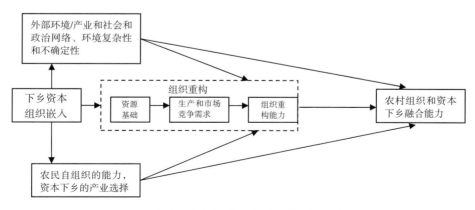

图 4-8　资本下乡组织嵌入式赋能模式的运作机制

没有和下乡资本对接过程之前，农民合作社发展处于一种自我发展的状态，依据村庄资源优势和传统产业进行经营，相应缺乏资本、技术和管理经验，其经营效率也相应较低，因此，资本下乡嵌入乡村振兴，需要对原状态的农民合作社进行重构，其中结合资本下乡企业所掌握的可开发的潜在资源条件、目前的生产状况和产业所处的水平、产品的市场需求和潜在需求、相应的竞争对手等分析，在此基础上，对需要合作的农民合作社的重构能力进行评估，确定其转型和升级的定位，以及与资本下乡企业项目对接的必要条件建构等内容。

（二）资本下乡与农村经济组织的合作方式

首先，选择与农民合作社的合作方式。资本下乡和农民合作社在许多方面具有相似之处，比如，都是通过土地流转达到规模经营，通过推动雇工方式来实现农民增收，使农民获得资产性收益和劳动收益的有机结合，同样经过租金、工资、经营带动的方式振兴乡村。但是，合作社和资本下乡各有自己的优势，资本下乡的优势在于其拥有丰裕的资金、先进的技术和管理经验上。资本下乡最直接的优势是资金和渠道，通过这些优势的发挥，其规模经营能够弥补单位成本较高的劣势。如我们考察的一个案例中，其种植的是小西红柿，小西红柿是典型的高投入和高产出的经济作物。资本下乡企业由于技术和管理经验先进，亩产 2.5 万元，其中雇工支出占据成本的大部分，而小规模农户的亩产平均在 2 万元左右，相对于资本下乡企业，其劳动力和土地租金不用支付，但是在种子、肥料和农药等原材料的进价都比资本下乡企业高，由于进货的规模影响价格折扣的原因，因此，每亩的平均利润比资本下乡企业高 2000—3000元左右，但是，由于市场价格的波动，小西红柿的收购价并不稳定，而资本下乡企业与超市和大规模农产品批发市场建立稳定的合约关系，而资本下乡只是其配套的生产基地之一，其销售不成问题，而小规模的农户就会利润微薄甚至亏损。资本下乡企业凭借资金和渠道优势，在农业生产中占据优势。

另一方面，资本下乡还具有技术和管理方面的优势，能够依托企业，走品牌道路、绿色道路，并且能够延伸价值链，提高农产品的附加值水平。在我们访谈的一个案例中，资本下乡企业建设有蔬菜规模化生产的设施和高智能育苗中心，能够控制生产过程和原材料，从而达到有机生产的要求，而本地合作社则由于资本的制约无法达到，也无法进入企业的销售体系，依托技术和管理方面的优势及品牌优势，资本下乡企业在市场竞争过程中优于合作社。虽然资本下乡占据一定的优势，但是，如果不能有效地组织小规模农户生产，也面临自身能力弱和"水土不服"的问题。因此，资本下乡和农民合作社的联结要做到优势互补。

其次，农民合作社的优势在于利益联结上。合作社与农民在先天上具有更加紧密的优势，它在"本土化"和"利益共同体"的利益联结上具有更多的便利条件；比如我们在访谈一个案例时，发现与资本下乡企业相比，合作社带头人能够通过当地人情关系，以更优惠的价格租到土地，在收获季节，可以以相对低廉的价格雇到更多的劳动力，并且在雇工管理上不需要更多的监督，在成本和效率上都比资本下乡企业占优。此外，合作社通过"招商反包""订单农业"等方式，减少农民自主经营风险，提供更多增收机会。

再次，风险的集体防范问题。风险体现在几个方面：成本方面，资本下乡企业有自己的育苗中心，并且多余的苗有外销渠道，同时，生产所需的肥料、农药均由签约的公司提供，价格低于市场两成左右，对于价格不断上涨的农资，这是一笔不小的成本节约。在销售环节，经济作物的供求关系一般不十分稳定，价格遵循蛛网定律，在没有形成规模之前难以找到稳定的销售渠道，短期内，新的产品投资难以带来更高的回报，同时，收益与议价能力相关，产品进入商超起码要经过代收点代收、经销商代销、商超代购三个环节，分别产生代收费、代销费和代购费，资本下乡企业就是凭借渠道优势，拿到了本由各级经销商占据的两成利润空间。

（三）资本下乡与农民合作社深度融合

资本下乡带动松散的农民经营模式有"返租倒包"和"订单农业"两种方式，一种方式是资本下乡提供更好的规模经营土地、水电路等基础设施，再将土地分成不同的地块分包给家庭农场或者农户经营，同时，为承包者提供农资和技术服务，按照合同价收购产品，在这种模式中，农民可以得到一定的超过公司最低标准的剩余，能够激励村民跟随资本下乡企业选择新的经济作物，获得技术和就近就业。同时，资本下乡企业通过渠道优势，通过将上游整合、延伸产业链，使整个农业产业链中，资本和劳动力的配置得到优化，增加就业。对于合作社来说，合作社同样有自己的优势，一方面，凭借与成员荣辱与共的紧密联系获取更高的利润，当面对市场风险时，能够有效带动农户在生产决策方面进行调整，比如在笔者调研的案例中，在小西红柿种植面积扩张的情况下，合作社推动蔬菜向水果转型，同时探索"共享农业"模式，将土地转租给小规模的城市居民，合作社负责种植养护，租户在节假日到田园休闲采摘，合作社也可以提供送货上门和代销服务。此外，合作社为维护社员利益，善于与产业链上下游环节打交道，比如采用产销联动模式，为社员提供种苗、农资和技术。还比如通过合约，为农户预支种子、化肥、农药用于发展生产，合作社在生产期间免费提供技术指导，贫困户获得销售收入后再支付赊购费用，且价格比县城经销商优惠好几个百分点。在与下游对接过程中，合作社与经销商建立合约关系，提供代收代销服务，并与超市稳定对接，在稳定货源、把控品质、建立产品溯源体系上下功夫，通过订单农业规避风险，确保农户稳定受益。

实现资本下乡企业与农民合作社的合作，能够将资本下乡企业的优势与农民合作社的优势实现强强联合和优势互补，从而推动乡村振兴。发挥资本下乡企业和合作社优势互补作用。通过资本下乡企业与农民合作社的对接，将合作社的优势与资本下乡企业的优势互补，形成一个分工合作的态势，在资源变资产方面，资本下乡带动农民岗位性就业，处理好地方政府、资本下乡企业和农民在土地协调、生产经营方面的关系，使土地变股权的农民获得稳定的收益，合作社方面，利用农民与合作社的利益联结的优势，将农民小规模经营整合起来，形成规模经营，并利用资本下乡的渠道和资本优势，提高农民和市场对接的有效性，更好地防范市场风险，此外，通过合作社，资本下乡企业能够有效调整农户的生产结构，并为合作社提供低成本、优质价廉的生产资料和持续的技术指导，真正发挥农民合作社的功能。在资金限制上，资本下乡企业利用自己的优势解决，在土地和农民联结上，合作社利用自己的优势解决，并通过资本下乡企业和农民合作社的合作，解决农村产权体系中的抵押和担保问题，同时发挥财政支农和金融支农的实际功效，在贷款贴息、融资担保、农业保险等方面给予补助。

（四）资本下乡与农村集体经济组织的深度融合

资本下乡和农村集体经济组织的对接，是资本下乡的一个最重要的前提，然后才能与农户对接，如果绕开村集体经济组织和农户对接，那么农村集体经济组织的屏障功能丧失，弱势的农户可能成为资本下乡掠夺的对象，农民的利益无法保障，资本下乡最主要的是承包土地，然后办产业，而土地所有权属于村集体经济组织，承包权和经营权属于农户，因此，资本下乡承包土地，要遵循流程，这个流程就包括村集体经济组织的允许，毕竟所有权属于村集体经济组织，在与集体经济组织接触，双方就土地承包意愿进行协商，还要遵循农户的意愿，谈定承包的价格，谈定承包的年限，明确承包后的主要种植方向，在这些条款确定后，由集体经济组织向农户做动员，并由农户和集体经济组织签订合同，然后由村集体经济组织与资本下乡企业签订合同，村集体经济组织正式将土地交给社会资本方面经营。就产业发展方面，资本下乡企业同样不能绕开村集体经济组织，在产业用地、用工和经营方式方面，都与村集体经济组织密切相关，因为资本具有掠夺性，村集体经济组织参与到资本下乡，起到一种制约和规制的作用，通过集体经济组织的约束，资本下乡行为能够更好地为乡村振兴服务。

（五）优化资本下乡与农村组织合作模式

如图 4-9 所示，根据资本拥有者的不同组织形式，可以分为资本个人拥有、公司拥有、股份合作社拥有。一是个人资本拥有者，本地或是外地农民通过从事其他行业，进行资本原始积累，获取现代农业生产所需要的资本。并且以个人的名义，注册成立农业企业。农业企业通过辐射带动附近村民致富，逐步发展壮大，成为龙头企业。二是公司拥有资本，即投资于农村现代农业生产的资本依托于大公司的经营利润。大公司通过产业扩张发展战略，顺应国家发展现代农业的大趋势，投资现代农业，发展现代化休闲农场。资本下乡是由多个独立的个体通过集资的方式，采取合作社的组织形式，从事农业的规模化、现代化生产。由此，形成了多种不同形式的现代农业经营主体，即资本主导型农业企业、资本主导型公司农场及资本主导型农民专业合作社。

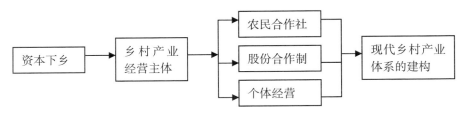

图 4-9　资本下乡与农村组织合作模式

下乡资本具有天生逐利本性，导致其偏离发展初衷。因此抑制逐利本性爆发，需要其进行规范化管理。加之，外部资本的外生性特征，在村庄场域中遭遇发展困境，需寻求新的发展路径。在全国农地流转率普遍上升的大环境之下，种植大户、农民专业合作社仍然是主要农地流入方，而农业企业占比重较小。从侧面可以反映出，农业企业的农地流转率并不高。也就是农户将更多土地流转给其他农户及农民专业合作社，而较少流转给农业企业。通过对数据进一步分析，我们认为，农业企业作为外部资本的一个典型代表，农地流转率低的原因一方面可能在于资本下乡形成的现代农业经营主体在村庄上存在的量仍较少，另一方面从反面推测外部资本在村庄农地流转中会遭遇发展困境。即农民由于心怀疑虑，可能不愿意将农地流转给农业企业等外部资本，导致外部资本农地流转困难。

资本下乡带来的现代农业经营主体，带来工商资本与农村劳动力、农村土地的结合，实现资源整合，致力于发展现代农业。外部资本进入村庄场域的入场活动，在场域内的生产经营活动，都离不开村庄社会环境的提供。对于村庄中长期以"差序格局"为交往准则的农民而言，外部资本就是一个外来物，农民对外部资本存在天然的距离感、陌生感，甚至冲突感。正是农民与外部资本差序关系的存在，导致农民会选择与外部资本不合作，不愿把土地流转给农业公司，而更愿意把土地流转给其他农户或是农民专业合作社。在经济欠发达的农村地区，村庄封闭性强，现代性元素较少进入村庄，村庄仍保持着较高程度的熟人社会特征，面对外来物进入村庄时，更会选择一种相对冷漠的态度，但是一旦外来物侵害了自身或是村庄利益，村民们会团结起来一同进行抵制，捍卫自身的利益。

三、组织嵌入式赋能模式的典型案例

（一）资本下乡与农民合作社的合作模式

资本下乡企业通过与当地合作，打造农民合作社，并将合作社嵌入到自己的产业链中，并通过整合农民土地等元素，形成产业化联合体，并与资本下乡企业深度合作，完成农产品对外的输出，如图4-10所示。

案例7：SM 种植专业合作社的技术赋能模式

洛阳市 SM 种植专业合作社位于新安县城东约3公里，距洛阳市10公里的游沟村310国道南，是在洛新优质种苗基地的基础上由自然人 ZSM 和新安县磁涧镇合伙人于2012年共同出资组建的集脱毒红薯种苗繁育、种植、深加工、技术推广等于一体的综合性农民专业合作社。注册资金235万元，入社人数300人，主营红薯脱毒育苗研发、种植及深加工，年利润50万元左右，采用"公司＋农户"及电商销售方式，产品销往全国各地。在有关领导的关心和支持下，实现产、供、销一条龙服务，推进了合作社的健康持续发展。合作社新流转土地300余亩，新增了设备、扩大厂房和育苗基地，改善了办公条件，提升了产业化发展规模。使合作社的发展步入快车道。2019年，社员人均增收1000元以上，成为当地群众脱贫致富的领头雁。

在此过程中，资本下乡企业和农民合作社实现双赢，一方面，资本下乡企业将自己的业务放在合作社运营，通过合作社获取土地、劳动力和相应的生产要素，并将高端的技术研发和销售环节留在资本下乡企业，在这种分工的基础上，使得各自组织的效率得到发挥，同时也振兴了乡村经济，主要是增加了农

民的收入，助力减贫和推进就业。另一方面，对于合作社来说，单一的合作社不能够建构有效的产业链获得增值效益，尤其在种苗繁育和研发阶段，同时，销售渠道方面也是合作社的短板之一，通过与资本下乡企业的合作，合作社一方面通过资本下乡企业建构的技术网络和研发优势，获得优质高效的生产要素和技术，另一方面，能够通过资本下乡企业建构的销售渠道销售自己的产品，还能够获得产品加工收益，从而依托资本下乡企业，实现合作社能力的提升。

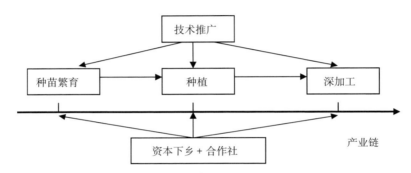

图 4-10　资本下乡 + 农民合作社的赋能模式

从本案例中我们还可以看出，资本下乡和农民合作社在合作过程中除了优势互补外，还整合了资源，获得"1+1>2"的效果；可以从两方面来说，一方面，资本下乡企业和农民合作社的合作降低了双方的交易成本，对于合作社来说，其最大的交易成本来源于销售环节，当面对竞争激烈的市场时，农民合作社不能及时将自己的产品销售出去，又缺乏储藏设备，从而造成巨大的损失，同时与渠道商谈判过程中因议价能力和信息非对称因素，导致农民合作社进入市场的交易成本较高，通过与资本下乡企业的合作，农民合作社显著降低交易成本。另一方面，对于资本下乡企业来说，其最大的成本是与农民打交道的成本，与分散农民谈判，监督其生产和获得稳定的资源使用权，都需要较高的交易成本，利用农民合作社具有的乡村社会网络的优势，能够低成本、快速获得资本下乡企业所需求的生产条件，降低了其交易成本。

整合效应还体现在异质性的网络对接方面（图 4-11）：农民合作社嵌入的是乡村的社会网络，是乡村社会网络生产力量和要素的凝聚平台，同时也是乡村精英人才的凝聚平台，农民合作社在乡村具有资源调动、人力调动和矛盾协调的能力，是乡村社会网络的一个缩影，不仅仅具有经济功能，同时还具有一定的社会责任。相对应而言，资本下乡企业所嵌入的是一个城市消费市场和销售渠道网络，其所面对的是商超、企业和消费者，是农产品输往城市的通道，同时也是城市居民获得生活必需品的重要渠道，其在城市具有销售网络的优势。资本下乡企业和农民合作社的对接，完成了乡村生产网络和城市消费网络的对接，一方面满足了农村农产品的生产和销售问题，另一方面，为城市消费者提供优质价廉的产品，实现城乡的共赢，同时也建构了新型城乡关系。

资本下乡企业利用自己在城市强大的社会网络，建立与高校、科研院所、技术研发部门的关系，建构自己的技术网络，通过技术网络研发力量的整合，开发特色农产品，提高质量和抵抗自然风险的能力，在这方面，农民合作社有一定的欠缺，而恰好资本下乡企业推动农民合作社和技术网络的对接，提高了农民合作社生产的技术水平，从而实现了产品升级和产业结构调整。

综上所述，农民合作社和资本下乡企业的对接，实现了乡村社会网络、城市消费网络和技术网络的有效对接，一方面，使优质价廉的农产品大量输送到城市，满足城市居民的消费需求，另一方面，使价值增值传递到农村，推动农民收入水平的提升和乡村振兴，同时，资本下乡将技术传递给农民，推动传统农业向现代农业的转型。

合作社下设甘薯种业科技开发有限公司、新安县薯业协会，在中国农业大学、河南农业大学、河南科技大学、河南省农科院等有关领导和教授的指导下，经营规模和科研实力不断提升，现承租土地千余亩，用于农林种植，自建有红薯深加工厂和科研办公大楼一座（90间房，1800平方米），安置劳动就业人数120—200人，成为省内脱毒红薯产业技术的重要基地之一。合作社不断引进培育新品种脱毒红薯。培育的红薯成熟早、皮光滑、薯块外观好、肉味甜酥脆、口感好、商品性好，每亩可增收2000元以上。合作社培育的优质种苗深受农户青睐，每年都供不应求，仅在本地区每年推广种植面积已达1万多亩，带动6000多农户增加了经济效益2500多万元。合作社对社员所种植的红

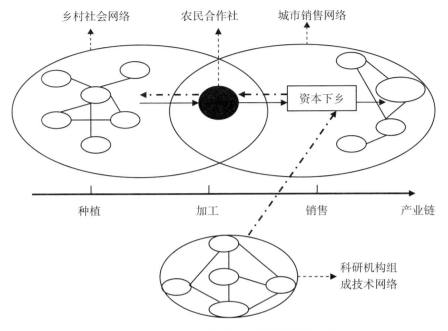

图 4-11　资本下乡与农民合作社的网络对接

薯实行产品回收，使他们无后顾之忧。同时每年都不断地吸收广大农民加入协会，为促进新安县红薯产业更新换代，促进农业产业链条的延伸，促进农业产业结构调整起到了积极的作用。

（二）完善农民合作社与资本下乡企业的对接机制

资本下乡企业与农民合作社的对接，是农民对内利益联结的基础上，与资本下乡企业进行的对接，无论是资本下乡企业引领成立的合作社，还是原有的农民合作社，都避不开农民利益的保护问题，农民利益的保护问题的关键在于对接机制的设计方面，公平的利益分配机制的建立，不仅能够激励更多的农户参与到资本下乡的经营中来，更能够在生产过程中投入自己最佳状态的劳动力，提高产品的质量和产出，因此，虽然资本下乡企业主导利益分配机制，也需要兼顾农民利益的保护，关键在于建立合理的利益分配机制，在资本下乡企业与农民合作社之间，即农民集团与资本集团之间的利益分配。

在利益分配过程中，资本下乡企业利用各种控制权，挤压农民合作社利润的做法比较常见，这也是在产业化经营过程中失败的原因，这是一种不可持续的经营方式，因此，在利益分配过程中，建立一种基于产业链的利润分配机制，实现产业链利润的共享，而不是就产业链的经营单个环节考虑进行利润分配。建立一种"固定分红＋二次返利"的方式，一方面按照产业链环节的利润分配机制，比如合约价格收购农民合作社的产品，运往城市销售；另一方面，当市场价格上升时，按照一定的比例返还农民合作社，实现二次分配，同时，将销售价格信息定期反馈给农民合作社，使价格信息可共享，创造的利润信息透明。

（三）完善农民合作社退出机制

在资本下乡企业和农民合作社合作过程中，由于资本实力的差距，农民合作社处于弱势地位，在这种资本实力对比中，如果资本下乡企业具有机会主义行为时，农民合作社没有有效的策略应付，只有退出威胁，这样才能约束资本下乡企业的机会主义行为，因此，在合作机制设计过程中，应设计农民合作社的退出机制，并且在何种情况下，农民合作社可以退出，退出的条件和损失方面都需要详细规定，并且合约的条款应由基层政府部门聘请专门的法律顾问来审核，保障农民合作社的权益，同时也保障这种退出威胁的有效性和可信性。

（四）建立有效的风险分担合约

农民合作社和资本下乡企业的合作应该建立在有效的风险分担之上，在合作之前，农民合作社从事生产，不仅面临生产过程的自然风险问题，还得面临市场销售的风险，在与资本下乡企业合作之后，其市场风险转嫁给资本下乡企业，但是，资本下乡企业由于承担风险而获得风险的溢价收益，因此，风险分担合约和利润分配合约相关联，农民在二次返利基础上获得市场溢价收益，同时也承担相应的市场风险，因此，合作双方应设立风险保障金，提取一部分利润在风险保障金里，无论生产环节还是销售环节发生风险损失时，通过风险保障金来补偿，从而降低双方的风险负担。

第四节　治理嵌入式赋能模式

治理嵌入式赋能就是资本下乡企业通过参与乡村治理，通过集体经济组织和基层政府，来实现乡村振兴的目的。

一、治理嵌入式赋能模式的特征

（一）创新资本下乡参与乡村治理的方式

通过资本下乡企业党支部与基层政府党支部之间的联合，把企业经营目标和基层政府治理目标有效地结合起来，从而实现资本下乡目标与乡村振兴目标的统一。在土地流转过程中，资本下乡企业"俘获"村基层党组织，使其治理能力"悬浮"，资本替代乡村治理获得土地。在规模化经营阶段，基层党组织本来应当充当协调者的角色存在，如果沦为资本的代理人，导致其角色冲突和矛盾。这三个过程都冲击整个基层治理秩序，从而需要嵌入一个资本下乡状态下的有序治理方式。

一方面，乡村治理作为国家治理体系中的重要组成部分，其治理水平的提升关系到乡村的全面振兴，需要提高其现代化水平，化解乡村治理中的风险因素，尤其是在资本下乡过程中的风险。（1）乡村治理要解决人口老龄化和社会保障供给不足的问题；由于大批的青壮年都向城市转移，农村常住人口老年人比重加大，人口结构不均衡现象严重，加上老年人文化素质不高，网络使用水平低下，现有养老服务又不完善，这加剧了农村社会的结构失衡，是资本下乡嵌入乡村治理后需要解决的第一个难题。（2）粮食安全风险严重；由于粮食生产规模化程度较低，人均耕地面积、土地制约、人才储备和对外依存度等问题，粮食安全风险随着资本下乡会更加严重，需要通过乡村治理解决。（3）人口外流导致治理主体弱化；随着务工群体大量进城，农村社会人才空心化，导致农村"两委"班子和党员后背队伍缺乏，村级班子弱化，影响农村基层治理。（4）农村基层组织在应付突发事件时，应急治理能力薄弱，随着自然灾害、疫情和舆情事件的爆发频繁，应急人员、技术和设备储备方面都不充分，农村基层有效防控重大突发事件方面存在较大的风险。（5）农民生活水平的提高所带来的居家安全风险，如食品安全、天然气、用电和用水等方面所带来的风险治理。

　　资本下乡不仅要解决以上静态风险，还需要解决治理缺失的动态风险。动态风险是资本下乡后进入新阶段，因不能匹配乡村全面振兴的要求而出现的新风险。（1）农户的生计能力不足所引起的贫困风险。基于自然资本、人力资本、技术资本和金融资本等建立起的可持续生计显示，生计资本的持续增加和生计策略的优化能够提高农户生存能力，但是，这些要素在短期内难以改进，限制了农户生计能力的提升，容易引起农户的返贫风险，在乡村全面振兴过程中，由于村庄弱发展能力和强发展欲望之间的不匹配，导致村庄负担严重，加上村庄治理的长效机制不足，导致生态治理和人居环境治理无效的风险。（2）农户参与村庄治理不积极的风险，一方面，村庄空心化导致老弱病残不能有效参与到乡村治理中，另一方面，"乡村精英"发展经济的目标使其不愿意参与到乡村治理中，因此存在政府干预过度的风险，使农民参与治理的积极性和能动性不足。（3）文化建设滞后所带来的价值观风险，在资本下乡过程中，导致乡村产业发展形成农民追求单一物质利益倾向，导致利益分配方面的矛盾，引起村庄社会关系紧张，乡村治理的价值观有偏。

　　因此，要通过资本下乡创新乡村治理方式，防范风险，既要防范静态风险，又要防范动态风险，这关系着我国乡村振兴能否真正实现的问题，推动乡村发展更加公平、可持续和有效率。通过资本下乡，健全和完善制度，如通过建立以老年人劳动力为主的产业，建立敬老院和家庭养老、社区养老、互助养老的补贴制度，建立完善的农村养老制度体系。还比如加强对资本下乡从事粮食生产的补贴政策，加快涉农涉粮产业链的建构和关键环节的改革。通过资本下乡企业精英人员加入村基层党组织，或者在资本下乡企业中建立基层党支部，与基层党组织合作化解治理主体弱化的风险，并通过企业培养村级后备力量，吸收"村庄精英"、能人、返乡创业农民工等为基层党组织的后备力量。

以基层党组织和资本下乡企业为核心，建立健全应急过程中的制度体系，明确上下级政府、横向相关部门、社会组织、资本下乡企业各自的行为边界与职责，让突发处置应急风险有法可依，有章可循，有效化解村庄的自然风险、食品安全和设备安全问题。

第一，通过资本下乡企业建立的产业体系，提高农户生计资本水平，一方面，加强资本下乡对农民劳动力的吸纳能力，尤其是对老年劳动力的吸纳能力，能够将留守老人和妇女的劳动力价值充分实现，提高农民的收入；另一方面，提高农民的资产性收入水平，将农户的土地、宅基地和房产等设施纳入资本下乡企业的经营体系中，通过这些资产的参与产业经营，提高农户的收入水平。第二，通过资本下乡企业的捐赠等方式，改善乡村义务教育的办学条件、村庄医疗设施的基础条件、村庄养老设施条件和村庄公共服务条件，使资本下乡企业承担自己的社会责任。第三，针对村庄的资源优势和产业优势，选择合适的产业经营，控制产业的规模，避免村庄举债经营，同时，通过相互监督，降低资本下乡企业管理人员和村干部在资本下乡过程中的谋利行为。第四，防范资本下乡过程中引起的生态风险问题，通过正向激励，激励村民建立自治组织积极投身村庄生态治理过程中，形成基层党组织、上级主管部门、村民自治组织齐抓共管的局面，持久地行使协同治理功能，通过多种形式激发村民的治理角色意识，形成主动参与村庄发展的定位，解决与资本下乡企业合作的方方面面的问题，提升农民作为治理主体的意识和能力，通过深入挖掘村庄优秀传统文化的价值，形成村庄独特的思想观念、人文精神、道德规范，实现对原有公共文化空间的保护，并通过文化的激励，激励更多的村民关注资本下乡情景下的村庄发展与治理。

（二）建立资本主体与村集体组织有效的沟通机制

建立一个资本下乡企业与村基层组织有效的沟通机制，保障资本下乡企业与基层政府就乡村治理和经营过程中存在的关键问题进行有效的协调和沟通。首先，建立资本下乡企业与基层政府的有效沟通机制，基层政府是推动乡村振兴的关键主体，同时也是推动资本下乡的关键主体，在这里，基层政府是指与资本下乡密切相关的乡镇政府。由于资本下乡项目多是由上而下的政府推动式，县级政府到乡镇政府再到村基层党组织，绕开任何一个机构都会造成一定的风险和障碍，因此，需要建立基层政府和资本下乡企业的有效沟通机制。一方面，建立双方的项目对接人员，在项目对接方面，比如对农村生态环境的影响，对农民收入、社会网络、村级治理以及人居环境影响方面，通过项目具体细节的对接，保障乡村振兴的顺利实施。

基层政府控制着乡村的权力和资源配置的权力，因此，资本下乡必须针对乡村振兴的需求，如何配置和优化资源和权力，才是乡村振兴的关键，依据资本下乡对乡村治理机制的影响，我们设计以下几种资本下乡嵌入乡村治理的机制：（1）通过资本下乡企业的主体嵌入农村基层党组织，从而参与到乡村治理机制中，资本下乡企业的主体，有一些本来就是乡村居民，外出打工获得成就后返乡反哺农业，其本身就是乡村的成员，通过自己的努力成为乡村振兴中的一员，通过自己的成员身份，嵌入乡村治理团队中，如当选村支书、村干部等，提高资本下乡企业参与乡村治理的效率。（2）通过资本下乡企业成立基层党支部，并与农村基层党组织建立合作关系，就资本下乡和乡村振兴的关键问题，找出合适的解决方案，在兼顾村民利益的基础上，提高合作的治理效率。（3）资本下乡企业虽然不嵌入基层党组织和村委组织，但是，通过一系列的行为，比如养老设施的投资、义务教育的投资、乡村基础设施的投资，从侧面建立与村民良好的社会关系，从而影响村民的决策。

（三）建立治理结构的重构机制

通过资本下乡企业和基层组织治理目标、治理行为和治理方式的重构，使得治理更加有效。就资本下乡嵌入乡村治理的机制来讲，乡村治理的重构，能够为资本下乡提供更多的利益空间，这也是资本下乡参与乡村治理重构的根源，其内在的影响机理主要是通过资源和权力机制实现的。（1）重构乡村治理主体。由于乡村治理工作缺乏创新，治理主体老龄化和缺乏青壮年的参与等问题，造成惯性的治理思维，缺乏思维创新，缺乏主动作为，这种问题的解决主要依靠资本下乡所带入的新鲜血液，一方面，通过资本下乡，激励乡镇政府工作人员借鉴资本下乡企业发展较快的经验，提高乡镇政府工作人员的学习能力、创新能力和协同能力，定期组织其参与学习和考察，转变乡镇工作人员的"不作为"为"敢作为"；另一方面，为解决资本下乡所带来的现实问题，可以引进具有高学历的人才，通过人才引进来提高乡村的治理水平，包括大学生村官、第一书记等，通过人才结构的重构实现治理结构的重构；此外，通过资本下乡助推乡村社会组织，凝聚乡绅、乡贤人员参与乡村治理，激发村庄精英参与乡村治理的积极性，并利用其村庄权威的力量，推动乡村治理效率的提升。(2) 通过资本下乡激发村民参与乡村治理的意识；资本下乡能够激发村民关注公共环境的意识，而不是被动地接受治理主体的安排，从事分散生产的农民，缺乏参与乡村治理的意识，在观念上比较保守，可以称为目光短浅，甚至认为乡村治理仅仅依靠政府解决，资本下乡涉及村民的土地、经营传统和收益，影响资本下乡的渠道中，乡村治理是一个重要的渠道，因此，资本下乡推动村民参与资本下乡的意识，通过参与资本下乡过程中的乡村治理方式，提高村民治理意识，从而实现乡村治理的有效性。(3) 激发教育水平较低、年龄较大村民参与乡村治理的意识，一方面，通过现代互联网技术和移动通信技术，让村民了解乡村治理的重要性和与自己切身利益的关系，通过获得利益来激发村民参与乡村治理的积极性。另一方面，通过教育培训，广开培训和教育渠道，促使村民传统观念的转变，亲身参与到乡村振兴和资本下乡中，并根据自身需求，在乡村治理中争取自己的利益，同时，通过产业培训，参与乡村自发组织的娱乐活动和业余文化生活，提高自己对乡村治理的认识。

(四) 发挥治理嵌入对产业的推动功能

通过资本下乡的治理嵌入，推动乡村产业的发展，由于受到地理环境、交通和基础设施的影响，乡村居民主要靠种植、养殖和小规模的经济作物种植来维持生计，在资源配置和自然资源保护方面存在缺陷，使得产业化水平不高，即使有高附加值的农旅产业，如"民俗""乡村旅游"等，也是产业的碎片化经营，缺乏规模，并且缺乏现代管理理念和创新意识，同质化严重，缺乏特色。同时，由于产业发展基础差，也很难吸引资本下乡企业来投资，加上正规金融机构的可贷性问题，导致许多产业结构升级和优化相对较为困难，因此，通过资本下乡来强大产业，从而提高村民参与乡村治理的积极性。首先，通过资本下乡企业的产业化经营，将小规模的农户生产、家庭农场和农民合作社整合成为规模性生产主体，并通过资本融合、正规信贷的可获得性、先进技术和管理经验、市场渠道等要素，提高产业化水平，通过产业化水平的提高，带来村民文化素质和政治意识的增强，从而激发其参与乡村治理的意愿。其次，通过资本嵌入到乡村治理过程，通过治理结构的优化，增强基层组织和资本下乡企业的带动能力，在村民的产业选择、要素投入和产业经营方面，带动更多的农户参与到资本下乡企业的产业经营中，形成一定的聚集规模，打造知名的产业品牌。再次，资本下乡带动治理效率的提高，通过对村民产业经营方面存在问题的快速有效反应，有效地协调其他治理主体形成集体行动，通过集体的力量来解决村域产业发展中的障碍问题，从而推动村域产业的兴旺。

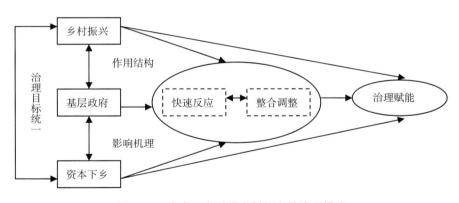

图 4-12　资本下乡赋能乡村振兴的治理模式

二、治理嵌入式模式的典型案例

"给钱给物，不如建个好支部。"LSQ 满票当选村党支部书记后，又满票获选连任。担任村党支部书记的 8 年间，他不仅将李寨"带"出了贫困，也将村支部"带"成了沈丘县连续三年"十佳"村党支部、周口市先进基层党组织。

（一）找穷根，理思路

为了摸清村情家底，找准贫困症结，初进村的 LSQ，带着"亿星集团"扶贫办和村"两委"班子成员，首先集中"2+6"田野调查：以 2 个月时间，由 LSQ 牵头，开展了由外及内调研活动：对外走出去，到延安梁家河村、兰考贾堂村等，学习新农村建设经验；对内进农户，坐下来，面对面，心贴心，开展"村情民意"调研，深入查找问题，发现问题，理清思路，从父老乡亲的心中找答案。同时，用 6 个月时间，组织本村有条件的党员，深入村民家中和田间地头展开精细调查。通过"田野调查"，支部成员和党员用脚步丈量出1270 份来自各户各组的真实数据和"村情民意"，包括留守儿童、土地流转、种养基地、农产品加工销售、村民增收等一系列问题和建议，成为李寨村有史以来最为翔实、最为广泛的民情反映和对村党支部的殷殷重托。

调查后的"研究"与"思辨"是 LSQ 和班子成员最为活跃的思想碰撞和心灵触动：人多地少、分户散种、村困民穷的基本村情如何"求变"？一班人集思广益，最终明确定位：出路在农业现代化，现代化的关键在创新，创新是改变李寨、振兴李寨的重要驱动力。思想统一后，村"两委"分工分业，以发展新产业、营造新环境、培育新村民、组建新经济组织、建强新班子为工作重点，制订发展规划，细化年度方案，每年办好十件实事，奋力创建具有现代特色的新农业、新农民、新农村。

案例解析：资本下乡嵌入到乡村治理过程，是一个长期的过程，同时也是一个相互考察的过程，一般来说，返乡资本下乡比较容易嵌入到乡村治理中，在村干部的选举中，资本下乡通过对乡村的基础设施投资、文化设施投资和产业投资，赢得乡村居民的支持，从而嵌入到乡村治理中，并在乡村内部具有一定的威信，这个是在长期的交往过程中形成的共识，也是长期博弈过程中形成的一致性意见，因此，在资本下乡过程中，资本主体嵌入到乡村治理，无论是对资本下乡企业，还是对乡村治理，都是双赢的策略，只有村民和基层党组认可的资本下乡主体，才能参与到乡村治理过程，这个过程不是短期能够操作成功的，是对资本下乡企业和企业家的一个长期的考察过程，没有长期的博弈，不能形成一个有效的嵌入过程。

同时，我们也可以看到，资本下乡企业能够促进乡村的全面发展，资本下乡企业在老乡的约束下，其投资和捐赠行为，都具有一定公共性，而不是出于谋利的目的，在从长期考察来说，其投资也符合长期博弈的结果，其实声誉和名声的收益，远远大于经济的收益，因此，其投资具有公益性的目标，符合资本下乡推动乡村全面振兴的目标。

（二）分类设岗，自治自强

全村55名党员，年龄、文化、能力参差不齐，LSQ带领一班人，制订管理办法，实行对普通党员设岗制、党员工作记分制，每月按岗、按分评比，把平时考评与年终考核结合起来，确定年度绩效等次。对"无职党员"，分别设置村务监督、扶贫帮困、纠纷调解、治安保卫、红白理事等13个岗位，使30名无职党员做到有岗有职。在村民自治方面，设立就业、调解、保洁、文化、治安、法治、红白喜事、留守儿童管理、五保户帮扶9个村民自治管理小组，分别由党员或村组干部担任组长、副组长，新老乡贤、"五老"人员、村民代表为小组成员，明确职责，形成分类管理、良性共治的关系。

案例解析：在资本下乡过程中，不仅仅是嵌入到乡村治理过程中，更是嵌入到乡村社会过程中，通过乡村治理的嵌入，解决村民的教育、养老、文化生活和人文关怀的问题，是一个资源和人力的整合问题，为解决乡村治理实际问题作出更多贡献的问题。

（三）选人育人，建立支部"两个带头人"

首先，在"党组织带头人"中，大力培养年轻、懂经营的人。LSQ担任村支书后，县乡调整了李寨新的村委班子，平均年龄由过去的63.2岁下降到42.7岁。80后大学生村官李鹏辉，经过三年基层一线锻炼，2018年经支部推荐、群众投票选举，担李寨村主任。"亿星集团"响应河南省工商联"千企帮千村"号召，结对帮扶李寨村，集团由一名总裁助理带队，抽调13名经营管理人员，成立李寨农业开发公司，在村党支部的领导下，长年驻村开展产业扶贫。该公司总经理余强任李寨村党支部副书记，"亿星集团"党办主任张照军同时兼任村支部党办主任，他们工作、经营在李寨，长期参与村党支部的实质性工作。在 4 个村办经济企业、7 个专业合作社、9 大集体产业基地中，有 25 名领衔经营的村"两委"成员、村干部、共产党员。

案例解析：一方面，资本下乡通过自己的影响力，带动具有高素质的人力资本下乡，从而带动乡村治理效率的提高；另一方面，通过资本下乡企业与村基层党组织的深度融合，深度谋划村庄的产业发展、公益事业的发展以及乡村振兴所涉及的方方面面，为乡村基层党组织输入新的血液、新的力量，通过资本下乡企业管理层与乡村基层管理层的深度交流和融合，利用现代管理资本的嵌入，创造新的农村管理理念。

其次，在"创业致富带头人"中，大力培育本土能人、创业成功人士。土地流转后，种养项目逐步集中至种养大户规模经营，急需大批本土能人回乡创业。村党支部通过实施"奖励回乡创业、提供经营场地、设立基金支持、搭建产销平台"四项激励措施，先后吸引 26 名打工能人回村创业。同时大力培植本村具有商品生产能力的党员和村民骨干，从农业高校聘请"创业导师"驻村，两年跟踪指导种植、养殖，从河南省农业科学院、中国农业科学院郑州果木所等科研院所，聘请知名专家进村现场指导培训，带动一批本村种养商户积极学技术、勤经营，成为创业致富带头人，其中，全村 85% 的党员和村干部掌握一门以上致富技术（或产业项目），有 6 名党员被评为"创业明星"。

案例解析：乡村治理无效的根源在于产业和经济的发展，如果没有有效的产业和经济支撑，乡村振兴和资本下乡都将成为泡影，为了支持资本下乡治理嵌入式赋能，最为关键的一个环节是资本下乡对产业和农民收入的支持，资本下乡只有在产业支撑条件下，在农民获得收益条件下，才能嵌入到乡村治理过程中，以往的乡村治理体系收益相对较弱，只有较高的治理收益才能吸引更多的参与者，利用参与乡村治理的功能，获得更高的收益，同时也是资本下乡嵌入到乡村治理的本意所在。

再次，将支部建在产业链上，实施党组织对全村经济工作的全面领导。村党支部坚持以经济工作为中心，在各村民小组和 9 个村集体产业板块都设立党小组。"亿星集团"驻村帮扶队员、县乡驻村扶贫队员、村干部，"三支队伍"的工作力量，主要摆布在各个产业链上，党员的作用在产业扶贫中充分发挥。村"两委"工作转向以抓经济为中心后，"村干部人人忙干事，带动村民人人有事干"。为了充分调动村"两委"的积极性，村党支部在执行当地村干部待遇标准的同时，另由 LSQ 个人出资，通过经营实绩量化考评，以岗位补贴的方式，大幅提高村干部的工资待遇，并根据"抓党建促产业"的拓展和深化，计划从 2019 年开始，三年内村"两委"班子成员的工资待遇达到同级公务员水平。

案例解析：以嵌入乡村治理推动产业的发展，资本下乡通过嵌入到乡村治理中，依托乡村治理平台，激励主体推动乡村产业的发展。其中最根本的原因是资本下乡主体的声誉创造，通过资本下乡企业对体制内和体制外的贡献，从而获得政绩，在政绩获得的基础上，赢得声誉，依靠声誉获得项目，利用项目获得利润，从而形成一个循环，一个良性的循环，嵌入治理的根源在于经济利益的获得。

资本下乡，其实是一个综合体系的下乡，是一个城乡融合的过程，是拿城市管理的体系来治理乡村的过程，只不过是反应时间差距问题。最终是一个城乡相互适应的过程，是一个城乡持续平衡发展的过程。

第五章
资本下乡赋能乡村振兴的难题纾解

中共中央、国务院颁发《关于实施乡村振兴战略的意见》，指出乡村振兴战略作为全面建设社会主义现代化国家的重大历史任务，需要财政与工商资本、行业内资本的整体配合完成，积极鼓励引导工商资本的下乡建设，运用工商资本来解决农民增收、农村经济发展、农业现代化建设等方面的问题。在政企村三方合作过程中，政府在政策引导、后期监管和服务方面的不足，工商资本的投机行为和村庄社会对资本的排斥都将导致资本下乡的失败，因此，针对资本下乡关键问题的探讨，是资本下乡赋能乡村振兴的有效路径。

涂圣伟[1] 研究认为，在市场利润、政策红利、圈地诱惑等动机的驱动下，资本下乡成为一个长期趋势，必然会带来小农挤出效应、公共利益损害和产业安全挑战等问题，同时也会带来盲目投资、土地流转契约不稳定等隐患。王彩霞[2] 研究认为：工商资本下乡并没有显著提高规模农业的生产效率，工商资本下乡的快速推动造成农业生产成本急剧上升，产品销售困难，下乡工商资本的政治投机行为导致乡村治理效率下降。

资本下乡后，使农村治理问题更加突出，农业经营主体与农村治理主体之间关于"谁来种粮"和"谁来治村"的问题变得更加复杂，涉及更多的利益分配问题，使乡村振兴面临更多的不确定性，需要更为精致的相关调适制度的设计，充分分析问题的成因，提出更为有效的解决方案。

资本下乡所带来的问题，需要不同层次的治理主体联合作用，在治理制度

---

① 涂圣伟：《工商资本下乡的适宜领域及其困境摆脱》，《改革》2014 年第 9 期。
② 王彩霞：《工商资本下乡与农业规模化生产稳定性研究》，《宏观经济研究》2017 年第 11 期。

供给层面，国家针对宏观层面上资本下乡所带来的经济和社会失序问题，出台相应的法律制度，约束资本和农民双方的行为。从当地政府层面，设定一定的风险保障机制，包括风险保障基金，保险产品等，当资本下乡企业和农民经营项目运作失败时，可以在一定程度上降低资本下乡企业和当地参与农民的风险。

资本下乡参与乡村振兴是国家鼓励的政策，但是，对其大规模的租赁农民土地，国家采取谨慎的态度，避免通过土地兼并，损害农民的利益，同时要建立严格的准入和监管制度。国家在政策上有一定的规定，资本下乡具体而言是"鼓励企业和社会组织采取投资筹资、捐款捐助、人才和技术支持等方式在农村兴办医疗卫生、教育培训、社会福利、社会服务、文化旅游体育等各类事业"，按照 2018 年中央一号文件要求，国家鼓励的是从事公共服务、基础设施和社会事业，并没有提出种养业和农业，从当前的实践看，资本下乡大都从事种养业和农业，基本都通过土地流转来实现经营，土地流转就形成了资本和农户的经济关系，土地经营也就形成资本和农户的产业关系。

第一，资本下乡的产业选择。资本下乡发展适合企业化经营的种养业，原话是"鼓励和引导城市工商资本到农村发展适合企业化经营的种养业"，从文件的精神看，对资本下乡政策是有选择机制的，在鼓励的同时，更强调引导，主要是引导工商资本下乡从事适合企业化的种养业，相对不适合企业化经营的种养业，国家是不鼓励的，同时要引导资本下乡企业避开这些不适合企业化经营的种养业。这种适合企业化经营的种养业主要是指产业链环节较长，价值增值幅度较高，能够通过产业化经营延长和拓展产业链，提高增值幅度的产业。如粮食产业，将小麦做成面粉、加工成食品，并通过食品工业化增加其链条长度和宽度；还比如，玉米用于能源开发和化工制品，其产业链就能得到有效的延长。

第二，资本下乡的监管问题。相对而言，通过"公司＋农户"或者"公司＋基地＋农户"，或者"公司＋合作社＋农户"的形式发展种养业，与大面积直接租种农户土地的形式，在本质是有差别的。直接租种土地，将农户排斥在农业经营系统之外，和将农户直接纳入自己的产业链，两种不同模式对农户的生计影响不同，同时对土地的实际控制权影响也不同，因此，相对鼓励资本下乡企业将农户纳入自己产业链的行为，不鼓励大面积租赁农户土地，将农户排斥在农业经营之外的行为。准入制度的建立，是强调只有符合一定农业生产经营条件的资本下乡企业才能够租赁土地，对技术、经营经验、设备和渠道等方面进行考察，不具备农业经营条件的，如房地产企业，即使企业进入了土地租赁范围，也要加强监管，防止其改变土地用途。

第三，作物选择引起的"非粮化"问题。农地非粮化比例较高，资本下乡种粮成功的案例非常少，导致资本下乡普遍不种粮，这在一定程度上会影响国家粮食安全。下乡资本进入与土地要素密切相关的产业链环节，会加速土地的非粮化水平，最终影响粮食安全；有统计数据显示，近年来工商资本进入农业经营的趋势日益明显，在投资农业产业链上下游适宜产业化、规模化和集约化经营的环节的同时，也逐步投资在与土地要素密切相关的种养环节。

资本下乡对农地非粮化影响的深层次原因首先是成本问题，规模经营支付给农民的土地租金一般要高于农户自发流转的租金，因为规模经营需要连片，而连片的土地租赁一般要与异质性的农户进行协商，协商的结果是其租金倾向于农户最高的要求，同时，对资本下乡企业的经营，其不确定性较强，风险较大，因此，农户索要高的租金也符合其对风险的担忧。资本下乡间接提高了土地的租金水平，高达 1000 元每亩，如果种粮的话，按照不同地区的种植模式，南方地区种水稻，中部地区一季水稻一季小麦，在北方地区则一季小麦一季玉米。其中每亩土地一年的纯收入也只能在 1000 元左右，还得在收成较好情况下，即使在没有出现生产过程中机会主义行为和自然灾害所造成的减产，高地租导致资本下乡种粮也难以获得利润，这与资本下乡逐利的目标相冲突。资本下乡租赁土地不种粮的第二个原因是较高的固定资本投入、人工投入。资本投入主要是提高机械化程度，因此在能源和设备上投资较高。人工投入主要是田间管理比较细碎，雇工管理的成本较高，且农业监督困难，容易发生机会主义行为。与个体农户相比，市场化的劳动投入相应较高。与种粮相比，经济作物的种植是一个高风险高收益相匹配的项目，其市场价格较高，但是波动较大，因此，资本经营经济作物其收益的波动也相对较大。

虽然资本下乡与农户相比具有市场能力的优势，但是，与同样的资本下乡企业竞争时，很难获得相对的市场竞争优势，容易导致农产品过剩、规模收益下降和亏损现象的发生。

第四，资本和农民"争地"与"争利"矛盾突出。土地是农户维系小规模经营的主要资源，同时也是传统生计模式能够维系的关键，资本下乡后通过大规模租赁压缩了农户小规模经营的空间，但是，农村还需要维系一定的小规模经营农户的存在，城镇化不能吸收全部的小农户，因此，资本下乡必然加剧了资本和农民之间的"争地"矛盾，最终会形成农民无田可种的问题。这里所谓的田，是具有相应的灌溉等条件适宜农业经营的土地，而不是不适合耕种的土地。资本和农民争地，会导致一些负面的问题：首先，资本与种田大户、家庭农场、农民合作社争夺流转土地经营，与农家乐争夺旅游市场，与养殖大户争夺养殖市场，资本进入农村产业，较一家一户的农户经营具有较强的能力，一家一户的农民利益会被资本所掠夺。如乡村旅游资源是农民天然的、固有的、特殊的优质资源，不能因为工商资本进入，一下子就易手转换了，这对农民和农村太不公平。其次，土地流转给下乡资本，使土地主要收益归资本而非农户，在高效农业的发展下，土地收益增加，而农户只能获得土地租金，土地租金占土地收益的比例较低，因此，在土地收益中，资本和农户分配不均。第三，一家一户经营、家庭农场、农业合作社等以农户为主体的各种经营方式，在相当长时间内仍是农业生产的主体经营方式，对国家的政策和农业的发展起着主要的贡献，资本下乡所带来的结构改变，会导致一些重大政策，比如粮食安全战略的实施得不到贯彻执行。

在今后的一段时间内，还会有相当数量的农民在农村生产和生活，要依托土地和土地上的生态资源谋生致富。这一具体实际决定了在资本下乡过程中，任何时候都要把保护农民利益放在第一位。在资本下乡整合村庄资源和利益时，往往将自己的利益放在首位，不可避免地侵害农民利益，这就形成了资本与农民"争利"的格局，这种格局会产生两种结果：一方面，农户退出该市场的经营，赖以生存和发展的机会被剥夺，另一方面，农户被动接受资本下乡的"合作"，被下乡资本剥夺部分利润。

第一节　资本下乡赋能乡村振兴的可持续问题

资本下乡存在着与政策预期不符的情况：由于资本的逐利性，工商资本对土地利用有着特定的模式，与乡村振兴的政策目标可能不相符。资本以追求利润最大化为目标，要求尽可能地增加收益降低成本，更加倾向"锦上添花"而不是"雪中送炭"。自然资源条件、文化传统、劳动力资源、交通地理位置、技术与知识等地理区位条件，税收优惠、贴息贷款、土地易得等政策环境，竞争状况、企业协作水平、市场需求、企业规模等产业环境，决定了企业能否在某区域生存。对于具有资源及市场区位优势的地区，如靠近城市、地处经济发展情况较好的区域、风景名胜地区，周围有丰富的资金、技术、人才等资源，同时具有资源优势、区位优势以及发展历史进程中的积累优势的地区会赢得企业更多的青睐，让自身的资本与它们独特的条件、优越的环境结合，实现资本增值，使这些区域的土地价值进一步充分挖掘。但绝大多数资源禀赋一般的村庄，需要进行投资开发的地区，因为条件恶劣的贫困地区对资本全无吸引力，乡村的全面振兴也无从谈起，在招商引资的浪潮中，企业在很多地方都被奉为座上宾，很多地方政府会尽力满足他们的条件，允许为企业低价、长期流转农地，从而忽视了对农户权益的保护。在对村庄进行基础设施建设时忽略小农户的生产需求，在农民的农地权益受到企业侵害时只要求企业给予农民一定赔偿而不进行处罚或责成企业恢复农地原貌，表明资本下乡在惠农支农的途径上还需要进一步调整和探索。

以不同参与主体为视角，梳理资本下乡过程中政府、农户、企业三个利益主体行为的内在逻辑，基层政府的行为逻辑表现在政府为了有效利用国家项目资源，借助资本下乡完成乡村治理与农业现代化的任务需求，通过政策和资金的支持鼓励了资本下乡的发展。工商资本的行为逻辑表现在工商资本向条件较好的区域聚集，为了追求利益最大化加剧了农地利用的"非粮化"现象。农户的行为逻辑表现在农户为了获得更多的收入选择与企业合作，自发调整了种植结构。对于资本下乡带来的加剧发展不平衡的问题，拥有较好资源禀赋与区位优势的乡村，要尊重市场经济规律，鼓励企业帮助村庄根据自身优势发展符合自身实际的产业，实现资本与村庄共赢；条件一般的村庄，需要政府通过项目资源的输入，加强基础设施和公共服务建设，保障小农户的生产能力。鼓励农业企业以提供农业生产性服务等方式进行资本下乡，提高小农户的生产收益。

资本下乡主要是靠项目运作，获得国家的项目补贴，从而获得可持续性，一旦政府的补贴项目中断，则不可持续。农业项目投资大、周期长、不确定性大，从而导致农业项目风险较大，因此，国家一般会给予下乡资本运作项目一定的补贴，使资本下乡企业实现持续经营，但是，随着市场化运作的持续，资本下乡企业需要建立以市场项目盈利为导向的运作方式，才能保证其可持续性。在工商资本下乡问题上，政府一定不能靠行政力量，通过招商引资等方式吸引所谓的工商资本下乡，而是要充分发挥市场在其中的调控作用，引导真正需要延伸产业链的农业企业下乡，不能通过优惠政策刺激毫无农业基础的工商资本出于投机目的而盲目下乡圈地。在政策保障上，要出台相关政策，保护农民的土地财产权利，保证土地流转的自主性、自愿性。

资本下乡的"项目运作"将导致三方面的问题：第一，对项目的依赖来源于国家的项目补贴资金，补贴资金就是项目的利润，如果只能靠项目的补贴来获取利润的话，资本下乡企业就会脱离依靠市场经营产品竞争优势获得市场利润的目标，这样会降低企业的市场经营能力，从而使资本下乡企业不可持续。第二，依靠项目运作"套利"行为有被政府发现的可能，政府规制行为会使项目中断，从而使项目不可持续。第三，"项目运作"一般不是资本下乡企业独自申请，需要与"乡村精英"和基层党组织合作，但项目经营过程往往不需要这些乡村主体合作，缺乏合作使得其在经营过程中困难重重，从而导致项目的不可持续。

一、资本下乡赋能乡村振兴收益的可持续问题

任何一个产业都是成本和收益匹配的，农业作为存在几千年的产业，历来

都是政府重视的产业，关系着国计民生。在资本下乡过程中，任何一个生产过程，都是针对市场进行的，必须是通过资本下乡企业经营的额外收益才能弥补，如果没有国家的项目补贴，资本下乡企业的项目很难通过市场运作，是不可持续的经营项目，只有在国家持续补贴项目下，资本下乡经营农村项目才能够维持经营，其中，载体非常重要，关键是建构一个为公的治理机构。农业的比较收益较低，资本下乡不能够从农业经营中获取收益，其项目就具有不可持续性，靠项目补贴运作相对缺乏内生持续性，具有较大的风险。因此，资本下乡的收益可持续性，是解决资本下乡推动乡村振兴的根本问题。

二、资本下乡赋能乡村振兴项目的可持续性问题

许多资本下乡企业往往在面临风险时，陷入不可持续性，而农业经营项目往往具有高度的不确定性，面临自然、市场等复合风险。首先，风险因素与风险的识别会导致一些农户的"退出"。农户参与资本下乡经营中，其风险承担能力较弱，对风险较为敏感，一旦发现项目风险较大，为了避免风险损失，会退出经营，而将退出的沉没成本转嫁给企业或者政府，造成经营项目的不可持续性。其次，风险可以导致资本下乡的资金链断裂，当金融机构发现资本下乡经营项目的风险时，有可能对项目停贷以规避风险，这样会导致资本下乡企业资金链断裂，造成经营项目的不可持续性。再次，针对资本下乡企业自身，如果认为风险过高的情况下，就会停止项目的执行，资本下乡企业项目的自我退出，导致经营项目的不可持续性。

三、资本下乡赋能乡村振兴项目的选择问题

随着我国传统农业向现代农业转型，农业的功能和形态不断拓展，不同产业领域和价值环节的资本构成不同，可进入性和风险收益不同。领域选择应考虑是否具有专业化知识、行业风险收益率和政策指向性，具体领域包括：1.适合企业化经营的种养殖业。主要包括设施农业、规模化养殖业等。2.农产品精

深加工业。如粮油精深加工、皮毛精深加工、果蔬产地加工、水产品精深加工、特色农产品加工等。3.农业生产性服务业。具体而言，可以重点进入良种服务、农资连锁经营、农产品现代物流、新型农技服务、农机跨区作业、农业信息服务等领域。4.农业基础设施建设。5.大宗农产品市场储备。如参与粮棉油糖等大宗农产品市场调控，特别是商业化储备和应急体系建设。

第二节　资本下乡与土地"非粮化"问题

工商资本进入村庄后为实现利益最大化，同时因为缺少约束力量，造成了农地"非粮化""非农化"利用。在资本下乡过程中，工商资本吸附"乡村精英"，形成村内利益共同体，对村庄内部原生稳定的关系网络产生负面影响，使建立在原生关系网络上的生产关系受到冲击，生产关系网络基础上形成的"粮食—经济"结构发生改变，在资本逐利的动机下，使能够维持原有稳定的粮食生产结构受到冲击，农地"非粮化"问题进一步加剧。

一、资本下乡导致土地"非粮化"的原因

（一）资本下乡模式的问题

就资本下乡的模式来讲，如果采用"公司＋农户"或者"公司＋合作社＋农户"的模式，无论从公司角度还是农户角度，都不会选择种粮。这种模式的最终决策主体是农户，农户可以选择加入该模式和不加入该模式，在农户自由决策的前提下，农户不会选择种植粮食，因为参与该模式和不参与该模式，在粮食种植方面没有较大的影响，随着种子、农药、化肥、薄膜和机械等生产资料的价格上升，粮食种植成本越来越高，而粮食收购价格较低，与种植经济作物相比，比较收益下降，理性农户会选择种植经济作物。如果资本下乡企业将土地租赁过来，更不会种粮，一方面，下乡资本逐利的动机，使其以获得利润

为目标，相比较而言，经济作物的收益和风险相对应，相较粮食作物种植高；另一方面，下乡资本租赁土地需要成本，租金的上升倒逼资本下乡企业削弱种粮的积极性，选择经济收益更高的经济作物。

（二）地方政府引导的问题

资本下乡是资本主体与当地政府共同推动的，双方都有各自的目标，针对地方政府来讲，其目标是推动地方经济发展，形成特色产业，从而获得政绩和完成 GDP 目标，在政绩目标的导向下，其期望资本下乡能够通过特色产业的经营、产业链条的延长和产业链的横向拓展、产业融合等方式，提高农产品的附加值，相比较而言，粮食作物的产业链较短，附加值提升较为困难，且种植环节相对利润较低，在推动地方经济发展和 GDP 贡献方面相对较弱，因此，在这个目标的激励下，潜在的推动资本下乡企业"非粮化"经营的动机。

（三）技术和设备方面的问题

粮食种植一般大规模连片经营，适合大规模机械的投入，但是，大规模机械操作设备的投入，需要很高的资金投入，并且在一个生产周期内，大型机械的使用时间较短，闲置时间较长，闲置和维修成本较高，给企业带来较大的沉没成本。相比较而言，经济作物投入过程中，由于特色化需要精耕细作，相应的大型机械使用较少，不需要较大的资本投入，小规模投入设备能够重复利用，提高设备的利用效率，减少其闲置时间，从而创造更多的经济效益。

（四）经济作物产业链延长和价值增值问题

经济作物在产业链上比较容易延长，还能够获得市场价格波动的额外收益；如通过深加工和特色品种创新，能够推动产业链的延长和反季销售的问题，从而能够在市场上持续获利。相比较而言，粮食产业链的延伸和拓展，则需要更大规模的投入，并且具有较大的风险，且其增值幅度不高。因此，从产业链的角度，资本下乡企业倾向于种植经济作物。

（五）劳动力问题

资本下乡的另一个目标是通过资本下乡经营，解决农村富余劳动力的就业问题，尤其是留守老人和妇女能够通过就业来获得持续的收入，这种就业压力迫使资本下乡企业从事经济作物种植，因为一方面，经济作物种植对劳动力的需求量和时间较长，并且除个别技术工种外，对劳动力的要求不是很高，能够满足长期雇工的要求；另一方面，经济作物种植通过深加工等产业链延长，能够雇用更多的劳动力持续就业，比如加工业，全年能够生产，解决了农村老人和妇女的就业问题。就业目标同时也是地方政府希望资本下乡能够解决的重要问题之一。

（六）产业融合问题

相比较而言，粮食种植与其他产业融合的难度较大，而经济作物种植与旅游业、休闲业等服务业融合的概率和机会较大，通过产业融合能够使资本下乡获得更高的收益，因此，从产业融合的空间来讲，资本下乡企业更倾向于从事经济作物的种植。

二、资本下乡土地"非粮化"问题的治理

（一）严格规划土地，保障基本粮田的数量和质量

在引进资本下乡的过程中，加强对土地用途的规划，设立基本农田和粮田制度，按照土地规划，引导资本下乡企业从事粮食经营。在规定的地块内，通过各种规制约束资本下乡企业的行为，实行粮食种植或者粮经间作，保障粮食种植的规模，并对未按照规定进行粮食种植的，或者更改土地用途的，要实行严厉的惩罚措施，提高其种植其他经济作物的成本。在稳定粮食种植面积方面，通过规划，加强对高标准农田项目的管理，深度监测耕地质量，引导资本

下乡企业优化粮食种植结构，并加强粮食生产功能区的监管，严格保持粮食生产功能区的种粮属性，提高粮食复种指数，稳定粮食种植面积。

（二）有序引导资本下乡，强化租赁土地的监管

对资本下乡企业的经营情况进行严格的监督和管理，规定其流入土地在一定比例面积上必须种粮，或者其种粮的面积不能低于一定的比例，如果有违规，政府部门将进行制裁，严格控制耕地的流向，切实保障种粮用地。加大对资本下乡土地流转的执法力度和检查力度，通过对资本下乡租赁土地的用途管制，通过定期纳入县乡两级土地检查，确保对资本下乡过程中土地用途监管，保障粮食生产，及时纠正浪费土地资源、改变农地用途的违规违法行为。

（三）加强种粮的经济补贴，激励资本下乡企业种粮行为

首先，针对资本下乡企业的种粮行为，采取相对小规模农户更高的补贴，弥补其土地租赁租金、设备购置和劳动力投入方面的高成本，同时，采取不同阶段不同补贴的方式，避免其机会主义行为。其次，加大对种粮行为的政策优惠，比如在税收、农资购买和粮食销售价格方面，对资本下乡企业采取较其他经营主体更优惠的政策，提高其抗风险的能力。再次，在保险方面，加大粮食种植的保险范围，为资本下乡企业提供更大范围的农业保险，保障其经营风险得到有效防范。

第三节　资本下乡赋能乡村振兴的治理问题

资本下乡对乡村治理具有一定的负面影响，导致一定的治理困境问题，为解决资本下乡对乡村治理的负面影响，需要深入探讨困境产生的原因，从而有针对性地提出对策建议。

一、资本下乡赋能乡村振兴治理的困境及成因

治理困境是指在乡村治理过程中，因资本下乡导致治理目标的偏离、治理权威的转换和治理组织角色冲突的现象，从而造成基层治理目标无法保障民生、提供基本公共服务和维护乡村基层社会秩序，使乡村治理陷入困境。

（一）治理困境及其表现

1. 地方政府中目标替代

乡镇政府在资本下乡过程，很容易利用自利性的目标替代公共目标，仅仅为自己服务，而丧失了公共性。在农业招商引资的规模经营过程中，基层治理的目标是公共性的，是为发展农业规模经营，推动现代化农业体系建设，解决"三农"问题的，是为促进农村发展而制定的治理目标。但是，在一系列体制内的奖惩激励措施的压力传导下，基层组织的治理目标转向自利性，在集中性的基层权力体制下，公共性的治理目标最终转变为自利性目标，其背后的逻辑是物质、精神、政绩激励，以及隐含在农业经营项目中的巨大利润，才是基层政府部门最大的行为动机。与其说招商引资为了农民，不如说为了基层政府部门领导的升迁，资本下乡原有的规模经营、解决"三农"问题、建设村庄的公共性治理目标，不断被自利性治理目标所取代，为个别领导达到政绩目标，获取政治利益的目标服务。治理目标的偏移使基层治理能力下降，使得正式权力行使者与非正式权威产生利益关联，增加了治理道德与合法性的风险，并且出现投机行为，正式权力不断非正式操作，基层组织成为冲突的主体之一。

2. 治理组织角色冲突

在资本下乡过程中，乡村有自己的乡土势力，资本下乡的商业运作也具有自己的逻辑，村基层组织角色定位和治理能力在协调两者之间冲突时，就对治理能力提出更高的要求，当基层组织不具备协调资本与村民矛盾的能力时，导致村民和下乡资本之间的矛盾激化和角色冲突。这种冲突来源于村民原有的生活方式和经营受到资本下乡的冲击，接受租金和被雇佣单一的获利方式，并不能弥补原有生活方式的便利性时，资本和村民的矛盾就更加突出。而作为村民

利益公共性的代表的村基层组织，本应该发挥维护村民利益，监督和制约下乡资本，防止村民被雇佣过程中利益受到侵害的作用，但是，随着基层组织与资本下乡的博弈过程中，村基层组织干部在利益的诱惑下，成为资本管控村民的助手，不能履行为村民提供服务、保障村民的职责，逐渐退化成资本的代理人或合伙人，同时也逐步丧失村民的信任，从中介到代理，村基层组织逐步被资本绑定，成为资本下乡经营风险、管理风险的责任承担者，一旦下乡资本经营出现问题，村基层组织和基层政府将成为主要责任承担者之一。

（二）治理困境及其形成的原因

第一，资本下乡没有村基层组织正式权威的中介作用是很难开展的，基层治理的有效性使资本下乡通过村基层组织的担保，下乡资本得以获得村民的信任，嵌入到村庄，同时通过地方政府的中介功能，资本得以整合村庄中碎片化的利益，对于村民而言，需要基层组织保护自身利益，对基层治理的考验也尤为严峻，资本的退出必将冲击原本脆弱的乡村基层治理秩序，使之陷入崩溃，无法保障村民的利益。

第二，在资本下乡的利益俘获努力下，基层组织的治理能力逐步被弱化，基层组织不断突破制度的规定，谋取私利而不是造福于村民，通过非正式权力和非正式权威的运作，各种利益相关者的行动削弱了基层治理所应具有的公共性和合法性，从而导致村庄治理目标、权威和组织载体被替代、转换和形成冲突，弱化基层治理的效能。

第三，乡镇政府的目标发生由公共性向自利性转变，其根本原因在于基层政绩和基层干部个人利益的最大化。基层组织的行为基于本身获利为目标，而不是资本下乡原有的公共性诉求，资本带来的利益分配以自利性满足为基本点，从而导致利益分配的失衡，带来基层治理的失效。同时，这种利益分配的失衡，是通过大量的正式权力和非正式权威的运作来实现，在乡土社会中，其治理方式就是通过宗法宗族作为运作规则，是利用乡土、血缘和宗法等非正式规则实施，然而在当代基层治理中，正式权力通过非正式运作，虽然有助于丰富基层治理的策略和手段，但是，其内在根本逻辑是基于村基层干部和非正式权威的个人利益最大化为基础的，这种非正式操作不具备规范性和合法性，同时为基层治理造成潜在的巨大影响，在资本下乡过程中，基层治理目标发生转换，导致道德和合法性风险增大。

第四，乡土权威逐步被工商资本主导的商业权威替代；在资本下乡过程中，基于村庄正式权威——基层组织和基于社会资本治理的人情、面子和血缘关系的治理，逐步在资本下乡的利益环境下，被商业权威俘获，成为商业权威获取资源的手段和附庸，在利益博弈过程中，逐步耗散掉，在乡村治理环境中，呈现商业权威和村民之间的利益博弈，失去村基层组织保护的村民，在博弈过程中，更处于弱势地位，从而使乡村治理的效能更加低下，村庄原本的含义逐渐消失，逐渐成为资本控制下的村庄。

综上所述，资本下乡使得基层治理发生变化，农村基层组织无论角色定位还是治理目标上，都具有双重性，一是配合上级行政部门做好资本下乡的安排，如流转土地和雇工，另一方面是在资本下乡过程中保护村民利益不受资本侵害。在这双重性的选择过程中，基层治理者嵌入了自己的利益，作为一个理性主体，在利益最大化的驱动下，在下乡资本的诱惑下，倾向于成为资本的代理人，在其代理过程中，逐步丧失其村庄治理的权威和村民的信任，基层治理丧失其公共性。

二、基于社会资本嵌入的治理方案

（一）探索多元化经营方式，引导工商资本主体承担社会责任

当前工商资本面临的困境，主要是资金的匮乏导致工商资本损害农民的利益。但是从最根本原因分析，工商资本主体出现经营不善导致资金链的断裂，最开始是由于缺乏与农民的合作导致的。若要改善当前土地大量撂荒，造成大量浪费的局面；政府必须探索多元化经营方式，注重引导工商资本主体加强与农民建立合作，让农民参与日常管理，让农户参与利益分成。一方面，政府可以探索农民土地入股的形式，让农民作为经营主体参与经营，既解决了当前无

法支付土地租金的困境，也减少了日常的管理成本，与农户签订协议，制定详尽的改善经营方案，改变当前的局面。也可以通过吸纳村庄的种粮大户，与村民成立合作社等形式，多种经营方式并存，工商资本带动农民发挥积极性，共同致富。另一方面，政府要出台相关政策，让工商资本主体承担村庄发展的社会责任，比如失能老人的养老问题、就业问题，为农民提供一定的就业岗位，既能促进与农民的合作，也能妥善解决当前人口空心化局面加剧引发的危害，解决农民的生活之忧。此外，妥善处理进驻后对农村环境等造成的影响，关注并改善农民的生活环境，也有利于建立与村民的人情关系网络，促进双方的合作共赢。

重视农民的土地情结，改变对农民的固有认知。农民的土地情结是中国传统农业文明的一种传承，虽然经历时代的变迁，部分农民的土地情结没有传统时期的浓烈，但是仍在农村社会发挥重要作用。工商资本进驻农村时，要注意尊重农民对土地的深厚感情，尊重农民的发展意愿，不能一味强行索取资源，要注重与农民的沟通，改变对农民小农意识的偏见，将农民的土地情结、小农意识在经营过程中转化为农民在土地上的生产力。首先，要加强与村民们的沟通，让村民对工商资本主体有比较详细的了解，工商资本主体可以通过会议或者其他形式进行宣传，为村民们答疑，逐步消除村民们的抵触情绪。针对拖欠的工资以及地租，工商资本主体应该与村民进行沟通，说明拖欠原因，给村民具体的承诺以及解决方案，逐步取得村民的信任，也为之后的合作奠定基础。其次，要改变对村民们的固有认知，发现他们的优势并加以利用。从农民角度换位思考，切实考虑农民的担忧，保护农民的利益。比如，要提高雇佣劳动力的价格，尊重农民的劳动成果，提高农民的参与热情与积极性。同时，要发挥小农意识中注重家庭利益的特点，注重与家庭的合作，让农户参与管理，让农民分享经营的成功。

（二）建立行业发展网络，契合区域经济发展

当前工商资本主体在行业中结构位置的边缘化导致其在信息获取及资源共享方面处于劣势，价格及销售策略明显与区域市场发展脱节。因此，要实现工

商资本主体在乡村社会的嵌入性发展，必须改变这一局面。首先，由于工商资本在此行业属于起步阶段，要注重与地区内的相同及类似行业建立密切的联系，建立比较稳定的交流沟通平台，学习其经营管理的经验，实现信息与资源的共享，逐步从边缘位置向中心位置靠拢，逐渐建立企业自身的结构网络。其次，工商资本在定价时，要注意结合当地实际情况，对市场进行充分的调查，主要契合主流市场发展趋势；同时利用休闲农业的契机，要注重加强品牌宣传，打造品牌知名度，增加销售量。另外，结合区域发展特征，制定多元化的销售策略，打造多元化的销售渠道。

三、破解乡村治理困境的路径

工商资本下乡的目的是为了改变农村落后的生产方式，促进农业规模化经营。因此，从嵌入性理论的宏观层面及中观层面入手，社会各方参与治理，需要从政策体制、经济发展规律、社会稳定要素等多角度进行完善。

（一）完善政策及法律，建立各项保障机制

农业的发展离不开政府的推动，需要完善的政策及法律，使各方的利益都得到保障。首先，政府要制定完善的惠农政策，拓宽"三农"发展的资金来源渠道，充分发挥引导监督作用，鼓励社会资本有序地参与农村社会的发展和建设。其次，惠农政策的推行也需要建立保障性机制，比如，要探索建立工商企业流转农业用地风险保障金制度，确保农民的各项权益，加快推行城乡一体化的医疗、养老体制的改革，尽快破除城乡二元体制，让农村社会获得同等的发展机会和水平，确保失地农民的各项基本权益得到保障。另外，法律的完善也是必备因素，在法律上确定各主体的权责之后，要对其进行有效的评估和监督，并执行严格的问责机制。

（二）改变农民发展观念，促进农业的规模化经营

要推动农村社会的发展，必须转变农民对土地的依赖，不仅需要通过制

227

度的完善保障农民的各项权益，也要注意从农民自身出发，逐渐转变几千年以来世代传承的土地情结。首先需要尊重农民发展意愿，多进行换位思考，通过不断向农民宣传动员等形式，在保障农民权益的基础上，逐渐让农民接受现代农业的发展理念，并且在流转价格、流转时间、流转用途方面与农民进行沟通。通过转变农民的观念，在让农民接受并确保权益的前提下，进行农地的大规模流转，并且依旧鼓励种粮大户参与，可以有效提高效率并且保证质量，在一定程度上有利于降低种植风险，促进农业规模化经营的顺利推进。

(三) 拓宽企业产业链，打造特色产业品牌

工商资本进入农村，开发农村市场，有利于改变农村落后的生产方式，但是农业本身的产业特点以及农业在国民经济发展中的基础作用，决定了单纯农业生产的低效及低收入。因此，工商资本进入农村，在政策对"非农化""非粮化"的限制前提下，要想求得发展，拓宽农业生产产业链是最适合的选择。通过拓宽产业链，既能减少农业产品滞销带来的风险及损失，也能增加农产品的价值，提高收益。另外，发展并深化"生产—深加工—销售"的产业链，也有利于保证原料的生产质量，为打造特色产业品牌奠定基础。对工商资本主体来说，逐利性是资本的发展本质，但是要想在农村社会持续发展，并且承担起对农村社会发展的社会责任，在拓宽企业产业链的同时，打造特色产业品牌是重要的基础，比如"南街村""华西村"等都成为特色品牌，在市场上享有较高声誉，拓宽产业链，打造特色品牌是成功的共同秘诀。因此，工商资本下乡之后，必须拓宽产业链，注重打造特色品牌，实现持续性发展。

(四) 健全农村社会各项服务体系，吸引人才进入农村就业

从长远看来，工商资本主体要在农村获得长久发展，必须靠人力资本发挥作用，这也是舒尔茨的改造传统农业理论的重要思想，因此，必须从各方面作出努力，能够成功吸引并且留住人才，获得持久的发展动力。首先，需要健全

农村社会各项服务体系，鼓励社会各主体的广泛参与，比如通过政府购买服务等形式，采取财政扶持、税费优惠、信贷支持等措施，大力发展主体多元、形式多样、竞争充分的社会化服务；比如完善农村各项基础设施，重点农村的交通、医疗、娱乐等设施的建设，缩小城乡差距。根据调查，很多年轻人不愿意去农村就业，主要是认为农村的这几项基础设施建设比较差，不能满足生活所需。其次，也要完善农村的社会公益服务，发展社会公益事业，促进农村社会事业的建设。通过发展健全的社会服务体系，吸引人才到农村就业，特别是外出务工人员返乡就近就业，也能有效缓解农村人口空心化带来的危害，促进农村社会的健康发展。

（五）完善村级基层组织权力运行机制

完善基层组织权力运行机制对于资本下乡而言具有十分重要的意义，通过完善权力运行所基于的制度、规则，规定权力如何划分、如何使用和如何制约，三者是相互衔接、不可分割的。在基层治理目标上，始终将权力运行与党中央和行政上级保持高度一致，通过权力运行机制的完善，约束基层组织人员的行为，降低其非正式操作的可能性。在完善基层权力运行机制过程中，最重要的是监督机制的完善，通过一个客观中立并且具有权力的监督机制，对基层组织的权力进行约束，才能真正从基础入手解决权力的腐败、缺位、越位的问题，从而建立一个良好的基层权力运行机制，扭转乡村治理目标偏移的困境。

（六）完善基层组织的功能机制

功能强大的基层组织体系，是乡村治理的重要保障，同时，也是保障资本下乡赋能乡村振兴，推动乡村发展的重要动力基础。一个强大的基层治理体系必须拥有一套具体的能够发挥作用的功能机制，通过机制约束来达到治理效率的提升。首先，当资本进入村庄于分散小农进行土地和劳动力交易，其成本是非常高的，需要基层组织能够有效地给村民提供一个完整的利益表达机制。只有村民的意愿和诉求能够得到顺利表达，基层组织将零碎的利益需求通过一个机制整合成一个整体，理顺需求的内容和要点，并与资本进行博弈，避免资本通过上级政府行政压力和村庄灰黑势力来实现，而是通过村民对基层组织的信任基础建立其他利益表达和整合机制，通过有效地与资本主体进行协商沟通，为村民争取最大的利益，这些功能的实现是基层组织功能完善的一个重要方面。就资本下乡而言，基层组织功能的完善，同时也是其嵌入村庄治理的一个重要方面，通过一个功能强大的组织，使资本下乡企业的运作更具合法性。其次，建立一个有效的矛盾沟通与调节机制。再次，建立完善的公共协商机制；就资本下乡中的关键矛盾和冲突的解决，建立一个有效的公共协商机制，以村基层组织为召集人，问题双方进行协商，在充分协商的基础上，找出解决困境的方案和机制，对已经形成的调解方案，利用集体行动强制执行，保障基层治理的混乱和无序得到治理，避免坏人得好处、老实人吃亏，促进村庄正义和正气的建立。

第四节　资本下乡赋能农户生计问题

资本下乡对农户生计的影响，关系着乡村振兴的方方面面，如何优化资本下乡和农户生计的关系，从而在推动资本下乡赋能乡村振兴的同时，提高农户的生计水平，优化农户的生计策略。

一、资本下乡对农户生计影响的理论分析

资本下乡引致的大规模土地流转以不同方式塑造了留守妇女的生计活动和性别分工[1]。资本下乡，在一定程度上使小规模农户重要的生计资本被剥夺，同时提供了相应的劳动机会，提供了其在资本下乡企业务工的机会，通过在劳

---

[1]　孟祥丹、丁宝寅:《"资本下乡"后留守妇女的生计变迁及其对性别关系的影响》,《中国农业大学学报（社会科学版）》2020 年第 4 期。

动力市场上不断寻求获取经济收入的机会，增加自身的收入，不断优化自己的生计策略。资本下乡对农户生计的环境和生计资本既有优化效应，又有冲击效应[①]；通过增强下乡资本的社会结构嵌入性，实现资本规模结构优化和农户的良性互动，并使下乡资本与农户的利益联结模式与地域条件的匹配性更强，通过优化资本下乡的政策环境，明确基层政府的角色定位等措施来实现农户生计的结构与策略的转变。

（一）资本下乡对农户生计资本的影响

农户的生计资本包括人力资本、自然资本、金融资本、社会资本和物质资本五个方面，资本下乡后，农户自然资本减少，金融资本偏低，人力资本、物质资本与社会资本增加较为明显[②]，土地流转后，家庭主要劳动力大量外流、就业多样化、收入多元化趋势明显，生计脆弱性逐渐减弱，生活状况改善明显。

土地作为农户关键的自然资源，对农户生计保障具有重要作用，深深嵌入其生计过程[③]，土地是维系家庭再生产的重要资源，农户围绕土地形成自己的劳动力配置和社会关系动员机制，依靠土地实现内部权力和财产关系的适应性调整，土地的生计功能现实了农户的生存弹性，包括农户生存自保的独立性、代际分配转化的妥协性以及自主自愿改善和代际传承的连续性，农户的生存弹性说明农户摆脱生存弱势和外部风险的能力。在资本下乡过程中，土地流转在一定程度上破坏农户的生计过程，应在资本下乡土地流转同时，建构以农户家庭单元为对象的生计政策，激活农户生产组织潜能，使农户真正建立组织化生计模式。

---

① 李云新、吕明煜：《资本下乡中农户可持续生计模式构建》，《华中农业大学学报（社会科学版）》2019 年第 2 期。

② 贺莉、付少平：《资本下乡前后灾害移民生计资本的对比分析——以四川省南宝山异地安置点 A 区与 C 区为例》，《山西农业大学学报（社会科学版）》2015 年第 7 期。

③ 张明皓、汪淳玉：《土地的家计过程与贫困户的生存弹性——基于河南省平楼村的实地研究》，《南京农业大学学报（社会科学版）》2020 年第 2 期。

首先，资本下乡所带来的土地流转，催生了劳动能力的分化和劳动力市场的发展，农户家庭青壮年通过外出务工等方式脱离农业生产，以家庭为单位的劳动力出现断层，老人依靠土地流转实现"土地—养老"的关系置换，重新调整自己的生计模式①，由于农户对土地的预期和不同类型土地使用方式发生变化，使其从土地的自我经营向获取地租转变，从而使传统的小农户生计体系因受到资本下乡的冲击而实现转型。

其次，资本下乡推进农业生产的规模化、机械化和现代化，这种转变使农业经营对劳动力的依赖性减弱，进一步压缩了农民在农村的就业空间，迫使农民在将土地流转给资本下乡企业后，生计策略向多元化发展，包括外出务工、农业集约化、地租依赖、再小农化等，从长期看，这些生计策略所带来的结果难以持续，因而使农户在土地流转过程中面临更大的生计风险。

再次，资本下乡使农民在流转期限内与土地剥离，被迫进入劳动力商品化市场，并且难以动态参与土地收益，逐步走向"半无产化"，其结果导致农村留守的半劳动力很难在商品化劳动力市场中获得再就业，同时生活消费品商品化增加了家庭的额外开支，这两方面的因素给大多数农户生计带来巨大的压力，同时给社会治理带来巨大的挑战。

最后，资本下乡与农户不同的联结方式对农户的生计影响不同。不同的流转方式对农户的生计影响不同，"公司＋农户"的形式比出租土地的流转方式更有利于农户生计的优化，通过嵌入到资本下乡的经营中，农户生计方式多元化，就业多样化，新型的生计网络逐步形成。

（二）资本下乡导致农户传统生计受到威胁

在生存权受到威胁的情况下，农户直接面对当权者，不惜铤而走险，表达利益诉求，追求自身利益的最大化。这部分农户因集体行动意识的缺乏，未实行集体行为，表现为一种个体性的行为，采取后两种行为的农户虽然在

---

① 孙明扬：《中国农村的"老人农业"及其社会功能》，《南京农业大学学报（社会科学版）》2020年第3期。

一定程度上维护了自身权益，但更多的是利用信息的不对称性谋取个体的最大化利益，剥夺了其他农民的知情权益和生存权益，表现为一种个体性的维权行为。

资本下乡后行为是否是经济的，要看它带来的效益能否大于它给农民带来的损失。对于农民来说，租地务工的生计方式相比以往单纯的种地更加符合他们的利益要求。从最开始的算账到后来的理解与忍耐，都清楚地表明这样一个事实：只要资本下乡带来的好处能够超过农民原来的生产方式带来的收益，那么农民愿意并且欢迎资本下乡。从经济学意义上来看，农民的行为符合卡尔多-希克斯改进，他们也认可这种改进方式。资本下乡带来的是地租和工资，需要农民付出的代价仅仅是其土地使用权。原来的小农生产仅仅出于满足家庭需要和挣点零花钱。土地上的收益往往只能在弥补成本之外略有盈余。这一状况在人多地少、土地利用效率不高的地方普遍存在。但是资本来了之后，他们租金、工资的收入要大于原来小农种植的收入，即新获得的收益要大于为了得到收益而付出的成本。这种改进方式在农民看来是有效率的。

（三）资本下乡对农户生计的优化和提升

1.通过联结方式的创新，优化农户的生计空间

首先，现有的资本下乡，并不全是将小规模农户从土地上赶出去，而是通过方式创新将农户纳入自己所建构的产业链中，通过不同的方式，将不同类型的农户纳入自己的经济体系。如表5-1所示，一方面，与贫困农户建立市场共享机制，根据农户的生产经营能力，将自己承包的土地，通过"返租倒包"的形式，租给经营能力不同的农户，不仅不让其离开土地，而且根据农户的经营能力，调整其经营的规模，利用资本下乡企业的土地流转措施，实现农户经营规模的调整。另一方面，利用资本下乡企业的品牌、渠道和技术资源，提高农户抗自然风险和市场风险的能力，比如，加入资本下乡经营的农户，可以利用公司的销售渠道、包装车间、冷库及网络平台进行一些运销业务，从而增强了其生计能力。

表 5-1 资本下乡对农户生计的影响

代码	生计方式	基本情况
案例 1（CJG）	建立电商平台，通过"公司＋基地＋农户"的方式带动；通过技术服务和培训带动；通过产业链带动	通过发展生态农业，打造城郊乡村休闲综合体，提高了村民在产业发展中的参与度和受益面，实现产业兴旺，群众增收，促进磁河生态谷沟域经济向更高水平发展
案例 2（LXK）	通过产业融合带动，包括农户从事农旅融合产业	投资 5000 万元，流转土地 2800 亩，建起了以种植大粒樱桃为主导产业，第一、二、三产业相融合的综合性园区
案例 3（ZDY）	通过产业链延长带动；通过产业融合带动	博物馆与酒厂将会和石人洼农村合作社计划扶持石人洼村民增加高粱等农作物的种植，石人洼村村民扩大一些农作物的种植面积，改良种植品种，选用高附加值农种
案例 4（ROY）	通过流转土地，支付租金带动；通过聘用当地工人带动；通过"公司＋基地＋农户"方式带动	仅 2018 年、2019 年支付地租 1396.45 万元，支付劳务工资 432 万元。以公司为龙头，基地为依托，在当地与 570 个农户建立起了利益联结关系
案例 5（ZJL）	通过建立合作社带动农户	2016 年成立了新安县 WZ 种植专业合作社，种植优质矮化大樱桃 300 余亩
案例 6（ZSD）	通过成立合作社和产业生态园的方式带动	合作社运行以来，立足农村发挥示范带动作用。助推软籽石榴产业发展，基地建立了预冷、冷藏库 2000 立方米，带动周边农民发展种植大粒樱桃、软籽石榴等高效农业
案例 7（ZSM）	通过成立合作社带动农户；通过建立"公司＋农户＋电商销售"的模式带动	合作社不断引进培育的红薯每亩可增收 2000 元以上。合作社培育的优质种苗深受农户青睐，每年都供不应求，仅在本地区每年推广种植面积已达 1 万多亩，带动 6000 多农户增加了经济效益 2500 多万元
案例 8（SJZ）	通过农旅产业融合带动；通过建立"特色旅游小镇"带动当地居民增收	已栽植上蟠桃、冬桃、苹果、樱桃、软籽石榴等 15 万余棵果树的座座大山和美景如画的小镇，可带动周边 500 余户贫困户增收致富
案例 9（HUY）	通过用工带动当地乡村居民增收	自 2003 年至今，生态园累计投资近亿元，在当地用工 20 多万人次，用工和工资支出 3000 余万元，迅速带动了当地百姓收入提高和生活水平的改善

代码	生计方式	基本情况
案例 10（SXW）	通过土地流转带动农户增收；通过雇工带动农户增收	在开发建设的过程中，园区流转土地 230 亩，带动周边庄头、前口、南腰等村贫困户 33 户 78 人，技术增收到户 90 户 220 人，户年均增收 2000 元。同时，吸纳周边 78 名群众到园区务工，其中包括贫困群众 16 人，年均收入达 2.5 万元
案例 11（LSQ）	土地流转＋合作社雇工	村民收入持续增长。农民人均可支配收入由 2011 年底的不足 2700 元，增加到 2019 年 8 月的 16850 元，其中贫困户人均可支配收入由 2011 年的 1750 元增加到 2019 年 8 月的 6520 元。李寨农业开发公司及 7 个专业合作社经营的"千亩无公害红薯"项目，贫困户每年每亩得到 1000 元土地流转费，年底每亩另有 2500 元分红，两项合计每年每亩固定资产性收入 3500 元。参加劳动的贫困群众人均月收入再增加 2000—3200 元

其次，对于没有经营能力的留守老人和留守妇女，通过为这类群体提供就业机会，从而优化他们的就业空间。这主要是通过资本下乡企业的产业链纵向延伸和横向拓展实现的，通过资本下乡企业对农产品的加工、包装、储藏等业务的拓展，可以吸纳更多的农村劳动力和为异质性的劳动力提供差异化的就业岗位，使得不同类型的劳动力都能找到合适的劳动岗位，从而获得一份工资收入。如针对水果产业，除提供果园工作外，果品的储藏、包装和果汁加工，都需要大量的人工，雇用村民参与其中，使其收入多元化。

再次，对于经营能力水平相对较高、有一定管理经验的村民，资本下乡企业通过吸纳其成为企业管理者，从事管理工作，或者入股企业或者合作成立合作社，充分发挥其管理能力，同时，这类人进入管理岗位，能够降低对村民劳动过程中的监督投入，提高监督的效率，从而更好解决农业劳动中的监督问题。

2. 优化基础设施，改善农户生产条件

资本下乡通过投资，完善农村基础设施条件，比如水、电、路、灌溉设施、机械设备、社会化服务等，改善了农村生产条件，为农户生产提供保障，从而提升其抗风险的能力。首先，资本下乡企业为了保障自己的生产顺利进行，同时为了给政府部门一个可信的承诺，利用政府补贴资金或者项目补贴资金进行基础设施投资，给村民生计活动提供了"搭便车"的可能。其次，一些特殊的农产品对生产条件的要求较高，需要资本下乡企业投入更多的专属性投资，这些专属性投资能够为普通农户生产经营所利用。再次，政府部门为了招商引资，在政府指导下进行一些基础设施投资，为资本下乡企业生产提供更多的方便，这些基础设施投资也为普通农户经营提供了方便。

3.资本下乡企业的技术培训，技术的外部性同样提高了农户的人力资本

资本下乡虽然减少了农户的土地资本，同时也增加了农户的其他生计资本，比如人力资本，相对农户经营来说，下乡资本具有技术优势，并可以通过自己的研发机构和技术人员，对参与资本下乡的农户进行技术培训，从而提高其人力资本水平，间接提高产品的质量。此外，企业可以通过向银行担保抵押，为农户融资来参与资本下乡经营，从而强化了农户的金融资本，从资本水平上看，只有资本下乡企业将农户的利益放在嵌入的过程中，资本下乡一样可以和农户形成一个共赢的关系，而不是竞争的关系。

二、资本下乡对农户生计优化的政策设计

（一）建构基于资本下乡企业主导的生计方式

第一，资本下乡不能将农户、村民排斥在经营之外，资本下乡赋能的是乡村振兴，而乡村振兴的主体是农民，是村民，对村民生计的优化，是乡村振兴的关键之一，需要建构基于资本下乡企业主导的生计方式。这种生计方式必须依据资本下乡企业选择的产业特色和经营特征，既适合规模化经营特征，同时也将农户纳入产业链经营范围之内，公共的生产环节和分散的生产环节相互融合，在分工合作的基础上实现农业生产任务的完成。如将农户分散经营的农家乐纳入一个品牌中，通过公司的统一网络订单，按照单个农家乐的接待能力进行分配，兼顾效率和公平，保障农户的个体经营，同时又兼

顾了公司的统一品牌经营，达到公司和农户的双赢，建构了"公司＋农户"的生计方式。

第二，公司利用自身的资源经营村庄，将农户的经营与公司的发展紧密相连，实现公司和村庄的统一。小规模农户分散经营的异质性使得很难形成集体行动，需要第三方力量的整合，资本下乡企业通过建立整合平台，促使农户进行集体行动，提高产业经营的竞争力，与资本下乡企业形成一个合作的态势，而不是形成一种竞争关系，在这种关系形成过程中，可以充分利用村基层组织的权威和村庄精英群体的参与，推动农户参与资本下乡企业主导的生计模式中，形成公司和农户的利益共同体。

第三，企业和农户形成合理的分工合作关系，提高市场经营能力，使资本下乡主导的生计方式更具可持续性；这种生计方式不仅与传统的产业化模式不同，而且应该具有更强的可持续性。企业主导的生计模式，随着企业经营状况而发生变化，一旦企业经营效益不好，成本和风险分担问题就成为双方关系破裂的原因，因此，在这种方式成立之初，企业就要在市场经营方面不断创新，建立在不断创新基础上与农户联合，才能保障农户的生计，企业主导创新，合作农户按照企业创新的方向，严格执行企业的标准，并建立与企业共同的利益关系，形成双方的真正结合。在对案例 11 的考察过程中，我们发现，下乡资本企业在与农户的合作中，企业提供基础设施，比如养殖大棚和蔬菜大棚，修建道路和基础设施，提供技术和种苗，将生产设施无偿给农户经营，农户生产的产品按照协议价格可以交给企业加工，也可以通过市场销售，农户单独经营管理，在销售不好的季节，资本下乡企业通过内购，为农户提供规避风险的渠道，企业真正为农户提供服务，除经营收益外，农户将土地入股集体经济组织，获得股份收益。

第四，创新资本联结方式，多元化创造农户收入；可以通过将农户的土地入股、经营能力参与经营，没有经营能力的农户，可以将劳动力纳入资本下乡企业所办的农产品加工、销售方面务工，获得务工收入，这种多元化的收入渠道的建构，为村庄内不同的劳动力阶层、异质性农户都提供可能的就业渠道，从而将企业的发展与农户的生计紧密结合起来。

（二）建立基于农户、企业和村集体经济组织的联合体

资本下乡企业的逐利动机，基层组织的政绩，农户的生存动机，看似矛盾的主体，其统一的目的是让村庄通过资本下乡和村民的集体行动振兴起来，在乡村振兴的大目标下，能够形成一个有机的联合体，并在此基础上，优化农户的生计空间。首先，资本下乡企业和农民生计之间的冲突，通过基层组织的协调，使得双方在共赢和互惠的基础上达成协议，共同解决问题，形成农户生计的调整和资本下乡企业的经营策略的调整，双方的利益关系可以随市场的变化和外部环境的变化而变化，并不是一成不变的，双方的耦合通过基层组织来完成。联合体的建立，同样可以选择合作社作为平台载体，独立经营的农户和资本下乡企业共同整合形成合作社，合作社作为利益共同体，在兼顾农户生计的基础上，实现资本下乡企业经营目标。

（三）明确农户和资本发展的定位，建立双方的协同关系

资本主导下乡不是来管理乡村，主导乡村的发展方向，而是通过自己的赋能，推动乡村振兴，赋能具有一种服务的意味，下乡资本拥有先进的管理经验和人才队伍，嵌入乡村后，合适的定位是为乡村发展提供技术服务、人才服务和市场服务，与村庄主体建立一种利益共享机制，为乡村振兴贡献自己的价值，而村民是乡村振兴的主体，因此，资本下乡与村民之间不是竞争关系，而是一种合作和互惠的关系，在这种定位目标下，资本下乡不是将村民排斥在经营之外，而是将村民纳入自己的产业经营内，通过自己的经营，使村民的生计策略更加优化，生计空间更加宽广，生计资本更加强大。首先，建立资本下乡企业与农户生计之间的协同，针对农户的生计活动的需求，资本下乡企业量身定做，将产业经营模块化，分配给适合经营的农户经营，为其生计优化提供产业基础，对农户来讲，也要根据企业的要求，按照企业的要求进行生产，为企业开拓市场作出自己的贡献。其次，加强资本下乡企业与村民的社会关系联结，通过社会关系联结，强化双方的利益共同属性，基于社会关系的联结，推动双方在经营方面的无缝对接，实现非正式渠道之间协调，推动双方行动的统

一。再次，推动资本下乡和村民协同平台的建立，资本下乡企业与农民生计的协调，需要有效的对接平台，这个对接平台可以由农民合作社承担，也可以由资本下乡企业的某一个部门协同，还可以是村集体经济组织，其功能主要是帮助双方就矛盾和冲突进行协商解决，调顺双方之间的利益关系。

综上所述，下乡资本必须在村庄范围内采取与村民互惠的行为，满足村民生存的需求基础上，为村庄公共事务贡献力量，才能获得村民的尊重和认可，在此基础上才能够获得更大的利润，这种策略对于资本下乡主体具有潜在的回馈性，资本下乡主体的良好公共形象，有助于其嵌入到村庄的社会关系网络中，迅速地被村民认可，对其在村内开展其他活动具有十分重要的作用，推动资本下乡企业快速地被村庄接纳，成为村庄振兴的一员，这同时也是资本下乡企业自我营销的策略，通过互惠性、示好性和生计依存性，在满足村民需求的基础上，获得好的舆论反响，营造良好的公共形象。

第五节　资本下乡与新型城乡关系构建问题

一、资本下乡与新型城乡关系建构的路径

资本下乡本身就是新型城乡关系建构的一个方面，是推动城市要素流向农村支援乡村振兴的一个重要方面，城乡要素需要双向流动，相互供给，满足各自的需求，才能实现城乡的均衡和谐发展。

（一）城乡的相互依存性

乡村振兴战略的提出，必须实现中国城乡的均衡发展，面对城乡互动的新局面，无法抛开城乡互动来实现乡村振兴，乡村振兴也必须建构在城乡要素合理流动的基础上，城市和乡村共同发力，推动乡村第一、二、三产业有机融合，形成城乡产业结构的匹配，实现城市需求和农村供给的有效结合。

在城乡产业结构不均衡的发展过程中，城乡双方都不能得到有效的发展，城市缺乏安全食品、清洁空气和清洁水源，乡村缺乏就业机会、医疗、教育、基础设施和公共服务，这种二元结构不仅使乡村不能振兴，城市的发展也难以维持，自发的从乡村到城市的务工群体流动，在一定程度上解决了乡村收入和发展问题，但是也不能够维系城乡的均衡发展。党中央提出的乡村振兴战略，也是基于城市对农民工问题解决的困境而提出的，通过乡村振兴战略，实现乡村自我发展能力的提升，引导要素合理地城乡双向流动，在满足城乡各自需求的基础上，推动城市产业结构的优化和农村产业的振兴，从一个更全面和整体的角度考虑中国城乡发展的问题。在此过程中，推动产业融合是推动城乡均衡发展和吸引要素流动的关键。

在推动城乡要素流动方面，资本下乡具有显著的敏锐性，由于土地要素的稀缺性，当资本看到村庄土地资源型资产的巨大价值，以及资源要素的巨大升值空间时，加上农村产业的第一、二、三产业融合对城市居民所具有的巨大吸引力和产业价值空间，资本下乡推动要素由城市向乡村流动，对农业农村进行投资，带动人力、物力、财力、技术、理念、管理等要素进入农业农村，推动乡村振兴。

资本下乡在优化乡村要素配置方面具有优势，主要是资本下乡企业具有较强的组织能力，相比较而言，农民的组织化程度较弱，而国家的一些涉农重大项目的落地，都需要资本下乡企业的参与，工商资本在高度组织化的基础上，能够集中资本和技术，进行土地整治和产业发展，推进规模化经营，通过带动农民组织化水平的提升降低交易成本，推动技术创新和设备更新，以资本下乡的要素投入，带动农村资本要素的产业活动和社会活动，从而推动乡村振兴。

（二）改善农村基础设施环境

基础设施的改善，降低资本下乡的成本，使乡村对资本的吸引力更强。首先，创新乡村基础设施投资的模式，在政府主导模式下，凝聚村民、基层组织和下乡资本共同实现乡村基础设施的改善，提升农村水、电、路、讯、医、养、商、气等与生产生活配套的设施水平，以构建与现代产业相衔接的农村硬件基础设施环境。其次，依据产业需求，建构专属性基础设施投资，比如信息技术，通过现代物联网、互联网和人工智能技术的发展，使资本下乡企业的经营更加现代化。再次，注重农村污染治理的基础设施供给，包括污水排放、生活垃圾收集和处理、环境美化等，整合资源进行优化投资。

（三）提高乡村对人才的吸引力和凝聚力

首先，吸引具有故土情结、家乡情怀的成功人士返乡创业，带动就业。成功人士对乡村具有更深的感情，能够在村庄公共设施、公共服务和基础设施方面进行投资，为村民提供更好的生产、生活和生态条件，因此，通过营造优质的平台和环境，降低返乡创业人士的门槛和制度性交易成本，强化对融资服务、土地扶持、培训和技术方面的支持，积极吸收返乡创业人员加入乡村治理组织，最大限度发挥其在乡村振兴中的功能和作用。其次，鼓励银行、保险、信托、期货等金融机构创新产品，辅助资本下乡主体进行农村产业开发、基础设施建设、公共服务水平提升提供金融服务。在扶持的同时，防范资本下乡导致的侵害农民利益、危害粮食安全、侵害耕地安全的风险，克服工商资本下乡与民争利的矛盾，形成城乡产业要素的共生关系。鼓励城市居民融入农村，包括享受农村田园生活、租用长期空闲农房开发休闲产业等。

二、资本下乡与新型城乡关系建构的原则

（一）强化经济关系上的分工与合作，加强城乡经济关系的融合

在现代化进程中，如何处理好工农关系、城乡关系，在一定程度上决定着现代化的成败。党的十九届五中全会提出，"全面实施乡村振兴战略，强化以工补农、以城带乡，推动形成工农互促、城乡互补、协调发展、共同繁荣的新型工农城乡关系"，这为新发展阶段处理城乡关系提供了根本遵循和行动指南。根据以上基本原则，我们探索资本下乡与城乡关系经济原则的重构。第一，基于满足城乡居民需求的原则，建构乡村产业振兴导向；乡村为城市提供农产品

和粮食，是城市居民生活和生产保障的基础，乡村产业的发展，应该依据城乡需求为保障。以往注重数量的满足，在农业供给侧结构性改革的条件下，加强利用资本下乡，提高农业供给体系的整体质量和效率，建立基于质量和效率的现代农业体系。第二，在集体经济、家庭经营都逐渐衰落的当今，农民赖以生存的组织基础薄弱，缺乏组织基础的经济发展使发展目标较为分散，因此，基于资本下乡的整合，建构现代农业经营的组织体系，通过多种方式将农民组织起来，发展适度规模经营，提高不同经营组织经营目标的一致性。第三，融合城乡居民需求，创新农业业态，推动产业融合；产业融合不仅需要资本下乡企业的资本投入，还需要多元主体的融合参与，打造一个能够协调不同产业主体的平台，聚集产业要素进行创新，并且依托有效的利益联结机制，如股份合作、"订单 + 分红"、"农业入股 + 保底收益 + 股份分红"等模式，促进不同产业主体联合进行产业开发。第四，建立完善的资本下乡的制度激励机制。农村向城市输送产品和要素的制度已经非常完善，但是，随着资本下乡和乡村振兴的发展，需要城市要素向农村流动时，相关的制度还不是十分完善，需要进行制度创新，促进城市要素向农村流动，完善平衡城乡产业需求的制度，形成城市对乡村的反哺机制，同时满足城市要素的市场逐利动机和社会动机。

（二）提高资本下乡的质量，保障城乡新型关系建构的效率

首先，政府要引导乡村发展急需的产业主体，具有丰富经验，并且能够与乡村资源和产业优势匹配的产业主体到乡村来，不能仅仅为了政绩来引资，引进高质量的企业对农村进行投资，提高投资主体的质量。其次，提高资本下乡的投入效率，针对乡村发展中的公共设施、服务、资源不足的问题、乡村空心化的问题，通过资本下乡的运作，通过项目申请和政府资源配置政策的融合，解决城乡公共服务均等化的问题，建立一个公共服务完善、社会事业覆盖率高、普惠共享、城乡一体的基本公共服务体系。再次，建立一个有序的城镇和乡村耦合机制，新型城乡关系的建构，需要建构城乡共同发展的共性问题的解决，并且遵照一定的时间和空间顺序，促进城乡双向融合。

（三）利用资本下乡挖掘生态资源，建立城乡生态融合

农村拥有丰富的生态资源，生态振兴是乡村振兴的重要方面，通过资本下乡，挖掘和整合乡村生态资源，推动乡村振兴，将乡村丰富的生态资源转化为城乡流动的产品和服务，一方面，为城市居民提供质量更高的产品，满足其需求，另一方面，为乡村从事生态产业开发的资本和村民带来更多的经济价值。如将丰富的生态资源转化为绿色产业，把生态环境转化为生态农业、旅游和相关服务业，不仅推动生态资源的经济价值实现，而且优化农村的人居环境，提高其宜居程度。

首先，以资源永续利用为导向对乡村生态环境进行保护与修复，建立一个生态系统稳定健康，人与自然和谐共存，"生产、生活、生态"组成的"三生"空间布局优化，结构和谐的乡村生态环境。其次，通过资本下乡构建城乡融合的生态共同体，建立城乡生态网络，利用乡村生态资源及其所建构的生态产业，为城市居民提供休闲娱乐场所，通过城市"三生"空间的规划，为乡村提供更多市场和机会。最后，建立城乡生态风险的防范机制。当资本下乡面临生态破坏风险时，应建立一个有效的城乡一体的防范机制，而不是相互遗弃和排斥。

（四）培育城乡文化融合动力，建构城乡融合的文明体系

乡村孕育农业文明，城市孕育城市文明，两者之间并不排斥和对立，两种文明各具特色，具有互补和互促的作用，都是华夏文明的彰显形式，都是华夏文明的核心竞争优势，两者的融合，将提升其核心竞争优势。一方面，深入挖掘、继承和创新乡土文化，促进乡村文化振兴，需要深入挖掘蕴含在农耕文化中的优秀思想观念、人文精神、道德规范，并赋予其新的时代内涵，充分发挥乡土文化在凝心聚力、淳朴民风、文化教育方面的重要作用；增强乡村居民对乡土文化的认同感和归属感，使村民对村庄发展历史、重大事件、优秀人文、传说故事等有一个新的认识，建立文化自信，重塑乡村文化生态。另一方面，建立城乡互补的文化意识；新时代乡土文化要通过吸纳城市文明的优秀成果，完善

乡土文化的短板部分，通过竞争、效率、变革、创新意识的融入，推进乡土文化的丰富和变革。同样，城市的建设需要融入乡土人才，不可避免地在城市文化建设中，需要乡土要素的融入，实现乡村和城市文化的相互支撑、相互交流。

（五）建立城乡融合的制度保障

首先，破除城乡融合的体制机制壁垒，消除影响城乡融合发展的二元化体制，重塑城乡的平等关系，围绕城乡要素流动、公共服务均等化、土地产权不平等、规划脱节等现实问题，积极探索通过户籍、土地、社会保障等制度体制的改革，建立一个城乡融合发展的体制机制。如中共中央、国务院《关于建立健全城乡融合发展体制机制和政策体系的意见》所提出的乡村经济多元化发展、持续收入增长、城乡要素配置的体制机制创新、城乡基本公共服务普惠共享的体制机制和城乡基础设施一体化的机制等，为探索城乡融合提供了有益实践。

三、资本下乡推进城乡新型关系建构的措施

首先，通过资本下乡，搞好乡村的建设规划，特别是产业规划，要以农业供给侧结构性改革为主线，增加有效供给，根据城乡居民的消费需求，按照质量兴农、绿色兴农、服务兴农、品牌兴农的方式，推动农业规划的进一步实施。其次，通过资本下乡，推进城乡之间的融合渗透、良性循环和功能耦合，避免重复建设和过度供给，建立城乡产销对接、技术和服务对接平台。再次，完善土地流转的利益均衡配置；在保障农户承包权收益的基础上，引导农民意愿和自身能力的需求，为其提供动态的价值实现方式。强化资本下乡主体和集体经济组织的对接，尤其对于荒芜土地的处置权方面，是资本下乡发展的一个契机。与新型农业经营主体就土地经营权方面达成一致，通过对接提高其土地、劳动和资源的效率，实现利益配置的均衡。

（一）建构新型城乡农产品流通渠道

在笔者考察的案例中，资本下乡通过建构城乡的农产品流通渠道，将乡村

的特色农产品销售到城市市场，获得更高附加值，同时推动地方特色产业的发展。在渠道设计的过程中，主要是现代技术和乡村社会网络之间的整合，是将基于乡村社会政治网络的生产环节，整合在渠道的生产基地中，通过基地的建设更能促进乡村的振兴。

首先，利用村庄的资源优势和特色产品，找到输往城市市场的特色产品，并对这些产品进行包装和品牌打造，尤其对有机性、生态性、安全性等方面信息的发布和拓展，从而在城市消费者心目中树立品牌形象，刺激消费需求。其次，进行方式创新，创新参与主体的利益联结机制，推动资本下乡和利益相关者的利益共同体的建设。再次，对接城市消费平台，通过互联网销售平台、实体店和超市对接，推动特色产品和个性化产品销售到城市中。

案例解析：利用亲情、乡情，吸引人力资本下乡，主要是大学生返乡创业，以电子商务为突破口，创办公司、农民合作社等经济实体，通过"互联网＋种植基地＋深加工基地＋合作社＋实体店"的方式，推动当地小米、小麦、葵花、葡萄、苹果等产品实现有效的城乡对接。

第一，培育资本下乡的领头人，带领乡村组织振兴。村党支部积极号召、扶持大学生返乡创业。2015年本村大学生WY响应号召，返乡创立新发永业电子商务公司，注册"村姑进城"品牌，发展葡萄、小米等种植加工，推动当地特色水果和杂粮产业发展。在WY的影响和村党支部支持帮助下，先后有20多名大学生积极返乡，领办合作社，创办经济实体，积极投身创业富民大潮，成为农村创业创新和助推乡村产业发展的领头雁。

第二，发展农村电商新业态。乡村搭上互联网快车，探索"线上开网店＋线下实体店"的创新方式。先后在辽宁朝阳、上海等地开设线下实体体验店，与淘宝等大型平台企业对接，搭建农产品网上销售渠道，形成了"线下体验、网上下单、云仓发货"的电商平台运营机制，打通了农产品进城入市的销售渠道，建立了农产品从生产源头到终端销售的全新产业链模式，为乡村产业发展插上了互联网的翅膀。

第三，打造乡土特色金招牌。十家子村以"土地流转＋入股"的方式，流转土地近万亩。以农民合作社为核心，通过种苗供给、田间管理和成熟采收一体化跟踪服务，打造高标准农产品生产基地，确保产品源头的健康。同时，建立清洗、包装、分等分级标准，规范农产品初加工，与沈阳农大等大专院校和科研院所合作，开发母婴食品等，拓展农产品深加工，培育创立了"村姑进城""晶脂"等知名品牌。

第四，助力脱贫攻坚奔小康。十家子村探索"党支部＋合作社＋基地＋电商＋贫困户"的"5+"方式，带动 27 户贫困户脱贫，500 余户农民致富。村党支部将集体收入的三分之一用于帮助农户脱贫发展致富产业。合作社通过土地入股等方式，让农户享受股份制比例分红。纳入高标准农产品生产基地范围的农产品由公司统一收购，再通过电商平台和线下体验店统一销售。同时，农户还可进入公司就业，让农民真正成为卖农金、收租金、挣薪金、分红金、得财金的"五金"农民。

（二）建构新型城乡消费渠道

城乡消费渠道的建构，是将城市和乡村各自优势的产品，销往对方，在产品优势互补的基础上，完成双方的市场融合。如在我们对洛阳新安县的沟域经济考察过程中，发现沟域经济的设计，遵循城乡互动的原则，按照城乡优势互补的原则，将乡村优势产业，通过资本下乡进行包装，从而吸引更多的城市消费者，搭建更为完善的城乡消费渠道。

案例 1：为吸引城市消费者，第一，在县域范围内进行产业结构调整，按照高质量发展原则，根据沟域资源禀赋、群众意愿、市场需求，因地制宜发展特色产业。要坚持第一产业打基础、第二产业延链条、第三产业增活力，把特色种养、精深加工、乡村旅游等结合起来，推动产业融合发展。在特色种养上，大力发展优质林果、杂粮、瓜菜、草畜、中药材、花卉苗木六大特色产业和富硒农业。在精深加工上，要围绕沟域特色种养业，以食品加工为主，加快形成多层次、多品种、差异化的农产品精深加工业。在乡村旅游上，要充分发掘沟域内的旅游资源，大力发展乡村采摘游、生态游、文化游、休闲游，实现从"卖产品"向"卖风景""卖文化""卖健康""卖体验"转变，让好风景变成好光景。在产业融合上，要围绕延伸链条促融合，以主导产业为中心，带动关联产业发展，拉长产业链条，最大程度挖掘和释放全产业链价值；要抓好立体布局促融合，充分利用沟域地形地貌，着力打造沟谷文旅业、半坡林果业、山顶生态林的全景化立体式沟域经济带，大力发展林下种养、林下产品经营加工等，变发展传统农业耕地不足、收益不好的劣势为不同产业立体布局、融合发展的优势。

第二，要稳步推进规模经营。既充分考虑沟域的多样性、差异化，做到"一沟一产业、一域一特色"，又因地制宜加强区域协同、多沟联动，推动沟域产业形态由"小特产"升级为"大产业"、空间布局由"零星分散"转型为"集群发展"、主体关系由"同质竞争"转变为"合作共赢"。要扎实推进农村土地制度、集体产权制度改革，坚持宜大则大、宜小则小，积极稳妥推进农村土地流转，以土地集中集约促适度规模经营。要加快培育壮大家庭农场、农民合作社、农业产业化龙头企业、农业产业化联合体等新型农业经营主体，发展壮大村级集体经济，以组织化程度提高促适度规模经营。

第三，持续加强产销对接。健全农村市场体系，不断拓展沟域内农产品"送出去"消费、"请进来"消费、"带着走"消费的有效方式和渠道，确保既卖得出又价格高。发挥新型农业经营主体的作用，大力发展订单农业，打造从田间到市场、到餐桌的完整供应链。加大"三品一标"农产品培育力度，抓好农产品区域公用品牌、企业品牌、产品品牌培育，着力叫响一批高品质、好口碑、有乡愁的"土字号""绿字号"。要聚焦农产品产地"最先一公里"和城市配送"最后一公里"，加快完善农产品仓储物流，尽快补上农产品冷链物流等短板，大力发展农村电商等新型流通方式，用好"直播带货"等新型销售渠道，更好地让"供"与"销"串起来、快起来。要切实完善利益联结。围绕让农民分享全产业链增值收益，把以农业农村资源为依托的第二、三产业尽量留在农村，把农业产业链的增值收益、就业岗位尽量留给农民。

第四，全面加强生态环境保护。牢固树立绿水青山就是金山银山的理念，结合推进黄河流域生态保护和高质量发展，把沟域经济和沟域生态统筹起来，严守沟域生态保护红线。要做好"绿"的文章。始终把绿色作为沟域经济的底色，结合推进国土绿化提速提质行动，抓好天然林公益林保护、退耕还林、山区营林和经济林建设等工作，多造林、护好林。要做好"水"的文章。要抓好河道治理、污水处理等，减少水土流失和面源污染，打造良好水生态。在水资源丰富的地方，要着力兴水活水，真正实现由水而美、依水而兴，让沟域经济更具灵气；在水资源不足的地方，大力推广节水技术，推动用水方式由粗放向集约转变。要做好"产"的文章。坚持用绿色理念引领沟域产业发展，大力发展循环经济、绿色经济。突出有机和生态元素，养殖要全面逐步实现绿色循环发展，农产品精深加工、乡村旅游要最大限度减少对沟域生态环境的影响，着力推动沟域内生产、生活、生态协调发展。

第五，坚持文化为魂，着力厚植特色文化优势。新安厚重的历史文化是发展沟域经济的宝贵财富。要坚持保护固态、传承活态、发展业态，加强沟域历史文化资源的保护传承利用，更好地将文化资源优势转化为发展优势，把沟域内历史文化资源底数摸清楚，既注重保护传统民居等物质文化遗产，又注重挖掘和保护乡贤文化、典故传说、民俗礼仪、传统手艺等非物质文化遗产，延续沟域文化根脉。要抓好文旅融合。充分利用沟域历史文化资源，推动文化与旅游深度融合，高质量谋划建设文旅融合项目，突出沟域特色、彰显文化内涵，打造文化旅游的精品载体。

第六，坚持抓好基础能力建设。要积极稳妥推进基础设施建设，全面改善沟域生产生活条件，为沟域经济发展提供有力支撑。要抓好路网建设。重点拓宽提升沟域与主要干线公路的连接线，因地制宜建好沟域内的主干道、慢行道、步道、栈道等。要建好景观设施。因地就势合理设计建设亭台、桥梁、休闲设施等，着力提升景观品质，使其充分体现沟域"乡土气息"，彰显人文特色、民俗风情。要完善配套设施。持续完善提升沟域内水、电、气、网等基础设施，推动文化娱乐、卫生健康等公共服务向沟域延伸。围绕发展乡村旅游，因地制宜建设餐饮、住宿、停车场、接待中心、应急服务站、公厕、标识系统等公共服务设施，不断提高沟域的服务品质。要改善人居环境。持续抓好"百村示范、千村整治"工程，重点做好垃圾处理、污水治理、"厕所革命"、村庄绿化、村容村貌提升等工作，切实改善沟域以及周边村庄人居环境。

（三）建构新型城乡社会交流渠道

城乡之间的社会交流，分为三种交流渠道。

1. 建立返乡者与村庄交流的可靠渠道

资本下乡的一个重要渠道就是通过返乡创业者的渠道，通过建立有效的创业激励平台，比如在农村设立创业园区、创业管理平台等，为返乡创业者提供各种服务，激励返乡创业者投资于乡村振兴；无论是成功的返乡者，还是年老体衰，在城市无法就业的返乡者，都曾是村庄的原居民，对村庄都有一定的感情，其返乡对乡村振兴都有一定的贡献，需要建构一定的渠道，激励这些返乡者参与乡村振兴。此外，对于乡村，一些退休返乡者也应该重视，其具有一定城市和工业的就业经验，并且有工资，能够在农村消费，能够推动乡村消费市场的振兴。返乡大学生群体也是建构城乡有效沟通的重要渠道，通过激励外出上学学子学成归来，参与到乡村振兴的大学生提供很好的交流渠道。

2. 建立基于组织的城乡社会交流渠道

企业、学校、社会组织为载体的城乡交流，在城乡社会交流中发挥更为重要的作用，承载更大的信息和更强的功能。

首先，以企业组织为依托的城乡交流。资本下乡最重要的载体就是企业组织为依托的下乡方式，新一轮的下乡主体主要是涉农企业，其在城乡交流过程的功能聚集在建立城乡之间的市场渠道，通过"公司＋农户"的模式，将分散的农户与市场建立联系。如企业下乡后，形成了"公司＋农户""公司＋社区＋农户""政府＋公司＋农民旅游合作组织＋旅游企业"等开发方式，这些公司中有很多来自城市，并具有跨越城乡、覆盖面极广的市场网络。来自城市的公司经营者进入乡村后，会将城市的很多元素带入乡村，同时将乡村的魅力传播到城市，从而在促进乡村发展的同时，推动城乡交流。

其次，依托学校开展的城乡社会交流。城乡交流承载着社会文化传递的功能，乡村体验以及实践活动不仅能够亲近和体验自然，同时与乡土寻根教育活动结合一起，将人类农业文明时代的重要信息传递下去。很多乡村观光设施以青年和儿童为对象，通过"农村留学""修学旅行""山村留学""自然留学"

等活动，将学校教育与乡村体验结合，或者通过大学生志愿活动，引导青年学生参与到乡村振兴中，这些活动为跨越城乡文化交流，建立城乡关系提供便利的渠道。

再次，依托社会组织的城乡交流。一方面，依托社会组织，弥补政府乡村公共服务的短板；仅靠政府部门和市场难以维系乡村公共服务的提供，需要非政府组织利用其专业知识和技能介入，为乡村提供医疗和相应的公共服务；另一方面，社会组织以生态、环保、社会救助的名义，积极沟通城乡关系，推进城乡交流。

第六章
资本下乡赋能乡村振兴的长效共赢机制

资本下乡赋能乡村振兴，不仅要克服资本下乡所带来的负面影响，还有提高资本下乡的可持续性，建构长效的赋能机制。其中包括对乡村振兴的各个方面，从而实现资本下乡和乡村振兴的共赢机制。资本投入作为乡村振兴和发展的重要引擎，备受政府部门和学者的关注，各地也涌现多种资本下乡投资乡村建设的模式，国家也出台相应的政策措施鼓励资本下乡参与乡村振兴，期望通过民间资本的力量实现乡村的振兴和转型。但是，在资本下乡的实践中却出现一些问题，试验的方式虽然是问题的一个方面，更主要的是对于资本本质的认识不够，影响了乡村发展的长效性和可持续性。资本参与乡村振兴的积极性越来越高，实践操作也从环境整治向产业融合、产业园区、生态园区等多种形式并进，资本驱动乡村空间结构、功能和景观逐步发生质的变化，城市资本的过度累积外溢到乡村地区，乡村独立的资本循环被打破，逐步被纳入城市资本的大循环中，乡村建设成为资本循环的一部分，在此过程中，政府、资本、村庄三方主体出于各自的利益诉求和目标，彼此之间处于一个非均衡的博弈过程中，资本介入乡村振兴促进乡村功能性转型的同时，也出现对乡村空间的符号化、意象化的改造，不利于乡村地方文化的传承，在满足城市消费需求的同时，使得村民丧失对于乡村社会的话语权，甚至可能形成城市对于乡村的再一次剥夺。

在乡村价值保存、公共产品的可持续供给和增值利益的合理分配等问题上，资本介入乡村转型存在一定的困境，在制度安排和管理方面没有形成成熟的实践方法，因此，应该从顶层设计的角度规范资本进入乡村的路径，对资本扩张进行空间规制，同时为资本下乡与乡村关系的可持续建构提供长效机制，包括利益分享机制、行为约束机制和生态环境规制等，赋予村庄主体知情权和决策权。资本下乡的可持续发展，主要是企业在发展战略和目标的制定上，避免多起自利行为和短视行为，损害农民利益和农村生态环境，从而受到规制或者排斥，被迫退出的结局。

第一节 资本下乡赋能乡村振兴的农民收入 长效增长机制

破解工商资本下乡过程中的嵌入性失衡，需要从当前现实困境出发，通过在村庄内部进行有效的内生整合，真正实现可持续的嵌入性发展。从"三农"发展角度，结合嵌入性理论"宏观、中观、微观"分析框架，由于宏观层面的改善需要较长时间，因此现实路径以解决当前困境为出发点，建立基于宏观和微观为基础的村民增收的长效机制。

一、用项目经营的可持续性推动农民参与的可持续性

资本下乡依据乡村的资源禀赋、产业需求和市场机制，来定制资本下乡的具体策略，从而保障资本下乡经营的可持续性和农民参与的可持续性。如案例 11 的产业开发策略就比较符合可持续性。对于经营的可持续性，主要是指资本下乡项目的可持续及赋能机制的可持续性；首先，资本下乡在项目选择上不切合实际，不符合乡村资源禀赋和劳动力等优势特征，而是按照政府的产业规划要求、创新概念等实现，在此过程中，其市场竞争优势并不强，有些项目只能维系收益和成本的均衡，不能持续赢利，这导致资本下乡项目的不可持续性。其次，即使项目具有持续的盈利，但是，其将农民和村庄排斥在外，激化村庄、村民和资本下乡企业的矛盾，使得外部经营环境恶化，由于其土地和部分资源所有权控制在村庄和村民手中，其资源使用期限到期后，将很难获得持续的使用权，从而使经营不可持续性。再次，在赋能机制上，资本下乡企业只

服务于"村庄精英"群体，使得受益群体分布不均衡，导致利益分配矛盾，当发生冲突和矛盾时，增加了协调成本，被村庄普通群体集体排斥。

首先，成立农业开发公司，针对全村的土地进行合理的规划，并在村党支部的统一组织下，依据国家政策进行土地流转，流转过程严格遵守民意，经过村民的讨论，并在自愿基础上实现，先后用 6 年时间，分期分批流转土地3000 亩，实现"土地全流转，村民全上岸"的目标。其次，设计合理的土地流转收益分配机制，实现"固定租金＋年底分红"的形式，将农户的稳定租金收入和依据经营效益分红收入结合起来，使得农民深度融入农业公司的经营过程中。再次，流转土地按照现代设施农业标准，实行统一规划经营，统一种植布局，由过去一年只种一季小麦改为一年多茬种植农特产品及景观植物等，土地产出效益成倍提高。

资本下乡需要村民的参与，这样才能够将下乡资本与村庄紧密结合起来，实现村企合一，村民的参与方式有多种形式，不同模式的选择代表农民参与的深入程度，资本下乡企业根据项目的特征，结合村民的特征，选择性地将生产环节或者经营环节可以分散经营的部分配置给小规模村民经营，通过一定的监督和利益分配机制，将农户纳入企业的产业链中，充分发挥小规模经营的柔性优势，提高企业应对市场的灵活性。

二、以农民组织为载体提高农民收入的内生增长能力

通过资本下乡赋能，需要提升村民内生的发展能力，在乡村振兴和发展过程中，不能让乡村只靠外源式资源流入获得振兴，还应该获得内生的发展能力，强大和壮大自己的发展能力，在内生发展能力的建构过程中，需要寻求城乡交流过程中组织交流机制，通过成立基于地域固有文化和生态，人与人相互关联的共同发展组织，来应对市场和自然风险，从而提高乡村振兴水平。所以，在乡村集体经济组织、农民合作社等组织间，村民通过选择合适的组织形式，与资本下乡对接，在相互交流过程中强大农民和村庄自己的组织，从而依托组织所领导的集体行动获得持续性的发展机会。

首先，面对大市场，选择经营品种，规模种植五谷杂粮、苗圃、果园、蔬菜等，确保每年拿到分红。其次，设计合理的雇工合约，建立农民持续参与公司经营的机制。同时，通过返聘，以月工、日工、计件等多种形式，安排村民参加劳动，增加务工收入。针对建档立卡贫困户，建起 60 座温室大棚，交给专门组建的"亮剑种植合作社"打理，扶持 145 户建档立卡贫困户参与土地流转和劳动投入，他们或个人经营大棚或在别人承包的大棚里打工，月务工收入不低于 2000 元，确保贫困户"两份稳定收益"：土地分红＋打工收入，实现当年脱贫。再次，与集体经济合作，建立村办经济实体。兴建村三粉加工厂，对接千亩红薯种植基地；支前粮包装厂，对接千亩"五谷杂粮"种植；肉食品加工厂，对接肉牛养殖、万头养猪场和分户养羊；"华盛服装加工厂"及"扶贫车间"，对接不能从事种养的村民在家门口就业，4 个村办实体提供就业岗位 1100 多个，远超过本村 680 人的劳动力。在该案例中，农民合作社作为与资本下乡的对接组织，农民通过合作社参与资本下乡，获得持续收入流的手段和渠道有四种：1. 入股合作社，成为股东获得股份分红。2. 参与合作社的雇工劳动，获得工资。3. 承包合作社的大棚，获得创业经营收益。4. 参与集体经济组织的劳动，获得劳动收入。

三、以资本下乡为联结机制提高农民参与市场的能力

资本下乡企业的可持续性最终依赖市场，依赖于所产出的产品和劳务在市场上能否获利，相对而言，市场风险是其最应该重视的风险，同时，依据资本与村庄的融合，提炼市场竞争优势，从而获得持续性。相对而言，农产品是一个完全竞争的市场，获得持续的竞争优势难度较大，这也是农业项目经营不可持续性的根本原因，要克服这种困难，需要从根本上是打持续的特色牌，企业依托村庄资源优势和企业的科研研发优势，持续进行各种创新，依靠创新获得稳定的收入，这样才能给农民提供稳定的收入。

企业在市场持续经营，必须按照市场规律，能够将产品按照合理的价格销售出去，因此，下乡资本坚持"你们种，我扶持，我奖励，我包销，种多少包

销多少"的营销承诺，使全村各经营主体真正做到无风险种植，无风险养殖，无风险加工，各营销组织由"亿星集团"主导建设，竣工后交由李寨村党支部"营销项目部"管理运营。投资 220 万元建立农产品分拣和集配中心，配套建设高温、低温、冷藏、储备和运输功能，对接资本下乡企业旗下的农产品物流园，启动物流班线和村电商平台，实现"农产品进城"和"网货下乡"双向流通。所有出村的"种、养、加"商品，包括分散在各户的种、养产品，必须按照村"营销项目部"统一提供的分级标准执行，建立惩罚机制。经过合理的统一运营，形成种、养、加一条龙，产、供、销一体化的完整高效农业、循环农业，为流转后的土地种什么、怎么种、产品如何销等，找到了现代农业和市场运作的切入点、赢利点，使农产品的附加值较之土地流转前提高了 3—5 倍，让村民过去分散种养不赚钱甚至赔钱，转变为统一种养稳赚钱，甚至多赚几倍的钱。

通过以上的案例，我们可以看出，资本下乡企业经营的持续性在于：1. 资本下乡企业成立专门的营销组织，并建立独立的电商平台。2. 以质量取胜，为参与资本下乡的农户进行规制，强调产品的质量。3. 建立全产业链的竞争优势，以土地种什么、怎么种、产品如何销等为切入点，以供给侧结构性改革为根据，增加农产品的附加值，找到现代农业的切入点、盈利点，从而带动农民持续获利。

四、以资本下乡的可持续性促进农民就业的持续增长

资本下乡的一个重要目的就是促进乡村就业的发展，尤其是本地就业，通过资本下乡，实现本地就业和留守人员的就业，提高乡村人员的就业率。

（一）资本下乡的可持续性原则

以保护农业发展环境为出发点，使用绿色、环保、创新的发展技术，实现农业的健康发展，采用清洁、环保的原材料投资农业生产，并结合现代化经营手段，在原材料上采用生物、有机肥料、避免土壤板结，降低对农村土地的损

害。资本下乡立足乡村长远发展的需求，重点解决村庄面临的公共问题，提供村庄所需的公共物品和服务，积极为村民提供和建构良好的生存环境，也需要与村庄保持持久的合作关系，以互惠互利的方式实现双方的平等交流，改善村庄环境和人民的生活水平。

（二）资本下乡推进农户就业持续性的提升

首先，资本下乡企业充分挖掘村民就业的空间，尤其从产业链纵向延伸和横向拓展上，尽量给村民以更多的就业空间，包括产业链延伸过程新的环节对雇工的需求，还是横向拓展业务的分包过程，都给异质性村民以不同的就业空间，利用产业链操作，不仅增加产业附加值，而且增加农户的就业机会，从而实现就业持续性的提升。其次，通过资本下乡企业的其他产业经营，从乡村固定招工，让村民在资本下乡企业在城市的工厂打工，提高与村民的对接程度和熟悉程度。这样一方面可以加强资本下乡企业与村民的熟悉程度，另一方面加强双方的利益联结的紧密程度。再次，依托资本下乡企业，整合农民合作社和村集体经济组织，引入劳动密集型产业，并且降低产业经营的技术水平，使得并不具有较高文化素质的农民都能从事劳动，同时也可以将复杂的劳动分解成简单的劳动提供给村民完成，并且严格控制质量。

（三）资本下乡与农户持续合作机制

资本下乡的可持续性在一定程度上取决于其与农户合作的可持续性，持续合作建立在利益合理分配的基础上，重点在利益联结机制的设计。首先，按照产业属性和生产属性，找到和农户合作的业务环节，比如种植环节，或者需要劳动力的环节，或者可以分工外包的环节，从产业经营的视角，找出和农户合作的产业基础。其次，分析农户参与活动在企业产业链的价值创造的规模与边界，为农户利益分配机制的设计提供基础工作，其中涉及直接价值的创造和间接价值的创造，相对于间接价值的创造，其估算不容易实现，只有等产品市场销售后获得的净利润实现后才能确定，因此，对于农户利益分配规模的界定，是一个复杂的过程。再次，利益分配机制的制定和调整。农户和资本合作的基础是利益分配机制的设计，但是利益分配需要一系列的信息搜集和加工的过程，下乡资本企业在信息上占有优势，通过信息优势能够安排有利于自身的利益分配机制，但是，随着时间推移，一些信息逐渐被公开，这样就造成双方合作的不可持续性。

（四）资本下乡对农户持续经营的强健机制

资本下乡不是消灭小规模农户经营，而是实现两者的共存和找到合适的结合方式，通过资本下乡来实现农户经营的可持续性和高效性。首先，建立一个小规模农户和下乡资本有效的对接机制，无论是"公司＋农户"还是"公司＋合作社＋农户"，都有各自的缺点和优势，因此，需要持续优化下乡资本和农户的对接模式，实现资本对传统农户经营的改进。其次，建立针对小规模农户经营的有效帮扶机制，资本下乡不可避免地与小规模农户的经营存在竞争关系，农户先天的弱势使其竞争力不强，为了提高其市场竞争优势，下乡资本可以与小规模经营农户建立有效的共享机制，其中包括销售渠道和平台，使得农户经营更具持续性。再次，要建立小规模农户经营风险防范机制，下乡资本企业具备更强的风险防范能力，如何能够建立更有效的风险分担机制，发挥农户可持续经营的能力。

五、以项目的竞争优势提升农民经营的市场竞争能力

只有资本下乡项目的可持续性，才能实现乡村振兴的可持续性，主要从市场的角度，尤其是市场持续优势的建构。

（一）根据城乡消费者需求变化，提供适销对路的农产品

针对资本下乡的产业选择，国家出台相关政策，包括：2013 年提出鼓励城市工商资本到农村发展适合企业化经营的种养业；2014 年探索建立工商企业流转农业用地风险保障金制度，严禁农用地非农化；2015 年强调，"要尽快制定工商资本租赁农地的准入和监管办法，严禁擅自改变农业用途"；2016 年，"完

善工商资本租赁农地准入、监管和风险防范机制，并将经验制度化"；2017 年，"研究制定引导和规范工商资本投资农业农村的具体意见，工商资本下乡开始进入制度完善化阶段"；2018 年，"加快制定鼓励引导工商资本参与乡村振兴的指导意见，落实和完善融资贷款、配套设施建设补助、税费减免、用地等扶持政策"，同时，强调明确政策边界，保护好农民利益。

从这一制度的约束路径我们可以看出，顶层设计对资本下乡企业返乡产业选择和用地有严格的制约，资本下乡单靠利用政策的漏洞，套用补贴的手段来获得收入的路径将很难持续发展，其持续发展的路子将在于市场竞争优势的持续获得，我们在探讨资本下乡时一直在强调利益的分配机制，尤其是资本与农户的利益分配机制，但是，如果没有利润创造，哪来的利润分配呢？因此，可持续是资本下乡推动乡村振兴的根本。资本下乡企业如何找到适销对路的农产品来开展种养业，关键在于对市场和对技术的把握，这需要一定的积淀水平，只有长期经营与农业有关的企业，才能把握市场需求，从市场找到盈利机会，并通过自己的资本、村庄的土地和劳动力实现产品的生产、加工和销售，从而实现盈利。另一方面，市场销售渠道的创新；资本下乡企业依靠自己技术研发部门的研发，根据营销部门提供的市场信息，有针对性地对自己的产品进行开发，或者在一定基础上进行改进，使得产品更加适合消费者需求，符合供给侧结构性改革的需求，这样才能带来适销对路的产品，维持项目的持续发展。

（二）充分利用政府资源，加强与政府部门的对接

地方政府部门所能提供的是土地和与村民的协调，以及资本下乡企业嵌入乡村所遇到的方方面面的困难，但是，地方政府所能带来的资源毕竟有限，对资本下乡的支持有限，而相对于基层政府，上级政府主管部门能够在项目运作、基础设施投资和市场开拓方面具有优势，能够为资本下乡企业提供更多的资源，因此，要加强与地方政府和城市相关部门的合作，推动乡村振兴。

首先，加强与资本下乡当地的政府部门的合作。针对资本下乡遇到的困

难，比如资金、基础设施等，期望获得税收、财政支持和金融支持等扶持，建立与地方政府有效的沟通机制和桥梁，能够将企业的意愿和需求通过正规和非正规渠道，反映给上一级政府部门，使得企业在资本下乡过程中，能够更有效地获得下乡当地政府部门的持续支持。其次，加强资本下乡企业与所在城市部门的对接。城市政府与乡村能够形成有效的对接，需要将资本下乡企业作为桥梁，建立城市与乡村的跨区域连接，将乡村的特色农产品、加工品和相关的旅游服务等推销给城市需求者，并将城市拥有的政府资源，转移给乡村居民，推动城市与农村的跨区域联系。再次，加强与政府所主导的科研部门对接。获取资本下乡企业发展过程所必需的技术，或者针对开发的产品进行联合开发，充分利用科研院所、高校等科研势力，为资本下乡企业所用，从而提升技术优势，依靠创新来获得市场优势。

（三）充分整合当地优势生态资源，进行可持续性开发

资本下乡企业的经营可持续性在于为市场提供适销对路的产品，获得持续的收入流，弥补经营过程中的成本，这样才能持续发展，能够满足市场需求的产品体系的开发，需要整合当地的优势资源，在保护生态环境的前提下，进行市场化和产业化开发。首先，产业兴旺是乡村振兴的第一条要求，其关键是通过三产融合为主要方向，推动农业供给侧结构性改革，促进过去一产化所导致的长期沉淀于乡村范围内的自然资源价值充分实现并获得增值，通过资本下乡，建构促进农村生态资源价值实现的体系，从而推动乡村生态资源价值的挖掘。其次，乡村产业兴旺的关键在于激活农村因工业化时代不被定价而长期沉淀的资源，通过农村生态资源价值实现形式的创新，才能在生态文明大背景下，促进城乡要素持续流动，重构农村可持续发展与治理有效的经济基础。乡村的发展需要从产业一维平面开发转向空间资源开发，资源开发的权利应该属于村民，是增加村民长期财产性收入的主要来源，山水田林湖草沙等资源是一个结构性粘连的整体，其价值实现需要以村域资源整合为载体，以生态产业化结构性特征建构为基础，形成多元主体参与的结构化互动，从而实现生态的有效治理。

1. 建立生态资源定价机制，避免农民主体缺位

首先，地方政府通过估价，与银行连接，将村民和村集体经济组织所拥有的生态资源进行估价，并将这种估价作为资产价格，集体经济组织与农户协商，让农户出售资产经营权从而形成集体经济，当然，在集体经济组织内，农户还是成员，集体按照资产价格给农户分股分红，与资本下乡企业进行对接，以入股的形式参与资本下乡企业的经营开发，公司直接对接集体经济组织。其次，在村民对政府主导的资产估价信任程度不高的条件下，可以由村民自治组织聘请第三方资产评估机构，利用第三方机构在专业技术上的优势，纠正村民在开发程度上的偏颇认识，如果村民对生态资源的价值信息没有充分认识时，就可能对估价低预期，从而村民股权就偏低，带来不公平，资本下乡就会带来新的侵害村民利益的行为。通过第三方机构的专业技术，可以有效避免村民受到黑灰势力的压迫。再次，对于生态资源较好的村庄，可以通过招标的方式，将生态资源的信息发布在媒体平台上，政府、基层组织和村民共同主导一个拍卖平台，以招标的形式对生态资源进行一个价格定制，在指导价的基础上，通过竞争来公平制定资源的价格，避免不公平现象的发生。

由于乡村是基于社会关系连接在一起的，村民的观念大多是家族和集体观念，因此，在资源定价过程中，会通过找邻村或者有血缘关系的亲族的资产对比，然后再去集体讨论定价，集体决定价格基础上，再与村民公示协商，这样保障生态资源的价值不被低估。

2. 创新开发方式，实现资源开发价值和生态环境保护的共赢

整合碎片化资源，实现规模和集约化发展。第一，由政府部门搭建乡镇政府、村基层组织共同组建的开发公司，村集体经济组织以经营性资产、生态资产等入股，村民以土地、生态资源入股，形成"生态银行"，村民成为股东，将生态资源流转给资本下乡企业。第二，资源重新整合后，由资本下乡企业进行集约化和规模化开发，资本下乡企业依据山湖水美的经营理念，统一耕种模式，统一监测，统一宣传影响，将特色农产品和服务卖出好价格。公司通过将碎片化的资源打造出具有文化价值的旅游项目，对外提供旅游服务。第三，借

鉴商业银行分散化输入的方式，通过搭建生态资源的整合管理平台，持续接受生态资源的投入，整合碎片化生态资源，并持续整合开发，满足城乡居民美好生活的需求。第四，通过"生态银行"可以将生态资源或者打造好的资源开发项目，通过选择租赁、入股、托管、赎买等多种方式，与"生态银行"合作，参与到资源开发过程中。如农户可以从"生态银行"贷出自己能够经营的资产，获得经营收入。

（四）充分利用劳动力资源，开发劳动密集型产业

首先，资本下乡企业通过产业开发，纵向延伸产业链和横向拓展产业链，吸纳更多的劳动力。农村劳动力不能够充分就业的一个重要原因就是缺乏产业所创造的就业机会，一产对劳动力的吸纳能力有限，并且"内卷化"程度较高，其吸纳劳动力的空间十分有限，因此，需要资本下乡企业对产业进行创新，通过资本下乡企业的产业开发，提高乡村产业空间吸纳劳动力的能力，一方面，针对具有一定技术和文化素质的劳动力，通过培训，从事农产品深加工、营销和电商等环节的工作，提高其就业率，对于留守的老年人、妇女，选择一些低端种植环节，对技术要求不高的环节让其经营。对于没有劳动能力的，提供社区服务或者帮扶工作，通过提供给帮扶人员工资，实现一部分人的就业。另一方面，建立完善的劳动力组织平台。当资本下乡企业需要劳动力时，同时也是其他农业经营者需要劳动力的时间，在需要的时间雇佣不到劳动力，是资本下乡企业遇到的问题之一，长期按照固定价格雇佣成本太高，因此，要建立一个劳动力雇佣的网络平台，能够使资本下乡企业柔性雇佣到适合自己需求的劳动力，这个平台可以依托地方"工头"，也可以利用"乡村精英"等，通过其组织劳动力，为资本下乡企业提供急需的劳动力。其次，以资本下乡企业为主导，建立劳动力培训机制。资本下乡企业对劳动力的需求往往具有一定的技术层面上的要求，村民一般不能够满足其动态需求，因此，需要资本下乡企业建立有效的培训机制，在柔性雇佣村民的同时，在工作过程中，实现村民技术水平的提高，或者专门组织村民进行培训，为企业后续经营储备劳动力。

第二节　资本下乡赋能乡村振兴的生态长效安全机制

资本下乡赋能乡村振兴的同时，需要对经营的生态环境的影响进行动态评估，并建构有效的监督机制，达到保护农村生态环境和资源，建构生态长效安全机制。

一、建立资本下乡生态风险的动态监督机制

在城市和经济发达地区执行越来越严格的环境保护标准时，企业便有了将污染行业转移到农村的想法。由于农村居住分散，距离环境监督机构比较远，而农民在与资本下乡企业的博弈过程中处于弱势地位，尤其是空心村，居民多是老人和妇女，其对抗环境污染时处于弱势地位，导致污染在农村相对容易，并且由于信息的非对称性，农村污染具有相对的隐蔽性，监督相对较为困难。

（一）加强事前防范机制建设

我国农村生态环境风险的防控有待加强，基本的管理方式是重应急轻防范、重突发事故轻长期积累等，是一种基于事件驱动的管理模式，对事前生态风险的预测和预防相对滞后，缺乏"事前防范—事中管理—事后处置"于一体的管理方式。资本下乡项目是要得到政府部门、环保部门的审批的，在项目实施之前，实施有效的生态风险防控措施，聘请专业部门对项目进行生态风险的有效评估和评价，并根据评价结果进行审批决策。资本下乡所导致的生态环境风险具有一定的结构布局特征和外部性，而跨区的生态环境风险防范之间由于部门协调联动机制不够畅通，缺乏具体的科学性联动措施，很难解决结构性、布局性的生态环境风险问题。如资本下乡在河流的上游生产，而相应的污染却对下游村庄产生影响，这就需要跨区域的联动治理机制，因此，资本下乡所产生的生态环境风险的防范，需要从全局方面进行评估，并借助于空间管控平台，优化风险源于生态环境受体的布局，构建基于空间管控的多层生态风险防

范体系。

构建多层次农村生态环境风险防范体系，不仅有利于进一步解决我国生态环境存在的一些问题，有利于规避部分生态环境风险，同时也是实现乡村振兴的重要前提和保障。随着农村生态安全压力的增大，资本下乡对农村生态环境的影响成为政府部门和学者关注的要点；一方面，资本下乡对农村耕地资源的影响，农村耕地资源紧缺且逐年减少，我国人均耕地面积不及世界平均水平的1/3，资本下乡占用农村耕地，对资源和能源的消耗也不断增加，使农村原有脆弱的生态环境更加脆弱，其平衡性逐步被打破，生态系统服务功能不断弱化，尤其是耕地的生态环境退化问题更加严重，农村生态安全压力加大。

加强有关资本下乡的环境影响立法问题。资本下乡同时也对农村水环境安全造成很大的影响，一方面，资本下乡采用更加先进的提水设备和效率更高的灌溉设备，对地下水的超采具有更大的影响，加上缺乏相对的水资源管理和监测措施，无法实现最优的采水规则。另一方面，资本下乡同样会造成农药化肥过度使用、畜禽养殖和生活污水排放的问题，加上城市在转型升级过程中，一些高污染、高耗能和高排放的工业企业逐渐转移到乡村地区，对农村生态环境造成了较大压力。对资本下乡所造成的可能风险进行有效分析，尤其对土壤、水和空气等生态资源造成的影响，应该有一个详细的梳理，同时结合我国《环境保护法》中的条目，对没有涉及的风险项目，先以地方行政规定来约束，并根据具体情况，提高规制措施的可操作性和针对性，尤其针对资本下乡所带来的生态风险。

（二）建立监测预警体系

利用大数据、物联网等技术，建立资本下乡村庄生态环境监测预警体系，并且与县乡一级政府环境管理部门建立有效的沟通渠道，定点定期进行环境监测和预警网络，同时，将本地生态环境监测和预警网络，与相关地区，比如流域上下游地区，将预警和监测信息数据进行整合和分享，建构有效的跨地区的预警和监测应急体系。

首先，针对资本下乡的村庄和流域的生态环境风险开展调查，建立资本下乡企业环境污染排放和资源环境承载力监测预警机制，建立跨区域的一体化生态环境监测工作网络、信息整合网络和生态环境应急预警网络等多重网络耦合的应急预警体系，实现风险预警的常规化。其次，提升对资本下乡环境风险监测能力和水平，注重使用新技术，如物联网和卫星监测等技术，提高对环境风险的敏感程度，并建立完善的应急处置体系，建立针对性的风险监测机构和成员，提高对生态风险防范的能力。再次，从村庄、乡镇和县域层面上建立资本下乡的生态环境风险数据库和信息共享平台，通过引入人工智能技术，对生态环境风险实现智能识别和预警，并将生态环境风险纳入常态化管理。

（三）建立全过程、多层级生态环境风险防范制度

首先，建立健全全过程、多层生态风险防范制度，建立对资本下乡项目产业政策规制，排除不符合条件的高风险投资项目，对资本下乡的产业项目全决策过程进行生态风险评估和防范。其次，从不同空间和层级建立风险防范制度，推进跨部门、跨区域、多层级的生态风险监管与应急联动机制建设。优化农村"三生"空间布局，建立资本下乡的生态红线、环境质量底线、资源利用上限和项目环境准入负面清单等环境风险管控机制，针对资本下乡所可能带来的风险进行综合防治。再次，建立资本下乡生态风险评估体系。将资本下乡的生态环境风险评估纳入资本下乡决策中，政府有关部门开展针对资本下乡的生态环境评价，有效识别出主要的生态环境风险，并提出规避风险的建议，并对与资本下乡的累积性生态风险进行综合评估，识别风险并划定管理的空间秩序，对水资源、土壤等重点领域的生态风险进行重点综合评估，识别风险类别及其空间分布特征，按照空间分布实施分区防范和管控，建立网格化环境风险管理机制。

二、建立资本下乡生态风险的风险评估机制

（一）建立生态评估的制度规则

首先，建立资本下乡的主体责任，当资本下乡发生生态环境风险时，除了

追究资本下乡主体的责任，还要建立一定的规章制度，同时追究招商引资主体的责任和环保评估、监测和管理相关部门的责任，并将责任分层分级，使责任和权利、行为活动密切相关。其次，加强对村基层组织的责任意识建设。资本下乡所造成的生态环境破坏，直接的受害人是村民，而作为村民和村庄的治理者的村基层组织，如果不能很好地履行治理职责，对资本下乡项目经营过程中的生态环境风险有正确的意识，其责任应该被充分界定，当发生生态环境破坏时，其有不可推卸的责任。再次，建立关联责任制度。监测和预警主体、治理主体、资本下乡企业和基层组织加强联合，实行责任关联，由于一方不作为所造成的生态风险，其关联方和管理部门同样受到惩罚。

（二）建立生态风险评估的技术网络体系

充分利用现代生态风险监测手段和技术，建构一个基于资本下乡和乡村环境承载力关联的技术体系，提高技术监测的效率。一方面，建构基于资本下乡的风险清单和评价指标体系，并基于评价指标体系建立技术监测网络，在时间和空间上形成对资本下乡项目运作的全过程进行动态监测，并将指标数据进行联网分享。另一方面，对资本下乡的村庄和附近地区，按照资本下乡所可能造成影响的区域内，建立环境承载力评价体系，根据承载力指标，使用技术手段，从时间和空间上立体监测环境承载力水平。通过对资本下乡对乡村环境所造成的压力和环境承载力的对比，定向评估出资本下乡所造成的生态环境风险水平。

（三）建立生态风险的网络评估机制

首先，以村基层组织为主体，建立村庄自治组织、农民合作社、村民和资本下乡参与者对资本下乡项目的生态风险的监测评估，形成村域范围内对资本下乡的生态风险监测评估网络，在村级层面对资本下乡生态风险水平进行监测和评估。其次，建立乡镇政府部门，县级对资本下乡的生态风险监测和评估网络，形成一个多主体、多部门协同的监督和评估体系。再次，依托专门评估机构建立风险评估网络；通过建立环保部门、专业生态风险评估机构所形成的专业生态风险评估网络，对资本下乡企业进行风险监测和评估。

三、建立资本下乡生态风险的治理机制

（一）建立资本下乡生态风险的多主体治理体系

首先，依据法律规定和地方行政规定，梳理出资本下乡造成风险的责任人和责任主体、责任部门，并将其中的责任及相互关系梳理清楚，按照责任的大小和直接间接关系分成不同的群体，建立群体之间的关联网络，形成责任群体集合。其次，将不同的责任集合建立网络关联，就治理任务和责任进行协调和配置，加强不同责任集合之间的协作，而不是责任退位，同时建立有效的协同机制，共同对资本下乡经营过程中的生态风险进行治理。再次，在横向网络的建构中，建立网络之间的分层协作，共同完成对资本下乡生态风险的治理。

（二）建立有效的信息沟通和立体联动治理机制

首先，建立村基层组织、村民、村社会组织有效的信息反馈机制，整合各个主体所掌握的生态风险信息，定期评估风险，针对显著风险进行沟通交流，确定上报部门。其次，乡镇政府部门和上一级环境保护部门建立有效的沟通机制，将村民和基层组织掌握的信息，通过乡镇政府的渠道，定期有效传递给环保部门，实现信息的无缝对接。再次，在建立自下而上的信息传导机制的基础上，建立自上而下的治理机制，通过环保部门、上一级政府部门根据信息的综合评估，制定惩罚措施，约束资本下乡企业的环境行为。

（三）建立网格化治理方式，提高治理效率

首先，资本下乡所带来的生态风险，具有隐蔽性，很难被发现，通过建立网格化治理模式，提高治理效率；将一定范围内资本下乡企业分布在地理上分为不同的网格，每一个网格都有一个主体称为网格负责人，负责监督本地区与资本下乡所关联风险的评估和测度，一旦发现风险就将风险特征传递给其他网

格负责人，通过交流确定生态风险在地理上的传播特征，从而提高对风险及其影响的识别速度。其次，对生态风险建立有效的反应机制，就风险发现的网格，迅速将风险按照管理层次反映给相应的主管部门和资本下乡企业，并对相应的治理措施提出自己的意见。再次，将风险特征传递给专业部门，找到风险的成因，并反映给企业，通过村基层组织、上级环保组织和资本下乡企业的联动，实现风险的治理。

第三节　资本下乡赋能乡村振兴的乡村长效治理机制

资本下乡带动乡村治理效率的提升，通过治理效率赋能乡村振兴，主要表现是资本下乡参与到乡村治理的方式创新及其对治理效率的影响。

一、创新资本下乡参与乡村治理的模式

（一）企业家嵌入乡村治理

资本下乡主体在很大比例上是由企业家在城市创业成功后，返乡进行投资创业，振兴乡村经济的，因此，在返乡过程中，逐步被村民认同，被村基层组织吸收，成为村基层组织的一员，嵌入到乡村治理中。

首先，资本下乡主体在与村庄的互动过程中，在村庄治理过程中有相互的需求，以提高协调的效率，协调效率提高的关键在于沟通，在于建立一个有效的信息沟通和传达机制，针对资本下乡企业和农村基层组织，两者之间有效沟通的主要形式就是相互吸纳成员参与到对方的管理中，通过相互嵌入，提高双方协调的效率，在此背景下，企业家作为资本下乡主体的内部权威人士，代表着企业的经营方向，因此，其嵌入村基层组织，在乡村治理过程中代表资本下乡企业，能够更有效推动村庄和资本下乡企业的融合。其次，资本下乡企业家容易得到村民的认可；在资本下乡过程中，由企业家主导的下乡企业，给乡村

带来基础设施的完善、村庄环境的优化和村民收入水平的提高，在一定程度上得到村民的认可，具有一定的个人魅力，这种魅力是乡村治理权威形成的重要条件，因此，具有一定个人魅力的企业家进入到村基层组织中，提高了村基层组织的治理能力和效率，同时也是推动资本下乡更好地赋能乡村治理创新、提高治理效能的重要举措。再次，企业家具有较高的经营管理能力和文化素质，在村庄治理过程中，能够提出更有效的治理方案，并且企业家能够调动企业资源，再配合乡村治理决策，对乡村经济社会发展能够产生更大的推动能力。

（二）企业管理层嵌入乡村治理

资本下乡企业通过将自己的管理人员转变为乡村基层组织的一员，嵌入并对乡村治理产生效能。笔者在访谈中发现一个案例，资本下乡企业在乡村能人中选择一部分对企业下乡项目进行管理，并逐步培养这部分人与村庄对接，协调资本下乡有关的矛盾和冲突。这部分人具有双重身份，一个是资本下乡企业的管理人员，一个是"乡村精英"，与资本下乡的短期逐利行为不同，"乡村精英"对乡土社会具有较深的个人感情，其不仅关注资本下乡企业的利益，更关注乡村人情关系与公共利益，正是由于双重身份，这些"乡村精英"更能获得村企双方的认同，因此，也更容易成为村基层组织所争取的对象，容易嵌入到乡村基层治理组织，成为乡村治理组织的一员。这部分人不仅具有政治利益的角色，同时也具有营利动机，因此，更容易协调土地流转和雇工关系，与普通农户相比，这部分人员拥有更丰富的资源、复杂的社会关系和敏锐的机会辨别能力，在协调村企关系上更具优势。此外，这些精英人物还具有学习能力方面的优势，愿意接受新事物，并且具有管理和协调能力，成为乡村社会转型和村企合作的带头人。

（三）乡村人员嵌入乡村治理

资本下乡企业通过直接聘请村干部担任自己企业的管理者，这样乡村基层治理就与企业部门管理有效融合，能够更有效地协调村基层组织和资本下乡企业之间的合作。一方面，使得企业更快地找到在乡村的代理，通过工资支付，使村干部更有激励为企业服务；另一方面，村干部能够掌握企业的实际经营状况、经营风险以及对村庄生态环境的影响，能够更有效地使村基层治理组织采取行动。这种模式在资本下乡企业中也经常见到。

二、扩大资本下乡参与乡村治理的维度

乡村治理有效性主要表现在三个方面的维度：强化乡村自治。通过推动基础民主，实行阳光村务，把服务和管理做到基层，通过建构村民自治组织，培育乡村公益性、服务型组织，同时开展社会志愿服务，发挥乡贤的积极作用。推动乡村法治，开展乡村普法活动，通过以村民能够接受的方式，让村民知法懂法，树立健康的法治观念。实施村庄德治，推动村庄社会形成正能量的道德观，积极开展好家庭、好媳妇、好婆婆等表彰活动，开展道德模范、最美乡村教师、最美村官、最美乡村医生等表彰活动，宣扬典型案例、传播真善美。

（一）建立"企业党支部＋乡村党支部"对接模式

乡村治理有效需要建立企业党支部和乡村基层党支部的有效对接，不断加强党对农村工作的全面领导，以高质量的党建引领乡村治理，夯实党在基层治理中的核心作用。在我们访谈的案例中，资本下乡企业和村基层党支部建立联合党委，就乡村振兴进行协商，包括基础设施建设、土地流转、产业链和供应链建设等，村党委和企业党委举行联合会议，把资金、技术和商机引入乡村发展中。村企发展联合党委根据村企联合共建企业需要，对土地流转、征地拆迁、村企共赢、协调矛盾上投入较多的努力，并且为企业寻找政策支持、联系部门办理手续、申报各类项目等发力，通过共同发展意愿，凝聚合力，从党建层面，村企发展联合党委强化服务功能，联合党委的各个主体通过抱团意识的增强，在乡村规划和发展思路上多下功夫，推动资本下乡赋能乡村振兴效果的提升。

（二）通过数字科技创新，提高治理效能

通过信息化手段的引用，建构乡村数字治理体系，填补城乡之间的数字鸿沟，促进信息时代的乡村治理能力的提升；在乡村振兴过程中，丰富农业数字化服务。将智慧农业建设纳入"十四五"国家信息化规划、农业农村现代化发展规划。自 2017 年起，组织实施数字农业建设试点项目，围绕国家数字农业大数据平台、国家数字农业农村创新中心、重要农产品全产业链大数据和数字农业试点县等累计建设 100 个项目，示范带动了物联网、大数据、人工智能、区块链等新一代信息技术在大田种植、设施园艺、畜禽养殖、水产养殖等领域的应用，提升在线监测、精准作业、数字化管理等水平，让数字化为乡村产业发展赋能。但是，在乡村治理上，数字化治理手段的影响还相对有限，要思考如何在乡村治理中引入数字手段，通过资本下乡，推动乡村治理现代化。

首先，通过资本下乡企业的技术优势，推动乡村治理的数字化。《数字乡村发展战略纲要》强调要发挥数字技术在乡村振兴和治理中的重要作用，创新数字信息技术嵌入乡村治理的路径。乡村治理过程中，村民参与程度较低，主要由于村民长期从事外出务工、更多的决策权掌握在基层干部中，而村民作为乡村治理的主体，其参与程度较低，甚至处于无效状态；通过资本下乡，提高治理主体参与程度和协同性；通过将经济、教育、科技等部门的数据整合，形成公共数据资源库，打破数据和体制的壁垒，形成大数据资源共享，加强农村基层党组织与乡村其他主体在平等地位上的合作。通过治理平台的数据化，将治理信息传递给村民，使其无论在资本空间的地理配置，还是在集体决策上能够投出自己的一票。

其次，通过资本下乡的信息技术的赋能，提高乡村治理决策的科学性。在传统乡村治理决策形成过程中，主要是通过上级部门或者基层干部制定，容易造成上级部门对基层工作监督力度不够，基层干部的决策多借助以往的管理经验，决策缺乏科学依据，不能够满足乡村治理的质量要求。借助资本下乡的契机，通过数字技术的使用，高效收集有关乡村治理的全样本数据，包括基层民主、农村教育、养老保障、医疗保障、民政事务、人口流动、扶贫开发、社会

治安等方面的数据，为乡村治理提供大数据支撑，通过大数据决策技术的应用，能够高效分析预测、挖掘数据背后有助于科学决策的信息，从而助力治理决策由经验向数据转型。

再次，通过资本下乡的技术赋能，提高治理决策的时效性。一些基层干部忙于乡镇政府安排的各种行政事务，缺乏主动治理乡村的意识，缺乏对村务的提前预判和事前控制，上下级政府及部门各自建有自己的信息系统和独有资源，每个部门都形成一个"信息孤岛"，部门和部门之间存在信息壁垒，信息的垄断与封锁对科学决策和决策效率提升存在不利影响，基层政府治理能力和效率受到限制，通过资本下乡企业的数字技术供给，以大数据技术为基础，对信息进行批量采集和管理，嵌入到乡村治理决策中，在决策过程中进行需求表达、信息挖掘、协同治理、评价反馈等，挖掘信息，精准预测治理问题，提高决策效率，提高对村民诉求的响应速度和效率。大数据技术的预测功能，可能发现数据变化所映射出的社会事实倾向，通过资本下乡对数据技术的应用，帮助乡村治理从被动的事后应对转向主动的事前防范和事中处置，实现乡村治理的动态管理，帮助乡村治理向开放式、协同性、精准性和前瞻性的数字治理模式转型。数字治理是对传统乡村治理体系的重构。乡村治理数字化水平的提升，符合现代乡村治理的特征，同时能够满足共建共治共享治理体系的要求，资本下乡企业拥有物联网、大数据、云计算、人工智能、虚拟现实等技术，能帮助乡村基层组织建构有效的治理平台，推动乡村治理日益智能化。

（三）以乡村产业发展为保障，提高乡村治理效能

乡村经济的发展是治理有效的保障，只有更好地发展经济，才能更好地治理，资本下乡立足本土资源，发展特色经济，通过农业供给侧结构性改革，优化产业结构，为城乡居民提供个性化、多样化、绿色化、优质化农产品和服务，坚持经济与生态平衡发展，在经济增长同时，兼顾青山绿水，在此过程中，需要强化生态治理，避免资本下乡污染农村环境，或者将工业污染向农村转移，经济发展需要乡村治理更加有效，资本下乡是推动乡村治理的重要驱动力，在此过程中，通过资本下乡推动乡村经济发展，以经济发展为基础，推动

乡村治理效能的提升。首先，通过资本下乡推动乡村经济的发展，才有经济势力来实现治理技术手段的创新，只有经济基础雄厚，才有时间来改造治理条件，提高治理效率，比如大数据技术需要大量的设备投资和技术投资，这些都需要资金保障。其次，只有在经济保障的基础上，村民才有时间和信心参与到乡村治理中，经济保障能够消除村民的顾虑。再次，资本下乡对经济的发展具有重要的推动作用，经济发展提高了人们参与教育和文化活动的积极性，使村民文化素质水平得到提升，使其认识到乡村治理的重要性，从而有兴趣和能力参与到乡村治理中。

三、打造资本下乡参与乡村治理的渠道

按照资本下乡与乡村治理的需求，建构一个基于利益共同体的治理模式，如图 6-1 所示：

（一）建立企业与乡村治理的有效对接机制

首先，建立企业与乡村治理的对接平台，为企业与村基层治理组织的对接创造方便条件。平台的主要任务和职责是为企业与村庄的协商提供沟通机制，其中包括治理机制和协商机制的制度设计，对村庄基层组织行为和企业行为的约束机制等，通过平台的建构，使村庄和资本下乡企业在行为上符合治理机制的需求，而不是相互之间推诿和卸责。这个平台可以依托农村基层组织和企业之间的协商建构，还可以通过农民合作社、农村社会组织等第三方建构，其目标是通过更节省交易成本的方式，推进资本下乡企业与村庄之间的沟通，平台的建构需要一定的技术手段，包括相互之间的信息沟通机制、基于大数据的决策机制和相互协商的时间地点等决策的形成。

其次，建立资本下乡企业与乡村治理的适应性机制。随着资本下乡对乡村经济和社会的进一步嵌入，根据嵌入程度的需求，需要建立一个双方相互的适应性变迁机制；从长久看来，资本嵌入乡村治理的关键，在于融入乡村的经济、社会和政治活动，从而实现企业与乡村之间的共赢，在这个过程中，

需要双方在行为上产生适应性变迁，适应性变迁的关键在于适应性租金的获得，不是一方，而是双方的适应性租金的获得，适应性租金的获得关键在于制度变迁所带来的影响。只有一方获利的制度变迁，并不是帕累托改进，博弈双方都能过够获利的制度变迁，才能是帕累托改进，才能是适应性制度变迁，针对村庄和资本下乡企业，双方在乡村治理的博弈，关键在于制度变迁能够带来适应性租金。如资本下乡企业和村庄基层党组织组成"联合党委"的制度变迁，就是通过联合党委的建立，能够协调双方的行为，作出正确和科学的决策，使得在资本下乡过程中，双方都能够获得利益，保障制度适应性的变迁。

最后，资本下乡参与乡村治理的规制完善。在资本下乡过程中，对资本下乡企业负责人参与乡村基层治理缺乏相应的制度规定，对于基层组织成员，比如村干部参与到资本下乡企业担任管理人员的相关行为也缺乏相关的规定，因此，相互之间的治理嵌入缺乏相应的规制机制，需要完善。因此，国家应根据资本下乡的实际情况，建立双方的规制机制，使双方的相互嵌入行为更具有法

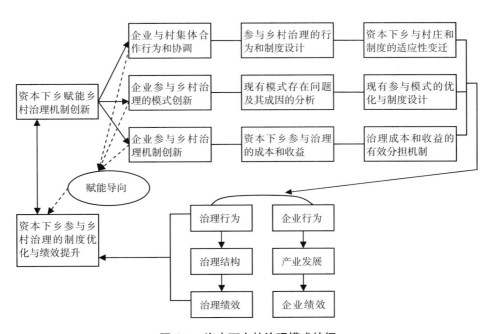

图6-1　资本下乡的治理模式特征

律性，重点避免企业控制村庄或者村庄控制企业，从而发生相应的机会主义行为，使得资本下乡不可持续。

（二）建立资本下乡企业参与乡村治理方式的优化机制

资本下乡是一个嵌入乡村的过程，在嵌入的过程中，嵌入方式的选择将会产生重要的影响，不同的嵌入方式，关键在于不同方式的交易成本不同，方式的选择取决于对交易成本的衡量。比如针对"企业家嵌入乡村治理"的方式，企业家作为个体参与乡村基层组织，参与乡村治理活动，其背后是企业的动机，是企业与村庄合作的动机，企业与村庄合作，存在着较多的协商和谈判的成本，比如与村基层组织谈判、与村集体经济组织谈判、与村民谈判，这些谈判都涉及谈判的成本，谈判的个体越多、越分散，产生的交易成本越高，企业家嵌入乡村基层组织，在控制村基层组织的基础上，推动许多谈判过程简单化，降低了谈判对象的数量和谈判的难度，从谈判角度上降低了交易成本；相对于基层党组织，其与企业在谈判过程中存在信息弱势，通过企业家的嵌入，能够使双方信息对称，从而降低了决策的成本消耗，降低了交易成本。从行为监督上，企业家嵌入乡村基层党组织，在一定程度上降低了基层党组织的机会主义行为，提升了治理效率。从基层党组织的角度，企业家的嵌入，使得基层组织对企业行为的监督建立在一个信息更为充分的基础上，监督的成本也显著降低。因此，企业家嵌入乡村治理，是一个双方交易成本降低措施的选择问题。

下乡资本嵌入乡村治理方式的优化，关键在于对现存方式的问题分析，尤其对现有方式所带来的交易成本进行分析，方式的创新需要对交易成本进行节约，同时提高交易的效率。在不同的环境条件下，适应性不同，交易成本也不同，主要是嵌入方式与环境的适应情况，如果嵌入方式能够很好地适应资本下乡的外部环境，那么就能够提高效率，降低交易成本，因此，在方式的优化过程中，关键看是否适应资本下乡的情景，在嵌入过程中，看这种嵌入方式对企业绩效和村庄绩效的提升情况，如果能够很好地解决双方的冲突，提高双方的绩效，那么这种方式优化就是帕累托改进。

针对方式优化进行制度设计，保障其持续运行。相应的制度设计关键在于如何保持下乡资本嵌入方式的运行绩效，制度设计不仅包括保障制度，同时也包括相应激励机制。如资本下乡企业和村基层组织建立联合党委的嵌入方式，其制度设计包括：联合党委需要磋商的事件范围，联合党委定期会议召开，联合党委管理的制度，联合党委与上一级基层政府组织的关系等，这些都是与嵌入方式相关的保障和运作机制，这些制度设计直接影响企业经济绩效和基层组织的治理绩效。

（三）资本下乡参与乡村治理的机制创新成本和收益分担

任何机制创新和制度设计都需要制度创新成本和收益，成本和收益都需要分配，不合适的成本分担机制和收益分配机制，会造成制度效率的递减；成本的分担和收益分配机制需要双方的协商解决，是一个重复谈判的结果，在双方的谈判过程中，制度安排成本的度量存在一定的困难，主要是双方在制度安排设计过程中，有许多隐性行为难以观测，难以用成本度量，因此，其成本分担制度的设计就比较困难。另一个困难就是收益的不确定性，在制度安排执行过程中，收益具有不确定性，不确定收益在分配方面就存在一定的不公平和不合理现象，因此，在机制创新的设计过程中，需要一个累积的因果调整过程。

第四节　资本下乡赋能乡村振兴的人力资本长效增长机制

资本下乡对乡村振兴的影响是全面的，改造传统农业和村庄也是全面的，除了投入资本外，改造传统农业的一个重要方面，就是通过资本下乡的人力资本投资，赋能乡村人力资本振兴，从而推动乡村的全面发展。乡村振兴，人才是最为缺乏的，从当前农村社会经济环境看，农村许多方面都留不住人才，越来越多的村民选择外出务工，导致人口和产业空心化，目前，国家支持社会资本参与农村农业人才的培养工作，可以建立培训基地等多种方式，提高农村人力资本水平。人才振兴是实现乡村振兴的基础[1]，是乡村振兴的重要支撑，其提升主要有两个途径，吸引城市人才下乡和培育乡土人才，在吸引城市人才过程中，资本下乡有稳固城市人才扎根农业农村的功能，在培训乡土人才的过程中，资本下乡企业拥有技术和人力方面的优势，因此，需要吸引城市人才和培育乡土人才在资本下乡平台上得到有效的整合。

一、创新资本下乡赋能乡村人力资本振兴的方式

资本下乡在一定程度上并不是公益性的，而是逐利的，其提供农村人力资本的培训，需要建立一定的激励机制，资本下乡企业有理由为自己的员工提供培训，从而提高产品的质量，由于其雇用劳动力随着季节性变化，雇佣对象也不断发生变化，因此，为了能够雇佣到更高人力资本水平的劳动力，资本下乡企业有激励为村域范围内的劳动力提供培训，这种培训具有普惠性，为的是企业在发展过程中提高自己雇用到合适劳动力的概率。

（一）资本下乡以人才项目培育方式，培育乡村产业从业人员

如图 6-2 所示，首先，资本下乡企业可以以项目的形式，与政府部门、高校、科研院所和技术中介或者基层政府合作，建立一种长期的技术培训合约，从而为村域范围内的劳动力提供更有效的培训服务。其次，建立一种培训参与的激励机制，在产品质量方面，培训参与方面和劳务合同方面，都加上培训参与的激励机制，激励农户参与技术培训。再次，建立有效的培训服务供给机制，为农户提供优质的培训服务，下乡资本企业自己建立培训中心，与自己产品关联较强的培训机构建立长期的联系，从而形成高质量的服务培训机制。

---

[1] 曹丹丘、丁志超、高鸣：《乡村人才振兴的现实困境与路径探索——以青岛市为例》，《农业现代化研究》2020 年第 2 期。

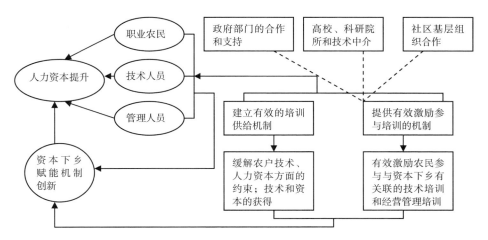

图 6-2　资本下乡赋能乡村振兴的人力培训机制

（二）资本下乡企业通过"干中学"方式培育乡村人才

资本下乡企业雇用村民成为产业经营人员，在村民被雇用期间，采取多种形式培训员工、促进员工之间的交流、促进企业原有员工与新员工之间的技术交流和服务交流，从而提高乡村人才产业经营水平。如在案例 4 中，公司通过对现有的种植基地进行标准化管理，积极开展科技创新和新技术示范推广，使公司各片区在生产管理中实现"五个统一"，即统一技术规程、统一配方施肥、统一病虫害防治、统一整形修剪、统一品牌销售。强化基础设施建设，组建统一标准化种植基地。在这个项目开展过程中，将技术标准和技术创新传递给参与资本下乡经营的农户，提高了农户的人力资本素质。

（三）资本下乡主体带头培育技术人员

笔者在调研过程中发现，许多资本下乡主体都是原本村庄的居民，其下乡为了振兴乡村社会和经济发展，在该目标的带动下，一些资本下乡主体参与到乡村人才的培养过程中，将自己的本领传递给老乡，帮助老乡致富，并且能够提升村庄的人力资本水平。在案例 6 中，2018 年 ZSD 被家乡群众推选为五头镇马头村村主任，ZSD 感觉自己肩上担子更重了，责任更大了，马头村是一个以樱桃产业为主的村庄，ZSD认为马头的发展，必须依托樱桃产业高效做强，才是唯一的出路。于是2019年ZSD带领马头群众发展村集体经济，成立"洛阳一村农业科技有限公司"，建设设施栽培樱桃大棚1万平方米。高效种植大粒樱桃，为当地群众起到引领、示范等作用，ZSD又聘请全国知名的樱桃种植能手、专家等进村为群众做技术辅导、开展义务讲座等活动，使马头村樱桃2019年创收2000多万元。同时2019年ZSD带领马头村群众发展樱桃产业品质提升，被农业农村部授予"全国一村一品示范村"荣誉称号。

（四）资本下乡建立培训平台，输送乡村产业技术和素养

资本下乡企业和农民合作社对接，或者和村基层组织对接，通过邀请国内外知名技术专家，针对产业技术，或者服务方式等方面，对参与资本下乡经营的农户提供技术和服务培训，从而提高村民的人力资本水平。建构培训平台。这个培训平台可以是公司，也可以是公司主导成立的农民合作社，还可以依托基层组织，在平台建设过程中，平台得到村民的认可和承认，这样才能积极参与。提供的技术培训或者文化素质培养的内容，还要符合村民的需求，按照村民的需求提供。在案例7中，合作社主导下成立科技开发有限公司，以公司为平台，成立协会，聘请专业人员为村民提供技术培训。合作社下设洛阳金田甘薯种业科技开发有限公司、新安县金田薯业协会，在中国农大、河南农大、河南科技大学、河南省农科院等有关领导和教授的指导下，经营规模和科研实力不断提升，现承租土地1000余亩，用于农林种植，自建有红薯深加工厂和科研办公大楼一座（90间房，1800平方米），安置劳动就业人数120—200人，其中残疾人53人，成为省内脱毒红薯产业技术的重要基地之一。通过公司建构的平台来推广培训，提高了乡村人力资本水平，也为公司经营提供了人才和后备人才。

（五）资本下乡企业和村基层组织联合成立培训平台

资本下乡企业与村基层党组织合作，针对村民的需求，提供村民急需的技

术和能力，同时，引导外出务工人员返乡带动村民从事产业开发，提高村民素质；并依托平台，引进高校、科研院所等科研机构，给村民提供相应的技术服务和指导，提高村民的技术水平，从而以点带面，提高乡村整体人力资本水平。如案例 11，在"创业致富带头人"中，大力培育本土能人、创业成功人士。土地流转后，种养项目逐步集中至种养大户规模经营，急需大批本土能人回乡创业。村党支部通过实施"奖励回乡创业、提供经营场地、设立基金支持、搭建产销平台"四项激励措施，先后吸引 26 名打工能人回村创业。同时大力培植本村具有商品生产能力的党员和村民骨干，从农业高校聘请"创业导师"驻村，两年跟踪指导种植、养殖，从河南省农业科学院、中国农业科学院郑州果木所等科研院所，聘请知名专家进村现场指导培训，带动一批本村"种养商户"积极学技术、勤经营，成为创业致富带头人，其中，全村 85% 的党员和村干部掌握一门以上致富技术（或产业项目），有 6 名党员被评为创业明星。

该方式最大的特征是资本下乡企业和基层党组织的合作和党员在人力资本水平提高上的关键作用。同时，在该案例中，在人力资本的培育过程中，十分重视"乡村精英"的作用和功能的发挥，如在外打工的能人返乡创业，本村的种养大户的技术优化和更新，注重对农村的人力资本培育，使得其更具带动能力。在我们的访谈过程中，一位从上海回来的养牛大户，夫妻两个人返乡后，资本下乡企业给他们提供场地，提供种牛，夫妻俩一共养殖 200 多头牛，将附近的农业生产废弃物，如麦秸和豆秆等，都作为饲料，不仅降低了农业生产对周边的环境的影响，牛粪作为有机肥，对周边有机农产品生产提供了便利条件，每年实现利润 100 多万元。

二、纾解资本下乡赋能乡村人力资本振兴的问题

（一）培训的激励问题

资本下乡赋能乡村人力资本振兴主要解决两个问题，一方面是如何激励村

民参与培训的问题；在资本下乡过程中，下乡产业与村民自身的文化素质和技术水平不匹配，村民人力资本水平距离企业的需求较大，即使通过培训也无法满足企业的要求，因此，在参与资本下乡所主导的技术和服务培训时，村民由于看不到技术培训未来的价值，所以参加的积极性不高。另一方面，村民也是基于自身的利益参与培训，因此，资本下乡企业也应该建立一种培训和就业的对接机制，让参与培训并合格的村民，优先录用为企业员工，参与企业的资本下乡经营，通过这种方式，激励更多的员工参与培训。

(二）培训的效率问题

在资本下乡企业主导的培训过程中，要注重效率的提升。培训效率的提升在于培训内容的优化和学习积极性的提高，在这两个方面上，资本下乡企业更多地注重这两方面的配合。首先，要对村民的培训需求进行分析，动态调整培训内容，应该对村民进行充分调研，摸清村民的实际需求，并结合资本下乡企业的技术优势和人力资本优势，建构详细的培训内容体系，并针对产业需求和村民需求，动态调整培训内容。其次，提高村民参加培训的积极性。村民的积极性与对培训的价值认知密切相关，针对已经参与经营的农户，公司可以采用强制手段，也可以通过提高收购产品的质量水平的方式来间接提高其参与培训的积极性；对于没有参与资本下乡经营的村民，资本下乡企业可以通过直接要求参与培训达到一定程度才能进入资本下乡经营，获得渠道利润，或者通过培训内容的考核和技术水平鉴定的方式，间接提高培训的价值，激发村民参加培训的积极性。再次，在村庄内部建立有效的学习氛围。学习氛围的培训在于村基层党委、合作社、社会组织和相关政府部门联合努力，在村庄内利用宣传、树立榜样和模范、建立学习平台和学习工作室的方式，让学习成为村庄和资本下乡经营的常态。

(三）培训的组织问题

培训的组织问题需要资本下乡企业与村基层组织、合作社、社会组织联合解决，如果没有很好的组织，对村民的培训效果就差，因此，需要提高培训的组织效率。首先，建立基于移动网络的村民培训组织体系，通过微信群、App等方式建构一个培训需求的网络或者圈层，当有培训信息时，通过网络链接机制，将有需求的农户组织起来，通过报名的方式，参与到资本下乡所组织的培训中，这种组织机制是一种松散的连接和组织机制。其次，通过村民自组织形成培训需求，如当从事资本下乡企业产业链某一个环节经营的村民群体，在相互学习交流过程中，会形成一些共识性的难题，并将这些问题提供给资本下乡企业和农村基层组织，通过资本下乡企业和基层组织合作，与高校、科研机构、技术推广部门建立联系，就经营过程中共识性的难题进行专题培训，指定人员参加。再次，定期由村基层组织和资本下乡企业就村域产业发展的关键技术和经营管理问题进行系统培训，让村民自愿参加，通过村民的自觉行为，提高村民的人力资本水平。

（四）培训的成本负担问题

在资本下乡赋能乡村人才振兴的机制中，成本分担也是一个重要的问题，一般说来，资本下乡企业对在自己企业工作的村民进行培训的成本需要企业承担，而对与自己经营没有严格的产权和劳资关系的村民的培训，需要成本分担机制，可以通过资本下乡企业申请政府部门有关职业农民培训的项目资金，以项目资金来建构培训平台，聘请专业人士来进行培训，这个方式是政府和企业分担的问题。当资本下乡企业与村基层组织联合形成的培训，需要两者在一定比例上分担，比如聘请专家费用资本下乡企业承担，相应的场地由村集体经济提供，或者专家的衣食住行由村基层组织承担。总体上，要建立一个有效的成本分担机制，协调好多元主体共同组织的平台。

三、打造资本下乡引进人才和培训人才的平台

（一）充分利用乡村人力资本

除了与公司签订劳务合同外，下乡资本还要创新对乡村人力资本的充分

利用，其中包括与公司业务没有直接关系，但是关联乡村振兴的人才，比如乡土文化人才的充分利用。下乡资本按照产业融合的方式，建立农旅公司，并结合具有当地特色的文化资源，充分整合并与公司业务结合起来更充分利用，振兴乡村经济。首先，资本下乡以村庄为平台，吸引外出务工、工作和退休人员返乡进行创业，这些人具有一定的管理和技术经验，能力较好，并且具备为乡村发展贡献自己的精神，吸引这批人返乡，与资本下乡企业一起改造村庄，能够更好地实现乡村振兴。其次，对本村从事规模经营的家庭农场、种养大户，加强对其管理能力、产业链技术、服务意识和乡土文化的培训，提高这部分人的人力资本，推动资本下乡和该部分人的合作。再次，加强对村干部的培训。村干部文化素质和教育水平的提升，对于提高其服务能力，优化服务结构，提升决策效率具有十分重要的作用，应该以资本下乡企业为主导，带领这些村干部到外面考察调研，实地学习，提高其眼界和知识水平。

（二）充分凝聚乡村人力资本

资本下乡除了培育当地劳动力，还要引入新的人力资本，并留住外来的人力资本，通过引入新的人力资本来振兴乡村经济。首先，资本下乡企业需要强化自己的业务和市场竞争优势，通过强大的生产和销售能力，来吸引更多的人力资本加盟，从而引进更多的人力资本。其次，资本下乡要吸引高端人才联合，比如与高校、科研机构等就产业发展签订技术合约，让具有高端人力资本的机构定期派技术人员进行指导，并形成一定的合作方式。再次，优化工作环境，改变农村脏乱差的工作环境和生活环境，提供一个舒心的工作环境。

第五节　资本下乡赋能乡村振兴的农民权益长效保障机制

资本下乡存在的一个重要问题就是对农民权益的保障问题，农民权益的保障涉及多个方面，需要整合多元主体采取联合行动，从而避免资本下乡过程中，造成对村民权益的侵害。

一、农民权益长效保障模式的优化

资本下乡对农民权益的影响，主要通过其深厚的社会基础嵌入乡村治理结构内部，形成资本对乡村社会的控制，从而使农民面临多重风险。不利于资本下乡和村庄之间的共赢，因此，应从基层政府、村民自治组织和村民三个主体层面，通过重塑乡村治理体系，构建资本下乡中农民权益保障机制（图6-3）。与农民相连的资本下乡能够促进资金、技术、人才和知识的回流，推动乡村振兴进程，但是，由于乡村治理能力的弱化，拥有较强人脉的资本容易嵌入乡村治理过程中，形成资本控制乡村社会，使村民面临多重风险，不利于农民权益的保障[①]，因此，应从多主体的层面重塑乡村治理体系，保障农民权益。

在资本下乡过程中，涉及的利益主体包括村民、资本下乡企业、村基层组织和村自治组织，在多方的利益博弈下，总有一方获益，另一方受损，因此，在利益博弈下，现存的研究重点是探讨资本下乡主体与村基层组织合谋侵害农民（村民）权益的问题，此外，资本下乡主体与村民的直接对接又存在交易成本问题，因此，资本下乡必须建构一个与农民的正确对接机制，才能保障双方的权益。中国农村在经历改革开放经济的快速发展后，其内部的经济结构和社会结构都发生了重大变化，一是大量的中青年外出务工，使得村内主要人员是留守老人和妇女，导致现有的谈判和对接主体缺失，不能够与农户形成直接和有效的谈判，影响了资本下乡的节奏。二是随着产业技术水平的提升和转型，大批的农村务工人员需要返乡，这两个方面直接影响着乡村振兴和资本下乡。大量的返乡主体又不具有农耕的知识和技术，缺乏从事农业和农业加工业、服务业的积极性，需要在乡村振兴过程中，资本下乡企业和村庄来解决。这两个

---

① 陈晓燕、董江爱：《资本下乡中农民权益保障机制研究——基于一个典型案例的调查与思考》，《农业经济问题》2019年第5期。

方面的变化，使得资本下乡在一个时代的夹缝里生存，其赋能乡村振兴必须处理好两个问题，一方面是务工群体从城市返乡的问题，要为其提供就业和创业的空间，同时不会在土地流转和其他方面给资本下乡造成困难；另一方面这些返乡人员融入乡村的问题，原有的利益结构必将因这部分人的返乡而受到冲击，从而带来新的成本和问题，从农村基层组织角度，也需要重视这部分人与资本下乡所带来的利益结构的冲击，提前为协调这些利益关系提供预案。

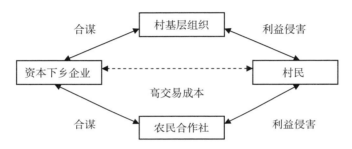

图 6-3　资本下乡主体与农民的对接机制

乡村中存在一个非常重要的中农群体，新中农经济的出现是稳定农村社会系统的重要结构性力量。在留守的一部分人中，有一部分中青年夫妇留在农村种田，他们从外出务工的农民那里转入耕地，扩大了耕种规模，提高了农业收入。这样一类通过转入外出农户土地而形成一定农业经营规模的中青年夫妇，若可以有二三十亩的耕种面积，他们一年的收入就可以有 2 万—3 万元，这个收入不低于外出务工的收入水平，而且这个收入还是以具有完整家庭生活，兼营副业情况下获得的。且在当前农业生产力条件下，一对夫妻耕种二三十亩土地的劳动量并不繁重。所获经济收入不低于外出务工中青年夫妇，有着留在农村进行农业生产的积极性。相对老年人从事农业，这种规模农户也有采用农业新技术的能力和动力。这类中青年夫妇，就成为当前农村正在崛起的新中农群体。

新中农群体在农村具有较强的经济关系和社会关系，与村内事务具有密切的利益关系，对村内事务最为关心，同时也是村庄公共事务和公益事业的倡导者，是村庄人情的重要参与者，是新技术采用者、村庄社会秩序的维护者，具有较高的能力，成为村组干部最为重要的担当者和后备人选，成为农技推广的"带头人"，成为农村文化的"中心户"，并成为党在农村基层最可靠的支持者。最终，成为农村社会稳定的骨干。

（一）"资本下乡＋新中农群体＋村民"方式

资本下乡企业是地方政府政策推动下的，将农业土地集中规模经营，从而发展现代农业的资本主体，而新中农群体是在乡村自然发展过程中演化出来的乡村骨干主体，两者各具优势，在资本下乡条件下，两者竞争还是合作，决定于双方利益的分配和村民权益的保护。

如果两者竞争，资本下乡使留在农村的土地集中到资本手中，使得尚依靠土地获得农业收入的老年人无事可做，之前靠外出邻里亲朋低价转入土地所形成的适度规模经营的中农，也就不能保持其适度的规模经营，无法获得稳定的农业收入，不得不退出农业经营进入城市。中农的解体和退出，使村庄中只有无法进城又无所事事的留守老人和妇女儿童，资本是逐利的，留守老年人和妇女无所事事，尽管资本有时雇用他们作为劳动力，但所需不多，资本与留守力量之间是利益竞争关系，没有了中农的保护，就有了资本侵害村民权益事件的发生。离开了中农，仅靠老年人从事农业生产，农村社会结构的稳定基础就不够；如果资本下乡企业将土地集中起来经营，农村社会结构和生产结构也由于缺乏中坚力量无法稳固。

首先，在推动资本下乡过程中，大力培育进行适度规模经营的农村新中农群体，主要解决他们在生产中所遇到的困难，比如农资、技术和社会化服务的问题，政府部门站在培育、保护和发展的角度，制定农村政策来保障新中农群体。其次，加强新中农和资本下乡企业的对接。资本下乡企业与中农应是一个合作关系，基于市场关系的合作关系，不能是资本下乡企业兼并中农，是一个在对等关系上的对接，在分工基础上实现双方的合作，在生产领域，由中农负责生产，负责土地的租赁，负责农产品的种植，资本下乡企业则进入农产品加工、流通领域及农业社会化服务和农业科技领域。再次，在分工基础上，资本下乡给中农提供销售渠道，解决其面对大市场的问题，在生产领域，中农通过组织农村闲散劳动力和接受资本下乡的社会化服务，为资本下乡企业提供农产品。村民还在原有基础上与中农对接，保障原有的社会结构和经济结构的稳定性，不发生资本下乡企业和村庄、村民的直接对接。

（二）"资本下乡＋家庭农场"方式

家庭农场同样具有农村中农的性质，只不过其属于新型农业经营主体的范畴，家庭农场同样具有与村民社会连接方面的优势，"资本下乡＋家庭农场"方式采取"订单式"生产方式，家庭农场根据企业订单，调整自己的产品类型和生产规模，既发挥了家庭农场的生产优势又实现了企业的规模效益。

在该方式中，家庭农场的经营者一般具有一定知识水平和管理能力，在农村拥有相对丰富的人脉，通常为村庄能人、干部或者返乡创业者，他们在政策理解方面能力较强，能够并且愿意参加村庄建设，家庭农场作为村庄的能人和骨干，在一定程度上能够引导村民形成稳定的生产行为，通过血缘、地缘和业缘关系形成的土地流转，避免了土地流转上因利益纠纷而造成的不稳定因素，其与村民处于一种和谐稳定的结构关系中，形成一种稳定的社会结构。

家庭农场作为农村发展内生动力的主体，推动乡村社会秩序的治理更加有序。相比较而言，资本下乡企业给乡村治理所带来的"俘获"和"吞噬"效应，使村委成为资本的附庸，乡村治理进一步弱化，导致乡村治理对农民权益保护的功能进一步丧失。家庭农场作为村庄的内生力量，与村庄社会紧密联系，能够使国家政策在农村更容易推行，有助于农村社会的稳定，家庭农场的稳定性对乡村社会的乡土性、村落保护、培育新型农民、传承乡村文化、落实国家政策、规范土地流转方面具有十分重要的作用。同时在组织村民形成地方社会凝聚力，有助于培育新型职业农民、与小农户建立信任关系和促进村庄内部良性互动。通过其特有的社会资源禀赋及优势条件参与到乡村治理中，连接基层组织与普通农户、参与民主政治以及村庄建设。

资本下乡企业与家庭农场对接，一方面，在生产方面的连接，资本下乡企业为家庭农场提供加工、运销等服务，与家庭农场签订合同，降低家庭农场搜寻下游的交易成本，利用家庭农场在生产方面的优势，加上资本下乡企业在市场方面的优势，实现"强强联合"；另一方面，"资本下乡企业+家庭农场"的方式，避免了资本下乡企业对村民利益的侵害，资本下乡企业不用流转土地和组织农业生产，就能获得自己想要的农产品，就农村资源的所有权和经营权方面不与村民发生关系，也不与基层组织发生关系，这样避免了双方侵害村民利益现象的发生。同时，资本下乡企业对乡村生产生活基础设施的影响，家庭农场同样可以实现，同时保障了乡村社会结构、生产结构和社会秩序的稳定。资本下乡和家庭农场的融合可以在许多产业内开展，如家庭农场作为一种新型农业经营主体，结合地方特色，发挥其适度规模经营的优越性，探索"家庭农场+乡村旅游""家庭农场+农村电商"等创新性融合发展路径。

二、强化基层政府对农民权益保障的功能

（一）充分发挥基层政府的管理功能

乡镇政府治理能力、管理能力，应该随着农村社会、经济和政治条件的变化而产生适应性调整，从而使管理功能、制度和效率发生实质性调整，在资本下乡的条件下，提升乡镇政府和村基层组织治理的现代化水平，规制资本下乡行为，维护农民的合法权益。

首先，加大基层政府审查力度。资本下乡企业存在异质性，其背景也相应缺乏农业相关产业经营的经验，其投入乡村产业发展的目标和目的也存在异质性，并不全是为了乡村振兴目标，更多的是盈利目标，在利润最大化目标的导引下，其更多是通过项目来"套利"，而不是真正投入农业经营，改造传统农业的，从而造成资本下乡的机会主义行为。在这样的背景下，就需要基层政府，包括乡镇政府和村基层组织，对资本下乡企业的真正目的加以审查，可持

续性的审查非常重要，要审慎选择一些具有社会责任，并且与农业经营相关的资本下乡，推动其更好地实现传统农业的改造。

其次，对于"项目"加强审查和审计，在资本下乡过程，企业通过项目来"圈地"，获取政府的"项目补偿款"或者银行机构的"产业发展基金"，如果没有完善的审查和审计程序嵌入的话，很可能改变土地用途，套取国家支农资金和损害农民权益，因此，基层政府要对企业"资本下乡项目"进行动态的审查，对于项目的运营情况、发展规划、企业的经营能力变化和项目所涉及的一切行为进行过程的审查和审计，从而防止资本下乡主体的机会主义行为。

再次，加强对资本下乡过程的社会舆论的舆情控制和监管。在资本下乡过程中，动态获得村民的舆论情况，并根据舆情的大小，实施动态的监管措施，使下乡资本受到更为强大的舆论监督，并通过舆论监督来约束和规制其行为，防止等事情恶化到不可收拾的地步，基层政府还没采取有效的行为来应对，应该建立一个动态的针对资本下乡的舆情监控系统，从而防止资本下乡企业的机会主义行为。

（二）提升基层政府的风险防范能力

与资本下乡企业相比，农民处于弱势地位，企业作为利益最大化的追求者，在产权制度不完善的条件下，有可能把企业追求利益的成本转嫁给相对弱势的农民群体，或者传导给农民群体，从而造成农民利益受损，因此，基层政府组织要承担其风险防范的功能，尤其当市场对资本下乡企业经营造成危机时，企业更容易"甩锅"给农民，将市场风险传递给弱势群体农民，使农民成为企业风险的传导对象，因此，基层政府组织要充分发挥两方面的功能，一方面是建立完善的合约制度，通过资本企业、农民和基层政府三方签订完善的产权合约，明晰企业和农民的权利、义务和责任，更多的是风险分担的合约，通过基层政府聘用专业人士，对资本下乡企业和农民所签订的合约进行完善，建立合理的风险分担合约，在既保护农民权益的基础上，激励资本下乡企业规范化经营。另一方面，建立企业承诺保证金制度，根据项目投资规模和农民参与的程度与深度，投入的土地规模和可持续性，按照一定的比例，要求资本下乡企业向基层政府部门或其代理机构缴纳风险保证金，从而当发生机会主义行为时，能够弥补农民的损失。

三、建立农民权益保护的组织平台

首先，提高农民参加自组织的积极性。加深农民对自组织的认识程度，尤其对其公共性的认知程度，提高其参与自组织的积极性，通过动员农民参与公共事务的组织力量，来凝聚公共权力，提高自组织的权威性，对资本下乡企业形成威胁和压力。一方面，通过提高农民自治组织的公共性水平，强化村民自组织服务村民、保护村民利益的责任认知，涉及村民利益时，通过集体行动来实现农民权益额保护，在一定程度上替代基层政府与资本进行谈判，从而最大限度地保护农民的利益安全。另一方面，通过村民自治组织，制定一系列的针对资本下乡过程中农民行为的规范，规范农民的行为，同时也是保障农民权益的重要部分，通过制度约束自身的规范性，以制度约束确保自组织能够在资本下乡过程中发挥作用。

其次，提高村民自组织的动态能力。通过资本下乡来推动乡村振兴的全面发展，关键在于村民自组织的动态能力的提升，因为乡村振兴的关键还在于农村内生的自组织的动态能力的建立，根据资本下乡的需求、市场、社会和制度变化，动态调整自己的战略，从而衍生一种可持续的动态能力，使自组织更加适应乡村振兴的要求。通过激发村民自组织动态能力的建构，使村民自组织能够利用资本下乡的机会，及时化解资本下乡所产生的风险，同时防止农民权益受损，提高成员的收益水平。动态能力能够增强村民自治组织的社会整合能力，通过组织的集体行动，建立农村社会信用体系，并且提高自治组织的治理权威，通过社会整合行为，聚集社会分散资源，形成集体行动，以现代化的自治组织参与资本下乡过程，增强其与资本下乡企业谈判时的力量。自治组织同时可以与农民合作社对接，形成具有经济发展能力的农民合作社，通过合作社来发展集体经济，建构农村产业体系，从而实现自治组织的经济功能，并借助资本下乡的机会，实现农民合作社的能力提升。

四、提升农民自身权益保障能力

下乡资本与农民形成一个力量不对等的群体之间关系，资本强于农民，当一个群体在权力上占优时，不可避免地会产生资本剥夺农民的现象，而防止这种现象的关键在于提高农民的自主能力，而培育农民自治组织，通过自治组织来提升农民的自主能力，通过联合提高其弱势地位和谈判能力，改变其与资本下乡企业的力量失衡状况。

（一）充分发挥农村能人的引领作用

在资本下乡背景下，下乡资本与精英农户抓住并响应机会，与基层政府结成"权力—利益"共同体，谋求政治嵌入，凭借熟人网络带动和俘获普通农户，从而强化精英群体与普通农户的关联，激发乡村发展的内生动力，有利于提高治理的效率①。农民的自组织需要推动力量，而最好的推动力量来自于农村中长期存在、与村民形成相互信任关系的农村精英，通过农村精英来带动农民，从而激活内生的自主能力。在资本下乡推动乡村振兴过程中，要激发"乡村精英"的参与积极性，激发其带动农民形成有效组织，在实现农民利益保护的前提下，更好地参与乡村振兴建设。首先，将农村党支部和村民委员会作为吸纳平台，吸纳有知识、能力高和技术较强的农村精英到"两委"班子中，通过精英来组织农民、带动农民，形成知识和能力传递过程。其次，通过"乡村精英"来形成一种有效的自治制度，通过完善制度，形成一种对资本下乡企业和自治组织的常态性的激励和约束机制，规避掉农村精英与资本下乡企业"合谋"共同侵害农民利益的现象。再次，通过农村精英来提升农村自治组织的公共性水平，通过农村精英的组织培训、道德激励、典型示范和宣传培训等手段，提高自治组织对全体村民谋利的积极性、动员和组织农民来应对突发事件和风险事件的能力。

---

① 李云新、阮皓雅：《资本下乡与乡村精英再造》，《华南农业大学学报（社会科学版）》2018年第5期。

（二）提高农民参与资本下乡的积极性

乡村的全面振兴依靠的主体力量还是农民，资本下乡是一种外部推动力量，只有农民参与资本下乡的积极性提高和参与能力提升，才能与下乡资本形成一股合力，从而更好地发挥推动乡村振兴的效应，维护农民的主体权益。

首先，通过基层党组织、自治组织和村集体经济组织，带动村民克服农本意识，认识到资本下乡对传统农业的改造实质，消除农民对精英和资本的依赖心理，让农民对资本下乡有一个正确的认知，强化其主体意识，尊重农民个体的意愿。其次，通过自治组织、农村基层党组织和村集体经济组织的活动，形成一种有效发现、挖掘和传导农民意愿的信息渠道，通过正式和非正式的社会网络，畅通农民参与资本下乡涉及问题的渠道，保障农民的知情权和参与权，形成一种正式和非正式的约束机制，使得信息更加畅通。再次，建立多种平台，增加农民参与资本下乡与乡村振兴的机会。可以通过建立农民合作社、农村自治组织、村集体经济组织等多种平台，广泛吸纳村民参与，并通过开展经济、社会和生态活动，提高农民自主参与的能力。

资本下乡成为推动传统农业改造，进而推动乡村振兴的重要力量，破解了村庄发展过程中的资本投入不足问题，弥补公共物品供给不足，发挥聚集农村生产要素等功能。资本下乡与村庄的互动模式存在地域上的异质性，有些资本下乡不仅涉及产业发展，还嵌入到乡村治理中，如果乡村治理能力持续弱化，高度组织化的资本嵌入乡村治理，非常可能形成对乡村的内部控制，从而对农民形成多重侵害，因此，建构完善的乡村治理体系，重塑基层政府功能，激活村民自组织的动力，是矫正资本下乡目标偏离，提高其对乡村振兴正面作用的有效途径。

第七章
资本下乡赋能乡村振兴的政策保障

第一节　资本下乡赋能乡村振兴的社会政策

在分析资本下乡对乡村振兴影响效应的基础上，结合存在的问题，建立社会政策需求面，通过社会政策需求面的梳理，建构资本下乡与乡村振兴的社会政策结构。在促进资本下乡驱动乡村振兴的过程中，既需要自上而下的资本投入与监管机制，同时也需要自下而上的乡村自主发展与治理体系的完善①。既要重视资本驱动乡村发展的工具理性更要重视乡村自主性的价值理性。

一、资本下乡赋能乡村振兴社会政策建构的重要性

（一）资本下乡对农户生计的影响

资本下乡有效地带动了农户的就业，改善了当地乡村居民的生计方式，扩大了农户的生计空间，在乡村产业兴旺的基础上，带动农户增收。资本下乡带动农户增收的方式主要有以下几种：首先，是通过流转农户土地，使得农户获得地租收入，这种收入的主要特征是稳定性较强，并且具有持续性，其主要缺点是规模较小，在一定程度上不能显著提升农户收入水平。其次，是通过雇工

---

① 王京海、张京祥：《资本驱动下乡村复兴的反思与模式建构——基于济南市唐王镇两个典型村庄的比较》，《国际城市规划》2016 年第 5 期。

带动，资本下乡企业通过雇用当地农村居民，通过支付工资来增加农民收入，其主要特征是稳定性较强，具有可持续性，能够显著提高农民收入水平，主要缺点是瞄准人力资本水平较高的农村居民。再次，通过销售和加盟的方式带动，这种方式是通过农户小规模经营加入到公司的销售平台或者生产平台中，通过生产产品和提供服务，通过公司平台来获得收入，其主要特征是收入规模较大，可持续性较强，其主要瞄准的是具有产业经营能力和一定资本的农户。

虽然资本下乡对农民的就业和生计具有显著的影响，但就农村社会方面，依然存在以下几方面的问题。首先，资本下乡带动的是乡村具有一定资本的居民，使得这些居民的收入水平得到显著提高；带动对象显著的特征是拥有特殊的资本，比如劳动力资本、土地资本和金融资本，只有具有相应产业资本的农户，才能通过资本下乡获得好处。其次，资本下乡带动农民就业和扩大生计空间，其同时带有一定的利润属性，即在农户的增收过程中获取利润，并且抽取相应的租金和利息，如延长产业链的收入，大部分归入资本下乡企业，少部分归入实体经营的农户。再次，资本下乡带动农户收入和就业增长的可持续性较弱，当农户具有一定产业属性，能够承担产业经营时才能获得收入的增长，一旦农户失去某些方面的特征，其被带动的机会和资本的带动能力就会失去。

（二）资本下乡对乡村居民福利的影响

资本下乡能够在一定条件上改善农村居民的福利条件，主要通过以下几种方式：首先，提高农村居民受教育的机会和职业教育的可获得性，如培训参与合作经营的农户的技术和职业技能，通过延长产业链，扩大农民的经营范围，并针对新的经营提供技术支撑。其次，让村民享受资本下乡企业的销售渠道、优质品牌等扩大销售规模，提高销售价格。再次，改善当地基础设施和卫生条件，优化当地投资环境，吸引更多的投资，间接性地改善当地生产环境，从而扩大当地居民的生计空间。虽然资本下乡能够在一定程度上改善农村居民的福利条件，但是还存在一些问题。首先，职业教育、技术培训等教育条件的改善所受益的群体是和公司经营密切相关的，具有一定经营能力的农村居民，其覆盖面较小，并且很少涉及基础教育方面。其次，扶贫带动的也是具有一定经营能力的农户，并且与公司经营密切相关的方面。再次，基础设施和卫生条件的改善仅限于公司所在的园区或者特定地区，覆盖面较小，不能带来更大的福利影响。

（三）资本下乡对乡村文化的影响

资本下乡同样影响乡村文化，不同的资本下乡主体，对乡村文化的影响效应不同，在 11 个典型案例中，笔者发现其中 8 人都是返乡创业者，这些返乡创业者在城市都是经营成功者，在成功之后返回家乡进行创业，实现自己建设家乡、振兴家乡的目的，因此，资本下乡对乡村文化的影响主要表现在返乡创业者所带回去的敢于参与市场经营、勇于承担风险进行创新的创业精神，在一定程度上，这些外部引入的创业精神，在一定程度上激发了乡村本地具有潜在创业精神的企业家参与创业经营，通过返乡创业和乡村本土创业的合作，共同实现振兴乡村的目的。

资本下乡虽然带来乡村创业精神氛围的改变，激励了更多的农村居民参与到市场经营中，但是，资本下乡对乡村文化氛围的改善和营造同样具有一定局限性。首先，对乡村传统文化的保护和振兴支持力度不够，资本下乡还是以逐利为目的，对于乡村传统文化的保护和振兴这种纯成本支出的公益项目，下乡资本支持的力度不够，仅有政府部门主导的资本下乡才有可能涉及，而公司和个人主导的资本下乡却很少介入该范围经营。其次，资本下乡所带来的市场意识，在一定程度上淡化了原有乡村人与人之间淳朴的感情联系，使得所有的联系建立在市场和自利的基础上，原有的相互帮助和无偿帮忙的人情网络，逐步退出社会，取而代之的是相互之间的经济利益和以货币交换为基础的人情往来。再次，资本下乡带来的文化与乡村文化的融合程度有待加强，城市文明对乡村文明的冲击和改造在一定程度上体现，更多的是在攀比和消费倾向上影响较大，使得乡村正确消费文化得到弱化。

（四）资本下乡对乡村治理的影响

首先，资本下乡对乡村治理的影响较弱，基层政府与工商资本的联合仅仅局限于资本和经济关系的联结，而参与治理的政治联结相对较弱，资本下乡背景下，乡村治理缺乏共性①。其次，拥有下乡资本的企业家返乡的目的仅仅局限于获取利益，虽然参与到乡村治理过程获得政治收益的概率增加，但是，其繁杂的事务和村庄宗族势力的排斥，使得下乡资本不愿意参与到乡村治理中。再次，基层组织与下乡资本很难结成利益共同体，其利益联结也仅仅建立在相互需要的基础上，基层组织依旧存在于具有"差序格局"的乡土社会中，权力与资本联合来应付分散农户，当下乡资本退出时，基层组织还得与乡村居民共处，出于长久利益考量，基层组织与下乡资本较难形成长期的利益联结。综上所述，资本下乡对乡村治理的影响存以下问题：

首先，资本下乡在一定程度上很少也很难嵌入到乡村治理中，按照资本下乡推动乡村振兴的初衷，资本下乡在一定程度上要促进乡村治理更加有效，只有参与到乡村治理体系中，充分发挥其治理功能，与基层组织形成有效的治理联盟，共同推动乡村治理，才能充分发挥资本下乡对乡村振兴的推动作用。其次，下乡资本与基层组织的合作，同样是建立在利益联结的基础上，缺乏长久的理性基础，如果合谋形成对农民利益的剥夺，那么当下乡资本退出时，基层组织面临乡土社会的排斥，如果相互争利，那么就有造成下乡资本退出乡村经营的风险，因此，双方合作的理性基础较差。再次，下乡资本企业家参与到乡村治理中，其具有企业家和基层管理者双重身份，其利用乡村治理者的权力，很容易为自己的下乡资本企业谋利，因此，存在着因公谋私的风险。

（五）资本下乡对乡村生态环境的影响

资本下乡在一定程度上影响乡村生态环境，但同时也存在一系列的问题。首先，资本下乡改善农村生态环境的方式比较单一，缺乏创新。如资本下乡可

---

① 张良：《"资本下乡"背景下的乡村治理公共性建构》，《中国农村观察》2016 年第 3 期。

以充分利用农村废弃物进行生产，不仅降低了污染，还增加产值。其次，资本下乡对乡村生态环境的隐性污染缺乏治理，比如一些产业的污水排放和废弃物的处理都没有体现，没有相应的负面清单。再次，缺乏资本下乡对生态环境的影响评估和监督、治理机制。如何有效规制资本下乡过程中对乡村环境的污染，还没有一定的社会政策。综上所述，资本下乡对乡村居民的生计和就业、文化发展、乡村治理、居民福利和生态环境都具有正面和一定的负面的影响，而社会政策的建构，就是基于制定负面清单，结合乡村振兴的实际情况，通过立法和行政来降低这些负面的影响。

二、资本下乡赋能乡村振兴社会政策建构框架

(一) 资本下乡带来的社会问题

第一，资本下乡带来大规模的土地流转，并以不同的方式重塑了留守妇女的生计活动和劳动性别分工[1]。刘魏、张应良、李国珍等[2]研究表明：工商资本下乡会促使粮食作物的劳动力资源流失和家庭劳动力的多部门配置，并导致资本对劳动力要素的替换。由于资源禀赋不足的普通农户坚持"小农理性"的生计原则，基层政府的"抓大扶强"和下乡资本主体的"强势分利"的经济逻辑，使得普通农户与资本下乡之间的利益联结失衡，导致资本下乡在一定程度上剥夺了普通农户参与的经济机会，给乡村政治和治理的稳定性带来风险[3]。刘银妹[4]研究认为：资本下乡带来的流动经营影响农民收入和农业的稳定。高

---

[1]　孟祥丹、丁宝寅：《"资本下乡"后留守妇女的生计变迁及其对性别关系的影响》，《中国农业大学学报（社会科学版）》2020年第4期。

[2]　刘魏、张应良、李国珍等：《工商资本下乡、要素配置与农业生产效率》，《农业技术经济》2018年第9期。

[3]　杨磊：《工商资本下乡的多维效应及其发生根源探析——基于湖北省Y县的经验调查》，《华中农业大学学报（社会科学版）》2019年第6期。

[4]　刘银妹：《工商资本下乡稳定经营的多维视角研究——以南宁市隆安县那村为例》，《广西民族大学学报（哲学社会科学版）》2020年第2期。

晓燕、任坤[1]研究认为资本下乡所带来的规模经济效益和交易成本效应对农民增收具有明显的冲击效应，这种冲击具有一定的稳定性和持续性。

第二，资本下乡推动了村庄的"经营"和"再造"。焦长权、周飞舟[2]研究发现：资本下乡推动"农民上楼"和"土地流转"，构造了新的治理结构，使村庄依附于企业，企业替代村庄成了基层治理的社会基础，在这一过程中，政府和企业联合"经营村庄"，对村庄社会产生深远的影响。

第三，资本下乡带来"非农化"经营，使得土地监管、土地流转成为潜在的社会风险[3]。在中国特有的村社集体产权制度下，资本下乡使乡村的资产与下乡资本合作产生现金流的模式出现障碍，急需创新一种既能够充分对接城市市场，又能够让原村民作为用益物权的所有人实现利益共享；既要合理地利用好市场主体的专业化力量，又要有效地避免其寻租行为的商业模式[4]。

第四，资本下乡由于：1.企业管理能力的不适应、要素供求不匹配、市场环境不优化是工商资本下乡后企业经营困难的直接原因；2.政府对农业领域的过度干预以及农村要素改革系统性、协同性与配套性不足，是工商资本下乡后企业经营管理能力不足且盲目下乡、要素错配、经营困难而"跑路烂尾"[5]。张义博[6]研究认为：资本下乡带来农地过度资本化，外嵌资本与乡土社会互动不畅、设施农用地物权残缺与强资产专用性特征，以及官员任期政绩最大化所导致的经营风险、社会纠纷风险、资金运营风险和违规用地风险。

第五，资本下乡导致非农化问题；徐章星、张兵、尹鸿飞等[7]研究认为：资

---

[1]　高晓燕、任坤：《工商资本下乡对农民收入的影响》，《江汉论坛》2020年第7期。

[2]　焦长权、周飞舟：《"资本下乡"与村庄的再造》，《中国社会科学》2016年第1期。

[3]　郑峰、奚昕、吴琼：《安徽省工商资本下乡探索研究》，《北京印刷学院学报》2020年第6期。

[4]　申明锐：《从乡村建设到乡村运营——政府项目市场托管的成效与困境》，《城市规划》2020年第7期。

[5]　周振：《工商资本参与乡村振兴"跑路烂尾"之谜：基于要素配置的研究视角》，《中国农村观察》2020年第2期。

[6]　张义博：《工商资本下乡的用地问题研究》，《宏观经济管理》2019年第4期。

[7]　徐章星、张兵、尹鸿飞等：《工商资本下乡促进了农地流转吗？——来自CLDS的经验证据》，《农业现代化研究》2020年第1期。

本下乡会带来大量的"圈地"运动，导致农地的"非粮化"和"非农化"现象。王晓露[1] 同样研究认为工商资本下乡又会造成农地的"非农化"和"非粮化"。罗来军、李军林[2] 研究认为：资本下乡带来的土地流转则可能会侵害农民权益。

（二）资本下乡赋能乡村振兴社会政策建构的方向

资本下乡如何推动乡村振兴，能否实现持续收益是关键，乡村居民获益的可持续程度和社会连接的格局密切相关，而利益分配格局的建构需要好的社会政策来协调，包括组织、制度和利益架构，正确的协调，需要政府作为"公证人"的角色定位，最大化社会效益，协调村委会、合作社、中介主体、农户的利益关系，同时建构有效的交流平台，使得资本下乡企业有效地承担社会责任，这需要政府建立有效的社会政策，建立组织嵌入式治理格局和政府主导的双向反馈模式，提高村民的认知意识，解决"非对称风险"，实现社会效益最大化目标。[3]

第一，促进产业政策和就业政策的协调。在促进资本下乡与乡村振兴的政策建构过程中，往往重视产业政策的建构，加大对农村产业振兴的力度，把产业振兴放在首位，往往忽视了代表农村居民生计的关键要素：就业，使得资本下乡所涉及的主体仅仅是乡村居民中占少数比例的资本拥有者，而相对缺乏资本的贫困农户，并没有从资本下乡过程中获得好处，比如就业问题的解决，因此，建构社会政策的过程中，应该充分重视乡村居民的就业问题。

第二，促进经济组织振兴和基层组织振兴的协调。在资本下乡过程中，涉及经济组织和农村基层组织两方面，但资本下乡对这两方面的振兴是不平衡的，多涉及农民合作社这类经济组织的振兴，相对忽视农村基层组织的振兴，尤其是依托基层组织建立的集体经济的振兴，同样需要资本下乡的振兴，而资

---

[1] 王晓露：《工商资本下乡的动因、问题及应对》，《农业经济》2019 年第 12 期。

[2] 罗来军、李军林、姚东旻：《双向城乡一体化资本下乡影响因素实证研究》，《中国人民大学学报》2015 年第 3 期。

[3] 杨洁莹、张京祥：《基于法团主义视角的"资本下乡"利益格局检视与治理策略——江西省婺源县 H 村的实证研究》，《国际城市规划》2020 年第 5 期。

本下乡与基层组织连接方面缺乏结合集体经济发展方面的连接，因此，需要加强对基层组织和集体经济的振兴相关社会政策的建构。

第三，促进生态发展与经济发展的协调。资本下乡作为一个理性的经济行为，逐利是其根本属性，而乡村生态环境的保护和绿色环境的营造，往往与资本下乡的逐利行为相矛盾，因此，社会政策的建构，应首先在保护乡村生态环境的基础上，来保障资本下乡的合法逐利行为，避免资本下乡"带走了利润，留下了污染"的陷阱，使得资本下乡成为乡村生态环境污染的主要根源，充分约束下乡资本主体行为。

第四，促进经济发展与社会公平发展的协调；资本下乡更多的是注重乡村的经济发展，缺乏对社会公平的建构。社会政策的建构过程中，应注重资本下乡对乡村公平的影响，使得资本下乡能够有效地推动乡村公平。

（三）资本下乡赋能乡村振兴社会政策建构的方式

在研究过程中，笔者使用典型案例的方式，通过全方位分析典型案例在乡村振兴中的作用，结合社会政策建构的目标和方向，通过查漏补缺的方式，找到资本下乡与乡村振兴社会政策建构的重点，并结合典型成功案例，提出具体的社会政策方式。

（四）资本下乡赋能乡村振兴社会政策建构的重点

依据社会政策的关键目标，我们设置以下几方面的内容：

第一，资本下乡对乡村居民就业及收入水平的影响。具体分析资本下乡所带动的乡村居民就业的数量和质量的提升，从而找到不足的地方，再根据社会政策的目标，找到资本下乡与提升乡村居民就业及收入水平共赢的社会政策方向。

第二，资本下乡对乡村生态环境的影响。具体分析资本下乡所带来的环境效益，如所带来的污染水平或者环境的改善，所带来的绿色收益和影响，从而分析资本下乡在乡村环境方面的影响。

第三，资本下乡对乡村治理的影响。重点分析资本下乡是否影响乡村治理，是否推动乡村治理更加有效，是否更有效地促进公平和正义。

第四，资本下乡对乡村文明的影响。重点分析资本下乡是否推进乡风更加文明，乡村居民的幸福感更加提升，还是激化乡村矛盾，推动社会不良现象的发生。因此，我们分为四个维度分析如何建构社会政策：1. 就业及收入维度（公平维度）；2. 生态环境维度；3. 乡村治理维度；4. 乡风文明改善维度。

（五）资本下乡与乡村振兴社会政策整合框架

1."资本—组织—农民生计"型社会政策

资本下乡具有吸纳农民参与内在动力，通过农民合作社的再组织化，资本下乡企业能够有效地控制交易成本，并且资本下乡为农民合作社注入外部动力，增强农民合作社的外部效应，推动乡村组织建设，使得农民能力建设从单一走向全面，乡村治理从单一维度走向多个维度，农民认知从封闭走向开放，同时，农民合作社与资本下乡的融合，对资本下乡与乡村振兴的可持续发展具有重要作用[1]。这种类型社会政策主张农民通过成立合作社与下乡资本企业连接，通过合作社平台带动更多的农民获得资本下乡经营的好处，并且能够采取集体行动，使之与资本下乡企业相抗衡，保障获得应有的权益，获得应得的利益，形成社会合理和公平的分配机制。

2. 福利型社会政策

段德罡、陈炼、郭金枚[2]研究认为：以逐利为目的的资本下乡行为，为乡村谋福利的能力较低，分散的农户经营在与资本对抗时处于弱势，资本下乡将阻碍乡村振兴战略的实施，有必要根据社会公平理论和社会福利理论，建构对弱势群体的利益保障，因此，提出了福利型社会政策。该种类型社会政策的目标是能够最大限度地保障资本下乡和乡村振兴过程中乡村弱势群体的利益，并提高福利的社会覆盖面，使村域范围内，都能通过多种形式享受到资本下乡所

---

[1] 马池春、马华：《企业主导农民再组织化缘起、过程及其效应——一个资本下乡的实践图景》，《当代经济管理》2020 年第 9 期。

[2] 段德罡、陈炼、郭金枚：《乡村"福利型"产业逻辑内涵与发展路径探讨》，《城市规划》2020 年第 9 期。

带来的直接福利改善，同时也包括资本下乡对乡村振兴的推动所带来的间接福利改善。

3. 文化型社会政策

李珍刚、张晴羽[1] 研究认为：乡村振兴需要推动资本下乡与农民市场意识的良性互动，并提升和实现农民的价值。葛宣冲[2] 研究认为：绿色发展理念引领下的资本下乡，是一种绿色文化机制在农村的深化，乡村振兴是绿色文化在市场价值背景下的一种文化复兴。资本下乡富含城市文化元素，乡村振兴富含乡村文化元素，资本下乡与乡村振兴的耦合，是一种社会文化的耦合，是城市文化与乡村文化的一种融合，因此，在社会政策建构过程中，应建构给予文化融合型社会政策。该种社会政策的要点是在保护乡村传统文化的基础上，融入城市文化元素，推动城乡的文化融合，使得乡村文化振兴更加兴旺。通过文化的碰撞和交流，形成乡村振兴的文化核心竞争优势。

4. 治理型社会政策

姚树荣、周诗雨[3] 提出"共建共治共享"型社会治理模型，认为资本下乡和乡村振兴都应该以增进农民福祉为导向，建立多元主体共建共治共享的模式，通过资本下乡的实施，抓住城市与乡村融合的机遇，建构一套可操作的共建共享共治机制，让城市化带动乡村，以市场为纽带，振兴乡村。杜涛、孟瑶、滕永忠[4] 研究认为：国家政策导向对资本下乡的投资方向具有很强的约束和导向作用，资本下乡对乡村振兴的推动效应的大小，关键要素是国家的社会政策建构，包括政策支持、财政补助和金融支持。安永军[5] 研究发现：资本下

---

① 李珍刚、张晴羽：《论欠发达地区资本下乡与农民市场意识的养成》，《农村经济》2020 年第 4 期。

② 葛宣冲：《内生与外入："美丽资本"与"资本下乡"的共建》，《经济问题》2020 年第 8 期。

③ 姚树荣、周诗雨：《乡村振兴的共建共治共享路径研究》，《中国农村经济》2020 年第 2 期。

④ 杜涛、孟瑶、滕永忠等：《乡村振兴战略下工商资本进入农业的偏好、意愿及诉求》，《农业经济》2020 年第 3 期。

⑤ 安永军：《政权"悬浮"、小农经营体系解体与资本下乡——兼论资本下乡对村庄治理的影响》，《南京农业大学学报（社会科学版）》2018 年第 1 期。

乡导致小农经营体系的接替，进而降低小农经营效益，弱化村庄治理，村庄治理被资本利益所替代，公共性面临解体。以上研究体现的一个要点是乡村治理需要多元主体的参与，其中最重要的是资本下乡主体。这种社会政策主张资本下乡应该参与到乡村治理中，提高乡村治理的效率，从而更好地推动乡村振兴。

三、资本下乡赋能乡村振兴社会政策的构建

社会政策是国家利用立法、行政手段制定的基本方针和行动准则，目的是加强社会保障，改善社会福利、稳定社会秩序，是以社会各组成部分相互协调发展，促进社会进步，社会政策的建构以社会关系为基础的，其通过对社会关系的调控，解决乡村背景下资本下乡的各种风险问题，因此，有必要分析资本下乡与乡村振兴下利益相关者及其社会政策需求。

（一）资本下乡与乡村振兴的利益相关者分析

资本下乡与乡村振兴的利益相关者主要包括：

1. 乡村居民

乡村居民是乡村振兴的主体，同时也是资本下乡主体所必须面对的对象，乡村居民与下乡资本的关系，直接决定了资本下乡成功与否，同时也决定了资本下乡对乡村振兴的影响效应。

2. 基层政府

地方政府组织在资本下乡与乡村振兴过程中，发挥有效的中介作用，是乡村振兴的主要领导者和负责者，承担乡村振兴绩效评估的政治责任，有激励通过资本下乡来实现乡村振兴，从而获得政治绩效，在此基础上能够获得政治收益。

3. 资本下乡主体

资本下乡主体是通过向乡村地域范围内投资来获得利润的经济主体，其一方面通过产业经营获取市场利润，另一方面，通过与农村基层政府、农民和农

村资本所有者联合获取合作收益,其身份比较特殊,既是乡村振兴的主要推动者,同时也是农村社会的关键影响者。

4.村集体经济组织

村集体经济组织是乡村振兴的参与者,同时也与资本下乡存在密切联系的组织群体,其掌握一定的集体经济资源,这些资源正好是资本下乡主体需求的关键资源,因此,其是利益相关者群体的重要组成部分。

5.农民专业合作社等经济组织

农民专业合作社、农业大户等新型农业经营主体,是资本下乡主要的团结对象,同时也是乡村振兴的主要推动者,如何协调好资本下乡与农民合作社的关系,是资本下乡推动乡村振兴社会政策建构的关键一环。

(二)资本下乡与乡村振兴不同利益主体的社会政策需求

1.资本下乡主体的社会政策需求

首先,资本下乡主体往往需要与土地资本结合,才能从事自己的产业经营,而目前的流转多是短期流转,流转期限较短的原因也是农民乡土情结和基于自身利益考量的理性反应,这导致资本下乡对土地流转的预期降低,在追求短期利益的条件下,实施掠夺性经营,降低土地的肥力,鉴于土地流转存在的不确定风险,下乡资本主体要求规范好土地流转,获得土地流转的社会保障,同样也强调社会政策的实施过程中,能够形成一个好的基于合约的社会精神。其次,政府部门为了追求社会公平,往往要求下乡资本主体承担部分社会责任,这种情况下,给资本下乡经营主体带来额外的成本,在微利或者平衡条件下,就会造成下乡资本的亏损和无利可图。再次,土地流转成本呈现上升趋势,在一定程度上是社会影响造成的,农村居民的短期行为,当土地流转时,恶意提高土地价格,造成资本下乡经营成本的虚高,从而影响其经营收益,危及其经营的可持续性。

在资本下乡带动就业和生计方面,针对覆盖面较小,只与具有资本的农民合作的问题,不能给予更多的村民以福利改善,这主要的原因有两方面:一方面是缺乏相应的中间载体,仅靠资本下乡企业带动更多的农户,尤其是贫困农户，其带动能力有限，如果能够建构有效的载体，通过集体行动来满足资本下乡对资本的要求，那么其带动能力就强。因此，在社会政策建构过程中，注重资本下乡企业与农村居民之间建立有限的平台载体，通过激励平台载体的社会职能，间接促进资本下乡对农民生计和收入的改善。

在资本下乡与乡村居民的福利改善方面，存在的主要问题是改善的范围和规模具有局限性，因此，在社会政策建构过程中，重点是建立一种机制，通过这种机制，能够扩展资本下乡对乡村居民福利改善的覆盖面，同时，能够使下乡资本企业建立一种持续的改善村民福利的机制。

在资本下乡对乡村文化发展的促进过程中，其存在问题的根源是资本下乡企业是逐利的，遵循的是基于市场的文化，与乡村基于人情网络的文化相互抵触，因此，其对传统农村文化的保留、挖掘和改善具有局限性，因此，在社会政策建构过程中，亟待建立一种机制，通过资本下乡能够有效地推动传统文化中的适应时代的文化要素得以传承。资本下乡对于城市文明与乡村文明的融合过程，中间缺乏一种具有中介作用的组织，亟待通过社会政策，激励更多从事文化工作的中介组织成立。

针对资本下乡对乡村治理存在的问题，需要建立一种机制，使得资本下乡作为农村新进入的一种经济主体，与农村居民一样，参与到乡村的治理中，因此，需要建立一种机制，保障资本下乡企业主人翁精神，有效地参与到乡村的社会治理过程中。

在资本下乡对生态治理过程中，资本下乡企业需要建立的是一种平台载体，通过平台载体或者中介组织，使得资本下乡企业经营行为得到有效的规制，避免其对乡村生态环境的污染。

2. 农村居民的社会政策需求

乡村振兴的根本是提高农村居民的福利，改善农村居民生计和收入水平，从而使乡村组织、人才、文化和产业振兴，带动更多的社会改善，因此农村居民对资本下乡与乡村振兴的社会政策需求包括：1.生计和就业的改善；2.持续减贫；3.福利的改善；4.人居环境和生活环境的优化。

3.基层政府的社会政策需求

基层政府作为乡村振兴的主体，同时也是对接资本下乡的关键利益相关者，资本下乡对乡村振兴的影响效应，直接影响基层政府的考核结果，因此，基层政府需要的是在社会政策的建构过程中，建立一种能够促进资本下乡企业与乡村振兴耦合的社会政策机制，在推动资本下乡的基础上，实现乡村振兴。

基层政府同时也是乡村治理的主体，乡村振兴其中一个重要方面是治理有效，如何使资本下乡主体嵌入到乡村治理中，推动乡村治理更加有效的社会治理机制建构，同样是基层政府的迫切需求。基层政府同时控制村集体经济组织的资本和利益，资本下乡与集体经济的发展，同样是基层政府关注的要点，因为集体经济能够满足所有农村居民集体的利益。基层政府同样面临考核，资本下乡能否与其考核目标一致，建立实现两者的联合和双赢的社会政策机制，是农村基层组织在资本下乡与乡村振兴过程中的重要目标。

4.农村组织的社会政策需求

一方面，农民合作社期望能够通过资本下乡来带动自身的发展，另一方面，通过自身发展带动更多的农民增收和致富，而资本下乡能够显著改善自身资本缺乏的不足，因此，在社会政策建构过程中，强调合作社与资本下乡的有效融合。

农村的其他组织，在一定程度上影响农村居民的福利和公平，因此，资本下乡能够有效地对接这些组织，通过这些中介组织，来实现自身的更大效果。因此，在社会政策的建构过程中，应加强对农村组织的关注。

推动资本下乡从事农业生产经营是我国实施乡村振兴战略、促进城乡融合发展、解决制约我国经济社会发展"三农"问题的一条有效途径，资本下乡不仅能很好地解决城市富余工商资本的出路，而且也是第二、三产业反哺农业的重要举措，成为乡村产业振兴的重要途径。资本下乡需要有效的社会政策约束，才能达到乡村全面振兴的目标。建构有效的社会政策，需要兼顾"公平"和"权利"，需要从"公平"和"权利"的基本定位出发，作出价值判断，包括：第一，其政策目标是向农村居民提供福利；第二，社会政策是经济目标和非经济目标的统一，如保障农民的福利、乡村振兴和企业家收入的实现等；第三，社会政策涉及某些发展过程中新生成资源的再分配手段，其制定需要正确处理经济政策与社会政策的关系，社会政策不排斥经济政策。

乡村振兴过程中的资本下乡涉及农村发展的方方面面，其社会政策建构是现阶段乡村振兴过程中面临的重要问题，乡村振兴与资本下乡的社会问题具有非常紧密的关联，需要一个整合的思路来考察，更需要给出系统、具有操作性的解决方案，本书针对乡村振兴与资本下乡所带来的社会问题，在通过典型详细考察的基础上，揭示了城乡新型关系建构过程中资本下乡与乡村振兴的社会问题的特殊性，并提出一个政策组合，试图通过制度改革，通过建立一种资本下乡主体与乡村振兴主体双赢的良性社会政策机制，从而通过资本下乡带来河南省乡村振兴的新的突破。

（三）资本下乡与乡村振兴社会政策建构的基本原则

1. 建立多主体参与的社会政策生成机制

资本下乡与乡村振兴涉及多主体，同时，社会政策建构的目标也是消除社会福利分配的不均衡，因此，在社会政策的制定过程中，其参与主体要多元化，实现多主体之间的利益平衡。资本下乡与乡村振兴社会政策的制定要实现多元化目标的共同实现。乡村要实现五大振兴，资本下乡要实现经济利润的追求，农民要实现公平和权利的获得，这些目标需要共同实现，要找到农民、基层政府和下乡资本利益博弈之间的均衡，通过协商机制，建立一种多主体之间交易成本最小化的产生机制，从而满足多方目标的兼顾与实现。

2. 创新社会政策的建构机制，维护村民利益

农民在与下乡资本、基层政府和上一级政府博弈过程中处于弱势地位，首先，要建立有效的社会政策，就要使社会政策集中在政府关注农民的福利活动，实现社会控制以保障满足社会需求这一社会行政传统上，因此，社会政策应该保障农民利益诉求渠道的畅通，给予资本下乡过程中农民合法畅通的维权途径，降低农民利益诉求的成本和过激行为发生的概率。其次，资本下乡涉及农民的土地资本、人力资本等生计活动的要素，要建立基于土地流转、收益分配、赋权有关的农民参与机制，保障农民的知情权和话语权，同

时构建失地农民的可持续生计和社会保障制度，最大限度地保证失地农民的权益。再次，通过农民合作建立农民的利益诉求代表，充分发挥新型农业经营主体参与资本下乡的过程，发挥农民合作社、基层组织在涉及资本下乡社会事务的效应，有序带动农民参与决策过程，通过集体行动来充分表达利益诉求，确保资本下乡中各方主体要在良性互动中不断促进"三农"问题的解决，确保下乡资本真正为乡村振兴服务，不断把乡村振兴战略向纵深处推进。最后，在资本下乡过程中，确保农户的资本利益不受损失，保障其资本收益权。如土地资本，资本从农民手中流转了土地，从而加速土地集聚，使得土地经营模式从分散化向规模化转型。与之相对应，农户自主经营农业逐步转向农民受雇于资本从事农业生产，在农民就业模式分流这一过程中，资本下乡深刻影响农户自然资本变化，资本下乡所带来土地经营的多样化。形成农户选择将部分土地流转出去，或采取"土地托管""土地银行"等方式，虽然经营土地数量减少，但获得的收益更高。还比如，资本下乡实现土地的规模集约经营，提升了土地的附属经济价值，提高了土地的产出效益，使依附于土地维生的农户获得了较高的利益，外来资本对劳动力形成大量需求，选择脱离土地的富余农村劳动力，进入下乡企业务工，这部分非农或兼业农户收入比之前显著提高。村民借机进入企业，在取得工作机会的同时还能接触到先进知识和技术，企业举办的培训活动亦能促进农民人力资本的流量和存量都得到提升。

3. 构建政府、下乡资本、农民三方长效合作机制

为了缓解资本下乡所造成的社会矛盾，适应日益多样化的社会需求，社会政策制定需要建立政府、企业和农民之间的良性互动关系。一是建立下乡资本企业与农民之间的良性互动关系。下乡资本想从农民手中获取资本，并利用这种资本获取利益，农民希望从下乡资本经营中获取比传统更高的收益，双方利益获取之间的矛盾，需要一个畅通的沟通环境和公平的协商环境，建立下乡资本企业与农民的利益共同体，在重大事项决策方面，如土地流转、收益分配等，保障农民的知情权，强化其话语权，建立一个有效的沟通和协商机制，保障低成本有效地解决双方利益冲突。二是建立下乡资本企业与农村基层政府之

间有效的沟通机制。通过建立基层政府与下乡资本企业相互的经济与社会嵌入机制和相互约束机制，建立一个双方参与的决策机构，有效地协调双方利益方面的冲突，主要保障基层政府所代表的农民利益与政府利益不受损失，约束双方的合谋行为，避免下乡资本企业与基层政府形成"权利—资本"的共同体，共同剥夺农民的经济和社会权利。三是建立基层政府与农民之间的有效沟通机制。基层政府作为农民的利益代表和管理者，其更应该代表农民的权利，尤其在土地流转、人力资本供给和社会环境治理方面，原有的基层政府的职能需要依据资本下乡的实际情况变化而变化，建立基层政府与农民选出的代表形成一个利益共同体，共同监督下乡资本企业的经营行为，保障基层政府和农民的权利不受资本的剥夺。

4.强化经济政策的自发作用

资本下乡的主要目的是为了获取乡村振兴制度取向的制度红利，即获取政府在乡村振兴方面的补贴利益，兼顾获取市场利益，其经营兼有功利性和短期性，面临较大的制度和市场风险，如果一旦失败撤离乡村，往往导致农民和基层政府更大的损失，这部分损失需要有效的社会政策来平衡，因此，要建立有效的下乡资本退出机制。一是建立有效的社会保险机制。下乡资本属于跨界经营，所涉及的农业带有周期性、波动性和季节性特征，受自然条件和市场条件的影响较大，如果按照工商业的惯性思维经营，经营亏损的概率就大，因此，应该建立下乡资本企业的有效社会保险政策机制，保障其经营风险在一定范围内得到补偿。二是建立有效的资本退出补偿机制。如土地流转的社会风险，同样存在于农户与下乡资本企业，企业在短期利益的诱惑下，实施掠夺性开发会衍生出土地结块、肥力下降等诸多问题，导致土地承包到期后农民的复垦成本高，农户同样存在土地流转时间到期后，流转的土地不能够正常收回的担忧，因此，鉴于土地流转存在潜在的社会风险，必须规范好土地流转，保护好双方的权益。三是建立资本下乡的退出机制。下乡资本在土地经营过程中存在投机行为，如何形成有效约束下乡资本企业的投机行为，是社会政策的关键。四是建立基层政府、农民代表和下乡资本企业共同参与的监督机构，并利用大数据技术，有效地监管，使农民土地使用权、集体经济的土地所有权得到保障。下乡资本企业要给失地农民就业补偿金，解决失地农民的就业问题，不得不考虑企业破产清算的极端情况，如农民以土地承包经营权在工商资本组建的企业里入股，按照《破产法》的相关规定，鉴于土地承包经营权算作公司的登记资产，因而必将会成为破产财产的组成部分。

5.建立社会约束机制，制约农地"非农化"和"非粮化"行为

一是建立资本下乡的社会监督机制，防止下乡资本的过度"逐利"造成粮食安全与农产品安全问题所带来的不利影响，强化农村集体所有制以及基本经营制度等方面的制度基础，下乡资本经营必须坚守土地的制度红线，也是保证农民主体地位、维护农民根本利益的制度保障。必须建立下乡资本经营的社会监督机制，对资本下乡经营实施适时监控。二是建立资本下乡的准入机制。为了避免工商资本采取"非农化"经营和土地过度开发问题，地方政府需改变当前条块性和临时性的制度约束体系，建立下乡资本租赁农户所承包耕地的准入制度，下乡过程严格审查资本经营能力、企业资信、产业规划和技术实力等情况，并落实好"三个不准"，即不准变更土地用途、不准改变土地集体所有性质、不准损害农民土地承包权益。三是建立农业和粮食经营的社会惩罚机制。一方面，建立农民对农地经营的"非粮化"和"非农化"监督机制，农民是土地使用权的拥有者，其对自己土地使用权监督的激励，建构一个其反映土地使用信息的有效社会渠道，降低其反映土地使用信息的成本。另一方面，建立基层政府对土地使用用途监督的社会政策机制，包括正式反馈和非正式反馈机制，当工商企业违背政策方针的特殊路径，以发展特色小镇和乡村休闲旅游为名，征收农民耕地，实现变相搞房地产开发的目的，将集体农田用于开发农贸市场、居民住宅用房、商业街，造成了农地"非农化"现象，导致农田的性质发生了变化，从而破坏了农田的农业生产能力时，基层政府建构有效的渠道反映相关信息给管理部门。

6.建立资本流动的社会风险防范机制

首先，建立健全下乡资本经营的利益分享机制，保护与协调机制是消解村民、企业之间短期流转行为的重要举措，为了确保乡村振兴中多主体能够和谐

共处，土地流转长期平稳高效，关键在于对下乡资本经营农业过程中保障农民的合法权益，建立健全有效的利益分享、保护与协调机制，保障农民获得实实在在的收益，真正享受到下乡资本带来的好处，因此，应该建立社会赋权机制，建构基于农民精英群体的权利俘获机制，保障农民群体应得的社会权利。其次，建立土地流转的社会控制机制，控制土地流转价格，抓紧落实土地承包经营权登记制度。地方政府在鼓励资本下乡的同时要切实转变土地流转理念，不能单纯依靠行政手段强制推进土地流转，而是应以市场监管者的角色去规范土地流转市场。依据土地质量、产出水平和物价变动等多方因素合理确定流转价格并实行公开招租，明确土地承包权归于农民，经营权流转给下乡资本，实现承包权和经营权分置并行，构建"共赢"型土地流转机制，并最终形成工商资本和农民和谐共赢的局面。最后，建立下乡资本租赁农地的准入和监管制度。政府部门不仅要审查下乡资本经营农业的资质、规范其投资方向和经营项目立足于农业生产，还要确保下乡资本在从事农业经营的全过程和各环节都要符合发展高产、稳产、优质、生态等现代农业的要求，杜绝下乡资本以下乡经营农业为借口实施非农经营或非法经营，对于个别率先退出的下乡资本要划定底线红线，落实惩罚机制。

7.规范资本的产权边界，建立"村—企—民"有效合作机制

首先，完善资本下乡的产权界定。资本的有序下乡与"村—企—民"合作机制与产权的制度化密切相关，通过产权清晰界定，划清政府、企业和农民在各合作范围内的权责利关系，避免企业经营的盲目性和对政府及村社的职能替代，通过清晰的产权界定，明晰企业与村社资产和管理边界，为村企良性互动奠定制度化基础。其次，实现乡村内部的自我改进与完善，尤其是村社自主性建立和村社理性获得。农村社区应在面对资本下乡时利用一切可能的条件合理地扩展自己应得权益，调动并整合村社资源方向一致对外。资本下乡之后，村企之间应该建立合作关系而非从属关系，平等合作关系的确立重点在于农民自组织能力提升。再次，推动农民自组织再强化机制。通过与企业合作，有利于提高村社行政组织和管理能力，激活农村经济合作社经济功能，增强村庄发展自主性和独立性。

（四）基于"资本下乡—农民合作社—农户"的社会政策建构

首先，在资本下乡农村建立一个有效的融合机制，通过有效的平台，为农村居民提供基本的就业保障和相应稳定的收入机制。这个融合机制就是通过农民合作社与资本下乡主体实现有效对接，将农民合作社作为有效的平台载体、将具有各种类型资本的农户整合起来，通过合作社这个平台，与下乡资本进行有效对接，参与到资本下乡的产业经营中来，获得产业经营的收益，并有效地利用和整合了农村居民的各种资本，包括土地、金融和劳动力。通过合作社这个平台，有效地利用资本下乡，改善农村居民的生计模式，优化农村居民的生计空间。这样，通过合作社平台功能的发挥，下乡资本获得稳定的土地、金融和劳动力资本，而农村居民通过合作社这个平台，有效地利用下乡资本企业的市场竞争优势，实现了双赢。

其次，针对那些不具有任何资本的农户，地方政府（基层组织）可以要求下乡资本企业和农民合作社，在盈余中按照一定的比例抽取一定的税收，这些税收用于没有参与到合作社和资本下乡的产业经营中，为失去参与能力的农户提供基本的社会保障，包括住房、医疗、子女的教育安排等的财政基础。

再次，建立资本下乡权益管理部门，并向资本下乡企业发放与村民同样的主体地位的权证，进一步明确资本下乡企业通过合约所获得土地使用权、雇用的劳动力和提取的福利基金的保障地位，并给予资本下乡企业以同样的社会地位，满足其参与乡村振兴的需求。

（五）基于"资本下乡＋乡村振兴基金"的社会政策建构

1.政策组合

首先，建立专门的乡村振兴基金管理部门，并向资本下乡的企业按照其经营利润的一部分抽取乡村振兴基金，进一步明确基金的使用用途，用于资本下乡经营所在的乡村的基础设施、基础教育、职业教育、医疗条件改善、卫生条件改善和失能居民的福利补贴，进一步明确农村基层部门有使用基金和处理基金的权力，并按照动态变化条件进行调整，并对用途进行决策的权力。同时，明确政府部门和资本下乡企业有监督和参与决策的权利。

其次，按照当地标准，为达到标准的农村居民设置一个福利包，促进乡村人口城市化，为城乡人口迁移提供便利条件。

（1）参与资本下乡企业经营的农村人口给予城乡迁移的优先标准，并按照在企业工作的时间，换算成其在下乡资本所在城市的就业标准。

（2）对于在资本下乡企业的就业时间，给予就业人口最低生活保障，并保障其子女获得相应城市入学资本，这些构成一个福利包。

（3）在自愿的基础上，达到城乡迁移标准的人口，在不放弃农村土地的基础上，则可以获得城市户口，同时具有可以申请上述福利包的资格。

再次，在土地、劳动力和金融资本联结机制上，建立资本下乡企业、基层组织、农村居民的直接协商机制，就当前社会政策的改革取向进行协商和调整，规定资本下乡企业、农民合作社、农村居民、基层组织和村集体经济组织的权利和义务，并就社会福利改善的要求进行详细规定，建立利益相关者有效的协商机制。

最后，结合资本下乡所带来的自身超额盈利，合作社的经营利润，抽取一定的增值税，作为前述福利包支出，政府通过行政和立法手段，将资本增值部分抽取一定的增值税，并作为福利包的一部分。

2. 政策组合的含义和操作

上述政策组合的本质，分别就资本下乡和乡村振兴过程中，所有参与该过程的利益相关者，建立合理的利益分配机制，保障资本下乡在逐利过程中，不仅推动乡村振兴，更重要的是改善农村居民福利，建构一个公平正义的社会环境。其目标是实现渐进的效率改进和社会公平。从利益博弈的角度看，上述措施的本质，是通过一种机制设计，利用乡村振兴基金这个福利包为"杠杆"，通过参与资本下乡和农村全体居民的福利分配，通过利益相关者的协商机制，来改善各自的福利水平。

政策组合的一个重要内容是建立乡村振兴基金，其主要目的是实现乡村振兴的发展，其中包括每一个村民生活富裕，通过乡村振兴基金，将这些基金应用于村庄居民的福利改善方面，使得乡村全体居民都能够享受到资本下乡的益处。在我们的案例中，基于个体的资本下乡，本身就是处在下乡所在的乡村，是返乡创业的群体，其初衷具有改善家乡面貌、提高家乡村民生活水平和收入水平的初心，因此，建立乡村振兴基金，也是资本下乡本身的内在驱动。在政策组合中，对于资本下乡，同样可以带动乡村居民进城务工，通过资本下乡，实现人口城乡有序迁移。在政策组合过程中，设置一系列的福利包，这些福利包针对乡村振兴中的异质性利益主体，通过一些甄别机制，实现福利的有效配置。

（六）基于"下乡资本嵌入式乡村治理"的社会政策建构

首先，针对资本下乡的实际情况，其大部分资本下乡的主体是返乡创业的务工人员，其本身就是乡村社会的一员，其返乡并没有带动身份的转变，因此，参与乡村治理具有一定的逻辑合理性。其次，在乡村振兴的过程中，资本下乡企业作为重要的成员，其与村民具有同等的权利，参与到乡村治理中，如何参与是亟待解决的问题。再次，资本下乡参与乡村治理，能够将城市治理和现代企业管理的理念带入到乡村治理中，更能提高治理的绩效。

1.鼓励资本下乡主体通过农民合作社参与乡村治理

首先，资本下乡企业引领成立农民合作社，通过农民合作社参与到乡村治理过程中，通过集体谈判力量，使得乡村治理更加有效，合作社作为企业代理参与到乡村治理中，不仅能够提高治理过程中的决策质量，同时能够提高乡村治理的决策效率，并且能够争取下乡资本企业的应得利益。其次，通过公司引领成立合作社内部成立党支部，利用党支部中集体决策机制，影响乡村治理决策。再次，通过合作社代理人竞争村"两委"成员，直接参与乡村治理过程。

2.通过立法和行政规定，给予资本下乡主体以荣誉村民称号

对于乡村振兴过程中具有卓越贡献的资本下乡企业，给予企业家以荣誉村民称号，并规定其有参与村级竞选的权利，为其参与乡村治理提供权利保障。对于返乡创业，并且对带动村民增收有显著效果，或者对村庄基础设施条件改善等福利项目具有显著贡献的资本下乡企业家，直接允许其参与村级竞选，或者允许其参与村级组织的权利。对于改善村庄生态环境，提高宜居水平的资本

下乡企业，允许其参与村庄竞选，参与乡村治理。

3.建立资本下乡主体参与乡村治理的监督机制

首先，通过成立专门的监督部门，有针对性地监督资本下乡企业参与乡村治理的行为，甄别其是否具有与基层组织共同侵害村民利益的行为的发生，同时，为资本下乡企业应该享有的治理权利提供保障。其次，建立村民和企业有效的信息传送渠道，保障监督信息有效传递给政府部门，提高监督的效率。最后，建立资本下乡的社会监督机制。通过建立基于大数据的信息搜集，甄别资本下乡企业与基层组织是否存在合谋侵害村民利益的行为。

（七）基于"村民监督 + 生态补偿基金"的社会政策建构

1.建立基于村民全体监督的生态环境影响监督机制

首先，建立村民监督委员会，通过委员会组织全体村民、全方位、全过程地监督资本下乡企业的经营过程中是否发生污染环境的问题，并有针对性地抽查其生产的特殊环节，排放的污水和污染物所含的污染成分，通过动员社会力量参与村域范围资本下乡企业的污染状况。其次，鼓励资本下乡企业建立生态环境污染的负面清单信息，并向全体村民公开，接受全体村民的监督。最后，建立举报奖励制度，多方面筹措资金，一旦举报信息准确，则奖励举报人相应的报酬。

2.鼓励资本下乡企业建立生态补偿基金

首先，从企业盈利中提取一部分资金建立生态补偿基金，用于补偿因企业排放污染所造成的损失，这部分资金的管理可以由村级基层组织和企业共同管理，并且定期进行化解，比如投资到与生态环境有关的基础设施和改善生态环境的措施中。其次，创新生态补偿方式，通过建立可持续的生态补偿方式，使得企业提取的生态补偿金能够有效地改善村域生态环境。再次，建立资本下乡企业投资前的生态污染评估，将生态污染项目排除在资本下乡之前。

3.建立针对环境改善的资本下乡奖励机制

由政府部门出资建立生态补偿金，针对改善乡村生态环境的资本下乡项目，在取得一定生态效益基础上给予一定的奖励，并树立生态保护的典型模范，充分宣传和报道典型，为资本下乡和乡村生态环境保护提供参考。

四、资本下乡赋能乡村振兴社会政策建构的目标

推动资本下乡从事农业生产经营是我国实施乡村振兴战略、推动城乡融合发展、解决制约我国经济社会发展"三农"问题的一条有效途径，工商资本下乡不仅能很好地解决城市富余工商资本的出路，而且也是第二、三产业反哺农业的重要举措，成为乡村产业振兴的重要途径。资本下乡需要有效的社会政策约束，从而达到乡村全面振兴的目标。通过分析资本下乡与乡村振兴的关系，从下乡资本、基层政府和农民等社会主体的关系出发，建构系列有利于资本下乡与乡村振兴共赢的社会政策机制。

"社会政策也是生产性要素，具有生产性作用"，在乡村振兴过程中，社会政策与经济政策相互配合、相互促进，具有互补的作用，经济发展与社会进步同等重要，社会政策在推动社会进步的同时，也促进经济的发展，在乡村振兴中起到关键的作用，资本下乡主要是获取经济利润。其在决定如何生产、何时来获得最大利润的同时，社会政策则决定其在何种条件下进行生产，如何使用利润才能使社会获取更大的效益，利润的创造和利润的分配同等重要，利润的分配能使利润的创造更具有持续性。

资本下乡是一个经济行为，同时也是一个社会行为，是城市社会资本与乡村社会资本融合的一个有机过程，需要社会政策的调节。引导资本下乡参与乡村振兴，关键在于不断地实施制度创新，为资本下乡提供更多的红利，通过乡村振兴主体与资本主体的利益联结，建构多元主体利益最大化，克服资本下乡的负外部性，建构共建、共享、共治的机制，确保建立基于信任的利益关系[1]。资本下乡不可避免地带来乡村社会各方面的变迁，变迁的方向取决于政府、资本和本地农户三方面相互合作的合理机制，当然，这种社会变迁会有

---

[1] 廖彩荣、陈美球、姚树荣：《资本下乡参与乡村振兴：驱动机理、关键路径与风险防控——基于成都福洪实践的个案分析》，《农林经济管理学报》2020 年第 3 期。

两种结果：乡村振兴和衰落，因此，社会政策制定者应在考虑"为谁发展"和"怎样发展"两个问题的基础上，探索一条有效的制度调适路径①。

如何有效地利用资本下乡推动乡村振兴，是乡村振兴过程中不可回避的问题，乡村居民能否在资本下乡后持续获得收益是乡村振兴目标实现的关键，乡村居民获益的可持续程度与利益主体之间的社会连接格局密切相关，这种社会主体利益格局的建构，需要从组织架构、制度架构和利益架构三个维度进行分析，并且协调好三者之间的关系。政府作为"公证人"的角色定位，需要最大化社会效益，并且调和村委会、合作社、中介主体、农户的利益关系，建构有效的交流平台，使得资本下乡企业更能承担社会职责，联系村民群众，企业和村民互动共赢。需要政府制定有效的社会政策，建立中介组织嵌入式治理格局，协助构建以政府为主导的双向反馈模式；提高村民的认知意识，解决"非对称风险"；通过制度约束企业担负社会责任，以社会效益最大化为目标②。

资本下乡改造传统农业，通过实现农业经营的现代化来推动我国乡村振兴战略的实施，是解决制约我国经济社会发展的"三农"问题的一条有效途径③。下乡资本、农民和农村基层政府之间构成复杂的多主体关系网络，只有建构和谐的社会关系，才能确保多主体朝着共同的目标，推动乡村振兴的发展。不同主体之间的关系遵循不同的原则，下乡资本与农村基层政府之间的和谐关系遵循"亲""清"原则，下乡资本与农民之间遵循命运共同体理念，确保三者之间的和谐关系，并建构能够保证多主体和谐共处的制度和体制机制，才能确保三者相互之间的和谐相处和良性互动，推动农村经济社会的健康发展和新型城乡关系的构建。

① 陈航英：《干涸的机井：资本下乡与水资源攫取——以宁夏南部黄高县蔬菜产业为例》，《开放时代》2019年第3期。
② 杨洁莹、张京祥：《基于法团主义视角的"资本下乡"利益格局检视与治理策略——江西省婺源县H村的实证研究》，《国际城市规划》2020年第5期。
③ 李家祥：《试论乡村振兴中多主体和谐关系的构建——以资本下乡为视角》，《理论导刊》2020年第9期。

（一）资本下乡推动乡村的全面振兴

1. 资本下乡推动乡村组织振兴

乡村振兴的一个重要方面是组织振兴，农村基层组织在乡村振兴方面并没有发挥其应有的作用，难以有效统领分散经营的农户满足现代农业发展的需求，随着资本下乡的深化，能够带给以家庭单元结构为主的基层组织，形成整个村社组织体系的再构造效应，重塑并强化农村基层组织运转的效果，为农村基层组织提供外部动能。在基层组织嵌入资本下乡的经营过程中，可以采取多种方式，如采取基层组织的资本入股的方式，可以以土地经营权入股、劳务派遣等方式入股的方式，从而参与到下乡资本企业的经营中，同样，也可以基层党组织和下乡资本企业党支部联合的方式，实现基层组织嵌入到下乡资本日常经营中。同样，下乡资本也可以通过建立农民合作社，将农民组织起来，实现农民的再组织化，提高农民自身利益诉求能力、合作能力和监督能力，从而达到农村利益分配能力的均衡。农村集体经济组织也可以通过成立合作社，实现村社联合，通过村社联合体，实现与下乡资本企业的力量的平衡，从而实现农村基层组织化水平的提升。资本下乡与农民组织化水平的提升是一个"推—拉"力的共同作用过程，其主要目标是实现资本下乡蛋糕分配的力量均衡，并实现制度创新红利的合理分配，通过农民组织的振兴，实现农村组织建设的失序到有序的转变。

2. 资本下乡推动乡村的人才振兴

资本下乡并不是城市富余资本的被动转移，而是城市先进生产力与资本的协同下乡，其带来更多的是代表先进生产力的技术、管理和制度经验。资本下乡再提高农民组织水平的同时，提升农民的人力资本水平。一方面，通过城市产业经营过程积累的新知识、新技术和新理念，通过资本下乡的中介效应，传递给对资本下乡有一定的认知的农民心中和脑中，从而改变其认知，改变其对市场和风险的看法，推动其主动接受资本融合的过程。另一方面，通过城市产业工人、先进技术人员、管理人员与农民的面对面对接，提高农民"干中学"能力，通过提高学习效率，加速农民人力资本水平的上升，改变传统农民在城乡有效对接中的演进方向,激发和强化乡村振兴的内生动力。

3.资本下乡推动乡村产业振兴

一方面,资本下乡通过与乡村原有产业的融合,改造传统的农村产业,实现原有产业的转型升级,从而提升乡村产业的竞争优势,如通过第一、二、三产业融合的方式,建构和优化现有的乡村产业体系,又如通过改造传统的城乡供应链,建构城乡产业有效沟通渠道,还比如,通过城乡产业链的有效对接,实现城乡产业的融合发展。另一方面,通过改造乡村传统产业链,提高其内涵,优化其结构,融入新的增值元素,增加农村产业的附加值,通过产业链的价值重构、品牌建构、质量升级等手段,实现乡村产业链的延长和扩展,提升价值增幅。

4.资本下乡推动乡村文化振兴

一方面,资本下乡通过与农业结合,以农旅开发、典型乡村文化工艺品挖掘等方式,充分发掘乡村原有文化资本的商业价值和文化价值,适应现代市场的需求,使得乡村成为留得住乡愁和记忆,留得住乡情,值得观赏和旅游的地方。另一方面,加速城市文化与乡村文化融合,将城市先进文化的代表形式和内涵传递给农村,实现农村文化发展的转型,比如新媒体、新娱乐、新文化融合农村传统文化,从而改造农村的传统文化元素,如在农村建立农业博物馆、传统曲种的挖掘和表演等。

5.资本下乡推动乡村生态振兴

通过打造农业农村的绿色发展,打造山清水秀的乡村风光,建设生态宜居的农村环境,需要下乡资本的参与。首先,实现农村产业绿色化,在产业振兴的同时,打造农村产业的绿色版,充分适应现代城乡对绿色、有机产品的需求,改造传统农业。其次,通过资本下乡,打造农村生活的绿色版,通过改造日常生活习惯,比如厨房、庭院、厕所等场所的卫生状况,从而实现清洁乡村。再次,实现城乡之间生态融合,打通城乡关于生态理念、文化、技术和管理,通过技术创新,实现城乡生态资本的互补,完善城乡生态资本的补偿机制。

（二）建立资本下乡与乡村振兴的共赢机制

乡村振兴与资本下乡都涉及多个利益相关者，而两者都是一个系统工程，如何整合两个系统，形成一种共赢机制，才是推动资本下乡和乡村振兴的关键。

1.资本主体与村民的利益协调机制

资本下乡离不开村民的参与，但是，由于力量的非对称，资本下乡企业容易发生机会主义行为，从而产生利益纠纷。资本下乡企业和村民之间的利益关系的协调，首先，要强化制度规范的建立，尤其是村民和资本下乡企业签订的产权合约，除了在法律约束的范围内，还要加上村基层组织和村民自治组织的参与，结合实际的情况出台相应的规章制度，在正式制度规范内，保障农民的利益不受侵犯。其次，提高农民集体行动的概率。资本下乡企业善于找到关键人物，通过利益输送来满足关键人物的需求，从而侵害大部分村民的利益，因此，建议农民通过自治组织或者成立合作社，比如土地合作社，以合作社集体的名义来与资本下乡企业对接，从而使双方力量对称，避免力量非对称所带来的资本下乡企业机会主义行为。再次，由于信息非对称带来的利益侵害，可以通过多种平台，来定期发布资本下乡企业的经营行为，让农民充分了解资本下乡企业的经营状况及其经营的实质。还通过一些非正式的规定，让资本下乡企业定期提供项目审计报告或者其他信息资料，确保农民的知情权。

2.资本下乡和农民利益的共享机制

资本下乡企业在乡村经营的可持续性，在一定程度上受到当地村民对该项目的认可程度影响，而这种认可程度取决于农民通过该项目所享受到的好处和利益，因此，保障资本下乡项目的可持续性，要形成资本下乡企业和农民利益的共享机制。

首先，建立资本下乡过程中，村民的利益表达平台，通过建立一个农民能够了解信息、表达信息的渠道或者平台，在该平台上，村民能够表达自己的认知和意愿，同时可以申诉，提供保障自己利益的证据和内容，从而有效地表达自己的利益诉求，这个平台可以是村民自治组织，也可以是乡镇政府和基层党组织，同样也可以是具有经济实力的农民合作社。其次，建立资本下乡企业与村民的合理的利益分配机制，利益剥夺形成利益的分配不均，其根本原因在于合约的不完善或者信息的非对称，从而使具有信息优势的那一方具有机会主义行为，从而获得更多的超额利润，因此，应该建立一个多源信息平台，推动村民与资本下乡企业之间的信息对称性，同时，辅以政府部门的介入，通过规章制度的制定，来约束农民和资本下乡企业，使其提供真实可靠的信息。再次，推动资本下乡企业与村民形成一种双边约束，项目收益的获得需要两者共同努力，而项目的风险需要双方共同承担，这样才能建立双边的信任关系，从而推动双方合作行为的发生，而不是机会主义行为的发生。

3. 资本下乡企业和农民利益的保障机制

利益保障机制是保证项目能够如期获得，并能够合理分配，是利益产生机制与利益分配机制的综合。首先，要加强项目的论证，保障项目的可持续性和收益的可持续性，能够持续获得稳定的收益，从而保障资本下乡企业和参与资本下乡项目的农民收益安全。其次，形成利益生成和分配相匹配的机制，在利益形成环节，按照一定的规章制度和流程，确认农民和资本下乡企业对项目收益的贡献，从而形成利益分配环节的依据，使两个环节有效对接起来。再次，兼顾资本下乡企业和农民、农民合作社、基层政府组织和集体经济组织等利益相关者的利益诉求，形成合理的利益分配制度，提高制度的合理性和可操作性。

4. 资本下乡企业和农民的责任共担机制

资本下乡过程与乡村振兴过程并不是一帆风顺的，两者的耦合在不同的阶段存在不同的问题，这些问题具有异质性和地域性，因此，需要形成合理的责任共担机制。首先，成立一个由基层政府部门、农民自治组织和相关机构成立的专门的部门，针对问题发生和责任分担形成一个合理的分配机制，同时兼顾各方合理的权益保障，从而使责任的分担更加合理。其次，针对资本下乡项目，政府部门提供专业的保险，最大限度地降低资本下乡企业和农民的损失。再次，项目根据收益的时间分配建立应急资金，在每一年的收益中抽取一定的比例留存下来，等项目不可持续或者经营不畅时，以备应急。最后，借助外部力量、比如仲裁机构或者法律机构，来保障弱势群体农民的权益，最大限度地约束各方的机会主义行为。

第二节　资本下乡赋能乡村振兴的经济政策

社会政策和经济政策是相辅相成的，需要建立一个社会经济政策和社会政策有效协调和统一的资本下乡经济政策体系，使其能够更好地赋能乡村振兴，推动资本下乡与乡村振兴的共赢。赵晓峰、任雨薇、杨轩宇[1]研究认为：资本下乡通过与地方政府、乡村精英等多元利益主体结成利益共同体，建构复杂的庇护关系网络，掌握制度变迁的方向，从而在农地经营收益和政策补贴收益分配中占据优势地位，成为塑造新地权秩序的主要力量，需要探索资本下乡与农户分工合作的农地经营模式，引导小农户进入现代农业，推动农业现代化的稳步提升。刘锐[2]研究认为，资本下乡一方面迎合政府政绩偏好，一方面借政策的机遇创新博弈的策略经营农村土地，造就资本下乡的新型路径，因此，围绕政策执行形成平衡治理格局，既使政府与资本的关系陷入恶性循环，又使制度改革陷入锁定状态，因此，建立资本下乡的长效治理机制，是土地改革和"产业兴旺"的关键。李娟、庄晋财、贾鹏[3]研究认为：国家财政支付制度的实施效果取决于分配制度及资本下乡企业的发展阶段，随着企业的逐渐壮大，在政策机制中融入"嘉奖"制度较事后"勉励"制度，对于发展农业提升企业利益和反哺农民改善民生的两种行为，可更好地引导工商资本下乡正确合理地分配资金。

[1]　赵晓峰、任雨薇、杨轩宇：《资本下乡与农地流转秩序的再造》，《北京工业大学学报（社会科学版）》2021年第5期。

[2]　刘锐：《资本下乡的制度环境与路径研究》，《四川大学学报（哲学社会科学版）》2021年第3期。

[3]　李娟、庄晋财、贾鹏：《财政支农专项转移支付制度制定：矫正工商资本下乡异化行为》，《运筹与管理》2020年第7期。

一、建立资本下乡赋能乡村振兴的产业经济政策

（一）建构资本下乡赋能乡村粮食产业高质量发展的政策体系

粮食和重要农产品供应和保障能力，是农村的一个重要经济功能，通过资本下乡的自身经营，提高粮食和农产品供应符合供给侧结构性改革，并在此基础上推动乡村振兴。

1. 激励资本下乡企业向粮食良种培育产业链环节延伸

粮食生产的良种供应是我国农业的短板，由于育种水平和栽培条件等多种因素的影响，我国玉米、大豆等作物品种与国际上存在差距，大豆单产仅为国际先进水平的 60%，良种是提高单产的重要渠道之一，现代育种技术能够有效改善作物的抗病、抗倒伏等性状。建立资本下乡与我国粮食种业发展的关联激励，提高资本下乡参与粮食育种行业的水平。

首先，建立资本下乡参与种业经营的补贴机制，通过利用资本下乡所租赁的土地资源，参与到国家种业的经营过程中，通过补贴，在一定程度上弥补其经营种业的成本，毕竟，经营种业需要更高的人力资本和技术，具有较高的风险，因此，需要根据实际情况，完善补贴机制。其次，对于参与种业经营的资本下乡企业，建立其与种子研究机构、科研院所和高校紧密对接，并根据资本下乡企业的实际需求，实现种子研究机构与资本下乡企业无缝对接。再次，加强资本下乡企业经营种业的风险防控体系，在金融扶持、保险产品提供等方面，给资本下乡企业以倾斜。

2. 激励资本下乡企业调整粮食产业结构的积极性

随着我国城乡居民消费水平的提高，对粮食的消费也发生结构性变革，一方面，对绿色安全有机的粮食种类、高标准原粮的需求不断提升，因此，鼓励资本下乡企业从事高标准原粮的种植、加工和运销过程，并对参与"优粮优产、优粮优购、优粮优储、优粮优加、优粮优销"为内涵的"五优联动"的资本下乡企业给予财政补贴支持和税收优惠等扶持条件。另一方面，随着疫情防控和居民快节奏生活的需要，要激励资本下乡企业参与到主食工业化的经营

中，培育资本下乡企业成为市场占有份额、知名品牌、自主创新能力和集约化程度都很高的龙头企业，并充分发挥带动能力，形成功能互补、结构匹配、联系紧密的产业聚集区，使成品粮应急加工和供应体系更加健全，口粮供应能力进一步增强。

3.激励更多的资本下乡企业参与到粮食产业"三链同构"的过程

2019年3月8日，习近平总书记在参加十三届全国人大二次会议河南代表团审议时指出，要抓住粮食这个核心竞争力，延伸粮食产业链、提升价值链、打造供应链，不断提高农业质量效益和竞争力，实现粮食安全和现代高效农业相统一。通过制度设计的优化，激励更多的资本下乡企业参与到粮食产业的"三链同构"中，首先，激励资本下乡企业根据自己的经营优势，参与到"三链同构"经营中，比如对农产品加工和种子研发、新型粮食经营业态进行补贴、粮食产业相关的研究提供补贴。其次，在价值增值分配、产业链环节联动、供应链打造方面有突出贡献的企业，给予一定的奖励和政策优惠。再次，针对资本下乡企业参与的"三链同构"的成功模式，通过一定的手段推广，并在不同的地区进行复制，打造资本下乡参与"三链同构"的示范性模式。

（二）激励资本下乡改善农村基础设施的政策体系

农业和农村基础设施完善是农业现代化的重要保障，在资本下乡过程中，推动资本下乡与乡村的合作，通过制度设计，完善农业和农村基础设施。

1.健全资本下乡基础设施的产权制度建设

农村基础设施条件需要完善的方面很多，尤其在公路、水电等方面，我国也开展了城乡融合发展战略，支持社会资本下乡参与农村农业基础设施建设，如参加水利、高标准农田、农村公路等农村农业相关的设施，促进村庄和农业的现代化水平提升。但是，资本下乡企业所投资的基础设施建设，涉及一个重要的问题就是产权和收益性的问题，资本下乡企业投资建设的公共基础设施具有外部性，不仅资本下乡企业生产可以使用，相应涉及的其他农业经营主体也可以使用，这就涉及使用的成本和收益问题，资本下乡企业出钱建设和维护，其他主体可以无成本使用，这在一定程度上降低了资本下乡企业建设基础设施的积极性，需要结合实际情况来调整制度，保障资本下乡企业的应有积极性。如在投资方面可以采取 PPP 模式，还可以采用基础设施使用的优先秩序和优先权模式，同时还可采用一定的收费机制，满足资本下乡企业的投资需求。

2. 加强资本下乡基础设施投资制度的创新

首先，通过资本下乡与政府部门的合作机制，通过政府部门投资和主导，创新政府投资的方式，实现资本下乡企业规划和申请，国家投资建设的基础设施投入制度，在资本主导下完善农村农业基础设施投资。其次，推动村庄和下乡资本合作机制，在资金投入上，企业投入，在劳动力投入上，村庄整合劳动力进行投入，双方合作完成基础设施投资。通过政府、资本下乡企业和村庄的分工合作，建立完善的基础设施产权制度改革，理顺基础设施管理体制，改进项目的评价和评估体系，并健全农村供水价格、探索建立污水垃圾处理农户缴费制度、完善输配电价机制等制度。

3. 建立以资本下乡为载体项目的基础设施建设和规划制度

资本下乡一般借助生态园、产业园建设项目为载体，从而实施基础设施投资和相关产业开发，在开发过程中，基础设施投资规模较大，周期较长，并且所涉及的建设土地较多，存在较大的风险，因此，在一些园区的建设过程中，尤其是基础设施投资，首先，园区基础设施建设前应该有规划和可行性报告，并报经相关政府部门审批，降低项目的运作风险；其次，项目施工过程中所造成的生态风险和环境风险进行详细的评估，避免带来环境污染；再次，针对用地进行严格的审核，避免其开发过程中出现占用耕地、以基础设施建设的名义更改土地用途等违法现象。

（三）建构农业产业结构和质量效益竞争力提升政策体系

1. 资本下乡推动农业产业结构调整优化升级

习近平总书记指出，推动经济高质量发展，要把重点放在推动产业结构转型升级上，把实体经济做实做强做优。借资本下乡调整和优化农村产业结构。在相关的制度规定上，规定资本下乡积极投资于农村适合企业化经营的现代种养业，开展多种形式的适度规模经营，因此，资本下乡企业从事的产业在于：1.发展适合企业化经营的规模化种养业，如建设标准化、规模化、品牌化种养基地，通过资本下乡企业的带动，培育壮大农村产业集群，发展特色种养业，并采取循环生产和绿色发展模式，培育区域公用品牌、产品品牌。2.在产业链赋能模式的建构上，大力发展粮油、畜禽、蔬菜、果茶等农产品精深加工项目，利用工业资本的力量，推动农业废弃物、加工副产品综合利用技术研发和成果转化，促进生物技术、营养技术和功能食品开发，支持农产品标准化基地的建设。3.利用资本下乡推进乡村旅游业；资本下乡采取"生态+"模式，打造乡村旅游集群和旅游园区，整治农村人居环境。4.打造现代农业服务业，在生产、运销、信用、科技等方面建构服务平台，推动发展农产品贮藏保鲜、冷链物流等现代流通服务业，以及农技推广、土壤改良修复治理、土地托管等生产性服务业。积极探索农产品个性化定制服务、会展农业和农业众筹。5.大力发展农村电子商务，发展产销对接新业态，创建农业电商产业园。支持以"互联网+"整合农村电商资源，以信息流带动订单流、物流、资金流、人才流。6.大力发展资本下乡参与投资兴建农村水、暖、垃圾和污水处理等基础设施，有序进入农村教育、医疗、养老、救助等公共服务领域，挖掘农业农村文化，推动农村文化振兴。产业结构的调整主要目标是农业供给侧结构性改革。

2.资本下乡推动规模发展，打造特色农产品优势区

首先，立足区域资源优势，环境承载力和产业基础，借助资本下乡的契机，促进农业规模化、特色化、差异化发展，优化农业产业的整体布局。其次，扩大经营规模，利用资本下乡的契机，直接流转土地，或者通过"资本下乡企业+基地+农户""资本下乡企业+农民合作社+农户""资本下乡企业+农民合作社联社+基层社+农户"等农业新型经营方式的创新，来控制土地的实际经营，从而实现规模经营。再次，在规模经营的同时，实施优势品牌的打造，企业声誉的建构，实施绿色、有机农产品认证和申报国家、省级质量奖、提名奖和名优新特农产品，不断提升区域农产品知名度、美誉度。

3.加强产业绿色化，提高农产品市场竞争力

首先，资本下乡积极推行绿色种养殖行业，降低化肥、农药等化学物品的使用，实现"轮耕""休耕"和"控制化学物品的使用"，在生产阶段从源头控制投入的绿色化。其次，发展循环生态农业，按照"高效、集约、安全、持续"的现代农业发展理念、深入实施化肥、农药减量增效行动，进一步提升测土配方施肥和绿色防控面积，积极创建无化学农药示范区。持续抓好畜禽养殖废弃物资源化利用，推广以种带养、以养促种、种养结合生态循环模式，变废为宝，滋养土壤，实现畜禽废弃物综合利用全覆盖。再次，提高种植和养殖之间的有效配合，实现村域范围内循环经济。

4.推动产业融合，拓展农民就业空间

首先，借助资本下乡，推进农业与加工业的融合，发展农产品精深加工，支持特色农产品就地转化加工，完善农产品全产业链条建设，巩固各类服务组织，建立农业社会化服务体系。其次，强化农业园区示范引领功能，围绕生态园、休闲观光园、乡村旅游景区建设，加大知名品牌的培育力度，将园区打造成"生产＋加工＋科技"全产业链发展的园区。再次，推动农业与旅游业有机结合。充分挖掘农业生态价值、休闲价值和文化价值，结合滨海旅游、健康养生、特色采摘等地方特色，重点建设一批设施完善、功能多样的休闲观光园区，将特色农产品包装成旅游纪念品，提升农产品形象和附加值。

二、建立资本下乡赋能乡村振兴的就业经济政策

（一）创新资本下乡与农民的联结机制

提升农民就业质量，需要建立一个利益和声誉上的统一，也就是既能够获得满意的工资收入，同时也表现在稳定和持续水平上，资本下乡企业如何提升农民的就业质量，在很大程度上表现在一个持续性和稳定性上，并且表现在一个相对优越的条件下，属于一个稳定的组织和企业，并获得稳定的、具有技术和优越性的工作。这种就业的质量的提升需要建立组织联结上的保障，也就是

资本下乡企业与农民建立一种长期和稳定的就业协议，比如，资本将流转的土地分成小块，出租给有劳动能力的农户家庭经营，形成一定的规模经营，或者通过自己的土地入股，成为资本下乡企业的股东，获得稳定的收益、通过自己的规模经营，来实现稳定的收入和参与就业。并在合约中有效地解决风险分担问题。此外，就业质量的提高还表现在与资本下乡企业建立长期的外包关系，包括合约机制和风险分担机制的优化，保障就业的稳定性和持续性。

（二）保障农民获得持续稳定的职业教育培训

农民自身素质的提高，需要农民有较高的文化、道德、身体、科学等综合素质，提高农民自身综合素质是推动乡村振兴的重要手段，在一些生态资源丰富的地区，居民的人文素质较低，同时，由于城乡之间的劳动力的流动，使留守人员无论在年龄和素质方面都存在弱势，如何开展职业培训教育，是资本下乡嵌入乡村发展的一个重要方面。一方面要依据企业的优势资源，比如员工、管理人员、技术人员、研发人员，针对村民参与的业务性质、工作属性进行有针对性的培训，同时可以使用"师傅带徒弟"的方式，使农民掌握真技术和真本领；另一方面，建立一个持续累积的培训机制，通过产品质量奖励、技术奖励、效率奖励来激励村民学习的积极性，并且稳定一个学习团队或者团体，使村民之间就相同业务展开交流，推动"干中学"和"集体学习"方式的开展。

针对与资本下乡企业合作的农民合作社、家庭农场、农业大户等组织的成员和管理人员，建立培训专班和村民夜校等方式，建立一个稳定场所和稳定培训对象的稳定模式。这些稳定于资本下乡企业的村民，一般具有较强的培训积极性，要针对不同成员的需求信息汇集一起，进行需求分类，将分类的培训对象精准对接企业所能够提供的培训内容，比如邀请高校、科研院所和技术人员所作的研究报告，使得培训更加有效，同时还需要建立固定培训对象与培训资源的对接桥梁。

与政府项目对接，获取农民职业培训资金。培训需要支付成本，对资本下乡企业来说，许多职业培训具有公共服务的性质，与企业关系并不是很大，由资本下乡企业支付成本不合情理，如果让村基层党组织支付，村委一般又缺乏资金，因此，需要与政府部门对接，申请村民职业培训项目资金，利用获批的资金支付培训中邀请专家、支付场地的费用，保障职业培训的顺利实施。在申请政府项目资金时，可以是乡土职业人员培训，也可以是乡土文化传承、民间艺术传人等方面人才的培训项目。

参 考 文 献

1. 安永军：《政权"悬浮"、小农经营体系解体与资本下乡——兼论资本下乡对村庄治理的影响》，《南京农业大学学报（社会科版）》2018 年第 1 期。

2. 曹丹丘、丁志超、高鸣：《乡村人才振兴的现实困境与路径探索——以青岛市为例》，《农业现代化研究》2020 年第 2 期。

3. 陈柏峰、孙明扬：《资本下乡规模经营中的农民土地权益保障》，《湖北民族学院学报（哲学社会科学版）》2019 年第 3 期。

4. 陈航英：《干涸的机井：资本下乡与水资源攫取——以宁夏南部黄高县蔬菜产业为例》，《开放时代》2019 年第 3 期。

5. 陈红霞、屈玥鹏：《基于竞争优势培育的农村一二三产业融合的内生机制研究》，《中国软科学》2020 年第 1 期。

6. 陈靖：《村社理性：资本下乡与村庄发展——基于皖北 T 镇两个村庄的对比》，《中国农业大学学报（社会科学版）》2013 年第 3 期。

7. 陈晓燕、董江爱：《资本下乡中农民权益保障机制研究——基于一个典型案例的调查与思考》，《农业经济问题》2019 年第 5 期。

8. 陈雪婷、黄炜虹、齐振宏等：《农户土地经营权流转意愿的决定：成本收益还是政策环境？——基于小农户和种粮大户分化视角》，《中国农业大学学报》2019 年第 2 期。

9. 陈义媛：《资本下乡的社会困境与化解策略——资本对村庄社会资源的动员》，《中国农村经济》2019 年第 8 期。

10. 陈振、郭杰、欧名豪：《资本下乡过程中农户风险认知对土地转出意愿的影响研究——基于安徽省 526 份农户调研问卷的实证》，《南京农业大学学报（社会科学版）》2018 年第 2 期。

11. 崔苗：《离农农民土地承包权退出意愿及机制研究》，江西财经大学 2016 年博士学位论文。

12. 丁建军、吴学兵、余海鹏：《资本下乡：村庄再造与共同体瓦解——湖北荆门 W 村调查》，《地方财政研究》2021 年第 2 期。

13. 杜涛、孟瑶、滕永忠等：《乡村振兴战略下工商资本进入农业的偏好、意愿及诉求》，《农业经济》2020 年第 3 期。

14. 杜园园、苏桂华、李伟锋：《主体化：工商资本下乡后的村庄应对机制——基于广东省珠海市 X 村和 S 村的调查研究》，《云南行政学院学报》2019 年第 6 期。

15. 段德罡、陈炼、郭金枚：《乡村"福利型"产业逻辑内涵与发展路径探讨》，《城市规划》2020 年第 9 期。

16. 丰华、王金山：《农业产业链组织发展的演变趋势与改革创新》，《经济体制改革》2021 年第 2 期。

17. 冯小：《资本下乡的策略选择与资源动用——基于湖北省 S 镇土地流转的个案分析》，《南京农业大学学报（社会科学版）》2014 年第 1 期。

18. 高晓燕、任坤：《工商资本下乡对农民收入的影响》，《江汉论坛》2020 年第 7 期。

19. 葛宣冲：《内生与外入："美丽资本"与"资本下乡"的共建》，《经济问题》2020 年第 8 期。

20. 何毅：《资本下乡与经营"脱嵌"》，《南京农业大学学报（社会科学版）》2021 年第 3 期。

21. 何云庵、阳斌：《下乡资本与流转农地的"非离散性"衔接：乡村振兴的路径选择》，《西南交通大学学报（社会科学版）》2018 年第 5 期。

22. 贺莉、付少平：《资本下乡对灾害移民生计的影响——以邛崃市南宝山安置点为个案》，《中国农业大学学报（社会科学版）》2014 年第 4 期。

23. 贺莉、付少平：《资本下乡前后灾害移民生计资本的对比分析——以四川省南宝山异地安置点 A 区与 C 区为例》，《山西农业大学学报（社会科学版）》2015 年第 7 期。

24. 侯江华、郝亚光：《资本下乡：农民需求意愿的假设证伪与模型建构——基于全国 214 个村 3183 个农户的实证调查》，《农村经济》2015 年第 3 期。

25. 胡凌啸、周应恒、武舜臣：《农资零售商转型驱动的土地托管模式实现机制研究——基于产业链纵向整合理论的解释》，《中国农村观察》2019 年第 2 期。

26. 胡新艳、陈文晖、罗必良：《资本下乡如何能够带动农户经营——基于江西省绿能模式的分析》，《农业经济问题》2021 年第 1 期。

27. 黄增付：《资本下乡中的土地产权开放与闭合》，《华南农业大学学报（社会科学版）》2019 年第 5 期。

28. 江光辉、胡浩：《工商资本下乡会导致农户农地利用"非粮化"吗？——来自 CLDS 的经验证据》，《财贸研究》2021 年第 3 期。

29. 江泽林：《农村一二三产业融合发展再探索》，《农业经济问题》2021 年第 6 期。

30. 蒋永甫、应优优：《外部资本的嵌入性发展：资本下乡的个案分析》，《贵州社会科学》2015 年第 2 期。

31. 蒋永穆、张尊帅：《工商资本投资农业的指导目录生成及其实现研究》，《现代经济探讨》2014 年第 5 期。

32. 蒋云贵：《基于渠道权力平衡的工商资本下乡路径研究——兼论渠道主体违约风险防范》，《江汉论坛》2013 年第 7 期。

33. 焦长权、周飞舟：《"资本下乡"与村庄的再造》，《中国社会科学》2016 年第 1 期。

34. 焦长权、周飞舟：《被资本裹挟的"新村再造"》，《中国老区建设》2016 年第 9 期。

35. 乐章、向楠：《熟人社会：村庄社会资本水平及其差异》，《农业经济问题》2020 年第 5 期。

36. 李丁：《资本下乡初期村庄获得发展性投资的影响因素研究——对 2000 年前后村庄抽样调查数据的再分析》，《中国农业大学学报（社会科学版）》2021 年第 3 期。

37. 李华、汪淳玉、叶敬忠：《资本下乡与隐蔽的水权流动——以广西大规模甘蔗种植为例》，《开放时代》2018 年第 4 期。

38. 李继志、封美晨：《农民专业合作社中工商资本与农户的合作机制研究——基于演化博弈论的视角》，《中南林业科技大学学报》2016 年第 8 期。

39. 李家祥：《试论乡村振兴中多主体和谐关系的构建——以资本下乡为视角》，《理论导刊》2020 年第 9 期。

40. 李娟、庄晋财、贾鹏：《财政支农专项转移支付制度制定：矫正工商资本下乡异化行为》，《运筹与管理》2020 年第 7 期。

41. 李俏、金星：《资本下乡与环境危机：农民应对行为策略及其困境——基于湖南汨罗市 S 村的实地调查》，《现代经济探讨》2018 年第 2 期。

42. 李群峰、侯宏伟：《返乡创业精英如何引领乡村振兴：缘起、机理分析与隐忧》，《世界农业》2019 年第 8 期。

43. 李云新、黄科：《资本下乡过程中农户福利变化测度研究——基于阿玛蒂亚·森的可行能力分析框架》，《当代经济管理》2018 年第 7 期。

44. 李云新、吕明煜：《资本下乡中农户可持续生计模式构建》，《华中农业大学学报（社会科学版）》2019 年第 2 期。

45. 李云新、阮皓雅：《资本下乡与乡村精英再造》，《华南农业大学学报（社会科学版）》2018 年第 5 期。

46. 李云新、王晓璇：《资本下乡中利益冲突的类型及发生机理研究》，《中州学刊》2015 年第 10 期。

47. 李珍刚、张晴羽：《论欠发达地区资本下乡与农民市场意识的养成》，《农村经济》2020 年第 4 期。

48. 廖彩荣、陈美球、姚树荣：《资本下乡参与乡村振兴：驱动机理、关键路径与风险防控——基于成都福洪实践的个案分析》，《农林经济管理学报》2020 年第 3 期。

49. 刘锐：《资本下乡的制度环境与路径研究》，《四川大学学报（哲学社会科学版）》2021 年第 3 期。

50. 刘腾龙：《新土地精英的崛起与村级治理转型——基于乡村青年创业精英的视角》，《中国青年研究》2020 年第 2 期。

51. 刘魏、张应良、李国珍等：《工商资本下乡、要素配置与农业生产效率》，《农业技术经济》2018 年第 9 期。

52. 刘银妹：《工商资本下乡稳定经营的多维视角研究——以南宁市隆安县那村为例》，《广西民族大学学报（哲学社会科学版）》2020 年第 2 期。

53. 刘祖云、王丹：《"乡村振兴"战略落地的技术支持》，《南京农业大学学报（社会科学版)》2018 年第 4 期。

54. 罗浩轩：《农业要素禀赋结构、农业制度安排与农业工业化进程的理论逻辑探析》，《农业经济问题》2021 年第 3 期。

55. 罗来军、李军林、姚东旻：《双向城乡一体化资本下乡影响因素实证研究》，《中国人民大学学报》2015 年第 3 期。

56. 罗来军、罗雨泽、罗涛：《中国双向城乡一体化验证性研究——基于北京市怀柔区的调查数据》，《管理世界》2014 年第 11 期。

57. 罗震东、何鹤鸣：《新自下而上进程——电子商务作用下的乡村城镇化》，《城市规划》2017 年第 3 期。

58. 吕岩威、刘洋：《推动农村一二三产业融合发展的路径探究》，《当代经济管理》2017 年第 10 期。

59. 马池春、马华：《企业主导农民再组织化缘起、过程及其效应——一个资本下乡的实践图景》，《当代经济管理》2020 年第 9 期。

60. 孟祥丹、丁宝寅：《"资本下乡"后留守妇女的生计变迁及其对性别关系的影响》，《中国农业大学学报（社会科学版）》2020 年第 4 期。

61. 闵继胜：《资本积累、技术变革与农业生态危机——基于生态学马克思主义的视角》，《当代经济研究》2017 年第 6 期。

62. 穆娜娜、孔祥智：《工商资本下乡种粮的增收机制——基于案例的实证分析》，《农业现代化研究》2017 年第 1 期。

63. 任晓娜、孟庆国：《工商资本进入农村土地市场的机制和问题研究——安徽省大岗村土地流转模式的调查》，《河南大学学报（社会科学版）》2015 年第 5 期。

64. 邵爽、李琴、李大胜：《资本下乡：进入模式选择及其影响因素》，《华中农业大学学报（社会科学版)》2018 年第 5 期。

65. 申明锐：《从乡村建设到乡村运营——政府项目市场托管的成效与困境》，《城市规划》2020 年第 7 期。

66. 施德浩、陈浩、于涛：《城市要素下乡与乡村治理变迁——乡村振兴的路径之辩》，《城市规划学刊》2019 年第 6 期。

67. 石敏、李大胜、谭砚文：《交易费用、组织成本与工商资本进入农业的组织形式选择》，《农村经济》2017 年第 10 期。

68. 石敏、李大胜、吴圣金：《资本下乡中农户的合作行为、合作意愿及契约选择意愿研究》，《贵州财经大学学报》2021 年第 2 期。

69. 时雅杰、蒲应龚：《工商资本与农村生产要素结合模式的国际借鉴研究》，《北京农学院学报》2015 年第 4 期。

70. 孙明扬：《中国农村的"老人农业"及其社会功能》，《南京农业大学学报（社会科学版)》2020 年第 3 期。

71. 田剑英：《农业全产业链融资方式与完善对策——基于浙江省 55 条农业全产业链的调查与跟踪研究》，《经济纵横》2018 年第 9 期。

72. 涂圣伟：《工商资本下乡的适宜领域及其困境摆脱》，《改革》2014 年第 9 期。

73. 涂圣伟：《工商资本参与乡村振兴的利益联结机制建设研究》，《经济纵横》2019 年第 3 期。

74. 汪建、周勤、赵驰：《产业链整合、结构洞与企业成长——以比亚迪和腾讯公司为例》，《科学学与科学技术管理》2013 年第 11 期。

75. 王彩霞：《工商资本下乡与农业规模化生产稳定性研究》，《宏观经济研究》2017 年第 11 期。

76. 王丹、刘祖云：《乡村"技术赋能"：内涵、动力及其边界》，《华中农业大学学报（社会科学版)》2020 年第 3 期。

77. 王京海、张京祥：《资本驱动下乡村复兴的反思与模式建构——基于济南市唐王镇两个典型村庄的比较》，《国际城市规划》2016 年第 5 期。

78. 王敏：《资本下乡农户、公司与基层政府关系的再构建》，《商业经济研究》2015 年第 7 期。

79. 王天琪、黄应绘：《农村社会资本测度指标体系的构建及其应用——基于西部地区农村社会资本调查》，《调研世界》2015 年第 1 期。

80. 王文龙：《范式冲突、农业生产模式转型与资本下乡之争》，《理论导刊》2013 年第 11 期。

81. 王文龙：《现代农民培育政策：国际经验与中国借鉴》，《云南行政学院学报》2020 年第 5 期。

82. 王晓露：《工商资本下乡的动因、问题及应对》，《农业经济》2019 年第 12 期。

83. 王艺潼、周应恒、张宇青：《工商资本进入种植环节促进参与农户增收的机理分析》，《改革与战略》2016 年第 5 期。

84. 望超凡：《资本下乡与小农户农业收入稳定性研究——兼论农村产业振兴的路径选择》，《南京农业大学学报（社会科学版）》2021 年第 1 期。

85. 望超凡：《村社主导：资本下乡推动农村产业振兴的实践路径》，《西北农林科技大学学报（社会科学版)》2021 年第 3 期。

86. 吴晓燕、吴记峰：《参与和共享：以治理创新助推现代生态农业发展——基于广东佛冈华琪生态村项目的分析》，《党政研究》2020 年第 1 期。

87. 吴晓燕、朱浩阳：《补偿型经纪：村干部在乡村振兴战略中角色定位——基于苏北 B 村资本下乡过程的分析》，《河南师范大学学报（哲学社会科学版）》2020 年第 3 期。

88. 夏蓓、蒋乃华：《种粮大户需要农业社会化服务吗——基于江苏省扬州地区 264 个样本农户的调查》，《农业技术经济》2016 年第 8 期。

89. 肖焰、谢雅鸿：《基于负责人角度的工商资本持续投资农业意愿研究》，《地方治理研究》2021 年第 2 期。

90. 徐勇：《"再识农户"与社会化小农的建构》，《华中师范大学学报（人文社会科学版)》2006 年第 3 期。

91. 徐章星、张兵、尹鸿飞等：《工商资本下乡促进了农地流转吗？——来自 CLDS 的经验证据》，《农业现代化研究》2020 年第 1 期。

92. 徐宗阳：《资本下乡的社会基础——基于华北地区一个公司型农场的经验研究》，《社会学研究》2016 年第 5 期。

93. 许悦、陈卫平：《资本下乡如何嵌入本地农村社区？——基于 117 家生态农场的实证研究》，《南京农业大学学报（社会科学版)》2020 年第 2 期。

94. 严燕、朱俊如：《社会资本嵌入乡村治理的路径研究》，《人民论坛·学术前沿》2021 年第 2 期。

95. 杨洁莹、张京祥：《基于法团主义视角的"资本下乡"利益格局检视与治理策略——江西省婺源县 H 村的实证研究》，《国际城市规划》2020 年第 5 期。

96. 杨磊：《工商资本下乡的多维效应及其发生根源探析——基于湖北省 Y 县的经验调查》，《华中农业大学学报（社会科学版)》2019 年第 6 期。

97. 杨水根：《资本下乡支持农业产业化发展：模式、路径与机制》，《生态经济》2014 年第 11 期。

98.杨嬛、陈涛：《生产要素整合视角下资本下乡的路径转变——基于山东东平县土地股份合作社的实证研究》，《中州学刊》2015年第2期。

99.姚树荣、周诗雨：《乡村振兴的共建共治共享路径研究》，《中国农村经济》2020年第2期。

100.战振海、姜会明：《社会资本下乡助力乡村振兴的路径研究》，《东北农业科学》2020年第6期。

101.张广辉、陈鑫泓：《乡村振兴视角下城乡要素流动困境与突破》，《经济体制改革》2020年第3期。

102.张良：《"资本下乡"背景下的乡村治理公共性建构》，《中国农村观察》2016年第3期。

103.张明皓、汪淳玉：《土地的家计过程与贫困户的生存弹性——基于河南省平楼村的实地研究》，《南京农业大学学报（社会科学版)》2020年第2期。

104.张义博：《农业现代化视野的产业融合互动及其路径找寻》，《改革》2015年第2期。

105.张义博：《工商资本下乡的用地问题研究》，《宏观经济管理》2019年第4期。

106.赵晓峰、任雨薇、杨轩宇：《资本下乡与农地流转秩序的再造》，《北京工业大学学报（社会科学版)》2021年第5期。

107.郑峰、奚昕、吴琼：《安徽省工商资本下乡探索研究》，《北京印刷学院学报》2020年第6期。

108.郑孝建、李泽新、刘雪丽：《资本介入全过程视角下的土地流转撬动乡村振兴——以遂宁市青龙村为例》，《现代城市研究》2020年第3期。

109.郑永君、王美娜、李卓：《复合经纪机制：乡村振兴中基层治理结构的形塑——基于湖北省B镇土地股份合作社的运作实践》，《农业经济问题》2021年第5期。

110.钟真、黄斌、李琦：《农村产业融合的"内"与"外"——乡村旅游能带动农业社会化服务吗》，《农业技术经济》2020年第4期。

111.周飞舟、王绍琛：《农民上楼与资本下乡：城镇化的社会学研究》，《中国社会科学》2015年第1期。

112.周浪：《另一种"资本下乡"——电商资本嵌入乡村社会的过程与机制》，《中国农村经济》2020年第12期。

113. 周敏、聂玉霞：《"技术下乡"中的治村逻辑与村民选择》，《社会发展研究》2021年第 1 期。

114. 周振：《工商资本参与乡村振兴"跑路烂尾"之谜：基于要素配置的研究视角》，《中国农村观察》2020 年第 2 期。

后　记

艰难困苦，玉汝于成。百年征程波澜壮阔，百年初心历久弥坚。回顾党的百年辉煌历程，不管是社会主义革命和建设时期，还是改革开放时期，"三农"问题始终是全党工作的重中之重。2021年中央一号文件《中共中央国务院关于全面推进乡村振兴加快农业农村现代化的意见》发布。《意见》强调要"把全面推进乡村振兴作为实现中华民族伟大复兴的一项重大任务，举全党全社会之力加快农业农村现代化，让广大农民过上更加美好的生活"，乡村振兴以国家重要发展战略的高度凸显在历史的舞台。作为一名长期关心、关注、研究"三农"问题的高校教师，我在学习党中央系列文件的基础上，对巩固脱贫攻坚成果，全面推进乡村振兴进行了深入思考，初步提出资本下乡推进乡村振兴的政策建议，在河南省教育厅主办的仅供领导参阅的《资政参考》上刊发，时任河南省人民政府省长尹弘审阅此文后，批示河南省农业农村厅等相关部门学习并采纳文中建议。

尹弘省长的批示使我备受鼓舞，更加激发了我对资本下乡研究的热情。在河南省农业农村厅的大力支持下，我认真收集有关资料，选取乡村振兴的典型，通过座谈、问卷、走访等多种调研方式，在全面掌握情况和总结典型经验的基础上，认真思考，深入研究，形成今天呈现给大家的《资本下乡赋能乡村振兴研究》这本书。

我特别感谢尹弘省长的鼓励和支持，使我有信心、有决心对这个课题进行深入的思考和探讨；感谢河南省农业农村厅给予我无私的指导和提供乡村振兴的有关资料，使我的视野更开阔、研究更全面；感谢河南省新安县磁涧镇党委书记介红光、沈丘县冯营乡李寨村党支部书记李士强组织当地的干部群众座谈、交流，使我掌握了大量生动、翔实、丰富的第一手资料，这些资料提升了我的认知，升华了我的思想，完善了我的观点；感谢河南财政金融学院领导和同事的高度关心，感谢中原工学院的周纪昌教授、河南工业大学的邓俊淼教授、河南财经政法大学的张俊领教授和庞睿博士为本书提出的宝贵建议。

此外，本书作为河南省社科基金专项项目"河南资本下乡与乡村振兴的社会政策研究"（2021年6月优秀等级结项，编号：2021ZT004）的深化研究成果和国家社科基金高校思政课研究专项重点项目（立项编号：21VSZ010）的阶段性研究成果，受到来自省内外许多专家的关注和关心，在此一并表示感谢。

正是在大家的认可、支持、鼓励和批评下，本书才得以从观点到文章、从文章到著作，最终顺利出版并与大家见面。

资本下乡问题是乡村振兴中的一个崭新课题，由于掌握的材料还不够全面，研究的时间颇为有限，加之自身知识储备尚存短板，书中难免有一些不当之处，敬请各位专家、读者提出宝贵意见，促使我的研究再深一些、再细一些、再全一些。我深信，在诸位的帮助下，我有关"资本下乡赋能乡村振兴"的系列理论定会更具有系统性和可操作性，也能更好地为乡村振兴战略的实施贡献绵薄之力。

王肖芳

2021年9月29日

责任编辑：赵圣涛
封面设计：王欢欢
责任校对：吕　飞

图书在版编目（CIP）数据

资本下乡赋能乡村振兴研究／王肖芳　著 . — 北京：人民出版社，2021.11
ISBN 978－7－01－024420－4

I. ①资…　II. ①王…　III. ①农村－社会主义建设－研究－中国
　IV. ① F320.3

中国版本图书馆 CIP 数据核字（2021）第 278882 号

资本下乡赋能乡村振兴研究
ZIBEN XIAXIANG FUNENG XIANGCUN ZHENXING YANJIU

王肖芳　著

人 民 出 版 社 出版发行
（100706　北京市东城区隆福寺街 99 号）

中煤（北京）印务有限公司印刷　新华书店经销

2021 年 11 月第 1 版　2021 年 11 月北京第 1 次印刷
开本：710 毫米 ×1000 毫米 1/16　印张：21.75
字数：360 千字

ISBN 978－7－01－024420－4　定价：89.00 元

邮购地址 100706　北京市东城区隆福寺街 99 号
人民东方图书销售中心　电话（010）65250042　65289539

版权所有·侵权必究
凡购买本社图书，如有印制质量问题，我社负责调换。
服务电话：（010）65250042